AF283265

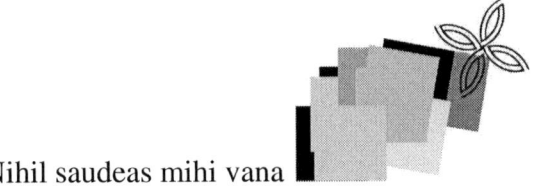

Nihil saudeas mihi vana

HOLA CARIÑO,
NO SÉ SI LO SABES, PERO...
DEPENDE DE TI

Maese Mercader en

HOLA CARIÑO,
NO SÉ SI LOS SABES, PERO…
DEPENDE DE TI

●

FEDERICO DILLA MAÑAS
CONSUELO SÁNCHEZ-CASTRO

I.S.B.N.: 978-84-19887-33-7
Depósito Legal: TO-158-2024
© Del texto: Los autores
© De la edición: Editorial LEDORIA - Jesús Muñoz Romero
* Calle Fuente del Moro, núm. 6
Toledo, 45006
Teléfono: 636 56 03 70
* Calle del Conde de Casal, núm.47
Las Ventas con Peña Aguilera (Toledo), 45010
Correo electrónico de contacto: info@editorial-ledoria.com
www.editorial-ledoria.com

Diseño de la cubierta: Equipo Editorial Ledoria

INTRODUCCIÓN

"No mires nunca de dónde vienes, sino a dónde vas".
(Pierre Augustin de Beaumarchais)

Decía William Shakespeare en "Hamlet": *"Ser o no ser, esa es la cuestión: si es más noble para el alma soportar las flechas y pedradas de la áspera Fortuna o armarse contra un mar de adversidades y darles fin en el encuentro. Morir: dormir, nada más. Y si durmiendo terminaran las angustias y los mil ataques naturales herencia de la carne, sería una conclusión seriamente deseable. Morir, dormir: dormir, tal vez soñar. Sí, ese es el estorbo; pues qué podríamos soñar en nuestro sueño eterno, ya libres del agobio terrenal, es una consideración que frena el juicio y da tan larga vida a la desgracia. Pues, ¿quién soportaría los azotes e injurias de este mundo, el desmán del tirano, la afrenta del soberbio, las penas del amor menospreciado, la tardanza de la ley, la arrogancia del cargo, los insultos que sufre la paciencia, pudiendo cerrar cuentas uno mismo con un simple puñal? ¿Quién lleva esas cargas, gimiendo y sudando bajo el peso de esta vida, si no es porque el temor al más allá, la tierra inexplorada de cuyas fronteras ningún viajero vuelve, detiene los sentidos y nos hace soportar los males que tenemos antes que huir hacia otros que ignoramos? La conciencia nos vuelve unos cobardes, el color natural de nuestro ánimo se mustia con el pálido matiz del pensamiento, y empresas de gran peso y entidad por tal motivo se desvían de su curso y ya no son acción. - Pero, alto: la bella Ofelia. Hermosa, en tus plegarias recuerda mis pecados."*

Hola Cariño: Estaba pensando en nosotros y se me ocurrió escribir el libro del destino que tienes en las manos. Ah! Se me olvidaba... Disculpa que te moleste. etc., etc... Ya puedo seguir... Y me enfrento a varias preguntas difíciles a ver si me ayudas. ¿Qué fue primero nuestro destino o nosotros? ¿Qué es primero el hombre o su destino? Está claro que tú y yo estamos destinados a no juntarnos ni para un café, entonces ¿Qué sentido tiene habernos conocido? ¿De qué ha servido? O por el contrario ¿Somos consecuencia de no habernos juntado antes? Y ¿No fue el destino sino libre decisión?. Si fue libre decisión, entonces, ¿Por qué ninguno dio el paso? Que yo sepa, no elegimos, o ¿sí? Y si elegimos en aquel entonces y seguimos erre que erre ahora ¿Será nuestro destino estar juntos, o estar separados? Y si es así, ¿Cuál es el sentido de todo esto? A lo largo de nuestra vida oímos constantemente frases como "Ya nada volverá a ser igual entre nosotros, ¿verdad?". Me detengo a pensar que tiene razón. Algo hemos hecho o ha ocurrido en nuestro entorno, que modifica el curso de una relación. ¿Por qué? me pregunto. ¿No era este el destino para el que estaba seleccionado? Entonces, si no lo era, ¿Por qué estoy aquí? ¿Por qué no tengo derecho a conocer mi futuro? ¿A caso no me pertenece? ¿No es mío? Y si no es mío, entonces ¿Por qué cargo con él y no me pagan royaltis por el libro de mi vida? Mucha gente con la que converso sobre este tema, cree que el destino es como un río que fluye en una sola dirección. Otros me dicen que es la casualidad. ¡Vale, lo admito¡ y pregunto ¿Es casualidad o causalidad? Lo que a simple vista nos parece un mero accidente, ¿Surge de la más profunda fuente del destino? Porque si es así y el destino es una fuente, entonces se podrá encontrar, regular, cortar o abrir con un simple grifo ¿no? Y continúo preguntando, ¿si el accidente no será una pieza del destino? A continuación aparece otro amigo y me aconseja que "no haga nada hoy que comprometa mi mañana". ¡Ufff¡ eso querrá decir que yo manejo mi destino. Y mi amigo insiste "Si no encuentras tu camino, háztelo"..."Si no intentas grandes cosas, no las lograrás"..."Síguete a ti mismo, sino te perderás".

Giro la mirada a las religiones y todas coinciden en que hay un Dios y que éste marca el destino de los hombres. Si está escrito de antemano entonces ¿Para qué me molesto en buscarlo? Porque él me encontrará. ¿Para qué me molesto en tomar decisiones? Si haga lo que haga él me encontrará y si lo puedo cambiar con mi libre albedrío, entonces ¡vaya mierda de destino¡ y tanto rollo idealizado entorno a él. Pero si profundizo y veo que un "alguien" ha escrito mi destino y yo lo puedo corregir, el poder de ese Alguien es muy pobre comparado conmigo ¡Ufff¡ esto sí que es un lío.

¿El destino es un invento humano para que nuestras acciones se coloquen en lo incierto y no en lo verdadero, y así manipularnos mejor? Justo en este instante otro amigo me dice "Yo no creo en el destino, para mí el destino no existe, yo creo en lo inevitable pero no en eso que llaman destino, no puede ser que todo lo que hago es un burdo juego al azar". Me quedo mirándole y le digo, ¿qué diferencia hay entre el destino y tu inevitabilidad? Solo cambias la nomenclatura. Mi amigo se rehace del golpe y me pone un ejemplo para que entienda su postura, diciéndome "Un viaje en barco no tiene destino, es un destino en sí mismo que depende de la suerte y la preparación." ¡Vale¡ le contesto, la preparación sí que depende de mí, pero la suerte, como tú dices, ¿qué es en realidad? ¿No forma parte del destino? Siempre me he preguntado miles de cosas que vagaban en mi mente, sin encontrar respuestas terrenales y forjando muchas críticas a las divinas. Miedo tengo a las respuestas, porque si un día las consigo, ¿qué será de mí a partir de ese instante? ¿Será mi destino abrir preguntas o cerrar respuestas? Lo que tengo claro es que en cualquier caso, en ese instante, el destino cambiará mi vida. Pero si he conseguido yo solito las respuestas, puede que destino y yo, seamos una misma cosa. ¿Por qué? Porque entonces todo toma sentido y todos tendrían razón. Dios nos crea por medio de nuestros padres, luego ya se conjugan religión y empírica en un momento, luego nosotros vamos sembrando acciones en nuestra vida, de las cuales cosechamos costumbres. A medida que pasamos conocimientos a la siguiente generación, estamos sembrando hábitos y cosechamos un carácter, una forma de ser y actuar, en definitiva, una manera de concebir. Pero ¿qué ocurre cuando sembramos caracteres?, que cosechamos el destino de los hombres, de las generaciones, de las culturas, de las civilizaciones. Si preguntamos ¿dónde está escrito este destino?, para el caso de que exista, vemos que desde que el mundo es mundo, unos dicen que en las estrellas y hablan de astrología y cartas astrales. Otros dicen que en las propias manos y hablan de de huellas dactilares y quiromancia. Los terceros hablan de que todo radica en el alma y hablan de religiones. Decía Virginia Woolf en "Una habitación propia": *"¿Quién me censura? Muchos, no cabe duda, y me llamarán descontenta. No podía evitarlo: la inquietud formaba parte de mi carácter; me agitaba a veces hasta el dolor... Es vano decir que los humanos deberían estar satisfechos con la quietud: necesitan acción; y si no la encuentran, la fabrican. Son millones los que se hallan condenados a un destino más tranquilo que el mío y millones los que se rebelan en silencio contra su suerte. Nadie sabe cuántas rebeliones fermentan en las aglomeraciones humanas que pueblan la tierra. Se da por descontado que en general las mujeres son muy tranquilas; pero las mujeres sienten lo mismo que los hombres; necesitan ejercitar sus facultades y disponer de terreno para sus esfuerzos lo mismo que sus hermanos; sufren de las restricciones demasiado rígidas, de un estancamiento demasiado absoluto, exactamente igual que sufrirían los hombres en tales circunstancias. Y denota estrechez de miras por parte de sus semejantes más privilegiados el decir que deberían limitarse a hacer postres y hacer calcetines, a tocar el piano y bordar bolsos. Es necio condenarlas o burlarse de ellas cuando tratan de hacer algo más o aprender más cosas de las que la costumbre ha declarado necesarias para su sexo".*

Los interrogantes se me acumulan en las circunvoluciones cerebrales. ¿Qué es el destino? ¿De qué material está compuesto? ¿Por qué existe? ¿Si todos tenemos un destino independiente, scrá porque hay un destino colectivo? ¿Para qué sirve? ¿Es fijo o modificable? A lo largo de mi vida y del estudio de otras vidas que he llevado a cabo para este epítome, veo que las personas entran y salen de nuestra vida, pero hay algunas que aunque se vayan, siempre algo provoca que vuelvan. A pesar de que insistamos en salirnos del supuesto camino trazado, tarde o temprano todo adquiere un sentido. Si por el contrario, si seguimos haciendo lo que estamos haciendo, la mayoría de las veces lograremos lo que ya estamos consiguiendo. Los escritores y cantantes no hacen más que repetir una y mil veces cosas como: "Caminante no hay camino, se hace camino al andar"…"Al forjar nuestro destino, trazamos nuestro camino"…"Todo pasa y nada queda, y lo nuestro es pasar, pasar haciendo caminos, caminos sobre la mar"… "El destino es el cambiador de tu futuro; el destino es un juego de la ruleta de variaciones a tu manera de vivir"… Lo que está claro es que nuestro destino no lo conocemos hasta que se pone nuestro punto y final. El único consuelo que nos puede quedar es saber si lo hemos aprobado con nota y si ha merecido la pena.

Cariño:
Durante la investigación de este estudio, el amor ha vuelto a cruzarse en mi camino, ¿Destino? Me preguntaba cada vez que

sus labios rozaban los míos. ¿Casualidad? Me repetía cada vez que mis manos rozaban sus pechos. ¿Karma? Insistía cada vez que uníamos nuestras manos. Elena es una morena, como la Leonor que Verdi personificaba en "La fuerza del destino". Mismos ojos, de centímetro y medio de diámetro pupilar, mismo porte, mismos labios, mismo pelo. Juntos paseábamos por los parques, hablábamos, marcábamos un porvenir, mientras yo buceaba cada noche en encontrar un sentido a aquello. Me explico. Hacía diez años que había renunciado a tener una compañera que no fueses tú, a pesar de la cantidad de sucedáneos que soportaron mis noventa kilos de peso. Trataba con quiromantes y astrólogos, del mismo modo que con filósofos y religiosos, por encontrar mi destino, mi sino, mi karma, o mi predestinación donde fuere. Entonces aparece Elena y todo mi interior se voltea como una noria. Nuestros encuentros amorosos se retrasaban porque a medida que entendía este mejunje del destino, algo en mi me decía que estaba predestinado a ti y a otro fin superior. Andaba yo en estas diatribas cuando cayó en mis manos la obra "Temor y Temblor" de Kierkegaard Soren. Sonrío con melancolía al recordarlo porque en su prólogo, se resume que es una especie de autobiografía. Esta publicación de 1799, va desgranando lo que en mi interior ocurría, en clara sinergia con Soren. Mi nuevo amigo Kierkegaard trata de demostrar que es posible conciliar el amor sensual con el espiritual; (leo textual) Kierkegaard lo niega: "placer físico y reflexión no pueden convivir". Por otra parte considera a Regina como la tentación con la que se trata de apartarle del camino que Dios le ha ordenado tomar, aunque al mismo tiempo considera que es el mismo Dios quien ha dispuesto esta tentación para probarlo y hacerle finalmente ver claro cuál debe ser su auténtico destino. Regina vive el mundo de las sensaciones con toda plenitud, hay en ella alegría a nivel biológico que Kierkegaard no puede compartir. De *Aut-Aut* a *La Repetición,* pasando por *Temor y Temblor,* Soren se explica y nos explica la totalidad de contradicciones que se dan en lo que está ocurriendo: Regina no puede acompañarle por el camino de la reflexión que lleva finalmente al estadio religioso. Regina no le puede comprender ni puede abandonar, por ahora, estadio estético en que vive. Dios le ha hecho débil físicamente y poderoso a nivel intelectual porque lo destina a una tarea determinada: es un elegido, es *el Único, el Interesante, el Particular* por excelencia; al mismo tiempo descubre que ser un elegido del Señor no resulta fácil ni agradable. A la vez comprende que al renunciar a Regina está renunciando a la única posibilidad de ser feliz en este mundo que le ha sido y le será brindada. Por otra parte, Regina lo ama intensamente, y él no puede aceptar ese cariño que por ser romántico, por ser estético, pertenece sólo a lo cismundano y como tal debe acabar en el tedio y la desesperación de todo lo terreno. Es eso lo que intenta decir a Regina en *Aut- Aut.* Y también le da a entender que se separa de ella, no definitivamente, para producirle un dolor que la madure. Gracias a ese dolor será posible la repetición, es decir, será posible reanudar las relaciones, el noviazgo, y ya ambos en la esfera ética, en la reflexión, emprender de común acuerdo el camino de lo religioso. El paralelismo que Soren y yo tuvimos me hace pensar que si el destino no está escrito, al menos debería escribirse al final de nuestras vidas un resumen. El caso es que no solo me contuvo la literatura, sino tu presencia permanente en mi corazón, y ambos inspiraron el final con Regina (mi Elena). Este detalle ha hecho que cada capítulo sea redactado tal y como han sucedido los hechos de esta investigación. Soy consciente que hay muchos momentos en esta obra, en los que la densidad de los datos evita que el libro sea de "consolilla" pasando a ser de "concentración". También caigo en períodos en los que he cuidado y organizado el texto,

15

con otros períodos en los que la braquiología me domina; supongo que no estamos igual de ánimo para escribir todos los días y máxime cuando se trata de estos temas trascendentales. El rasgo principal, es *docere et delectare* (enseñar divirtiendo): *aplicando* sin duda el perfil del encriptamiento del mensaje, a veces sutil y otras, dejo al lector en demasía, la posibilidad de correr su imaginación fuera del círculo.

(Al lector) ¡En fin¡ Antes de nada, por hacer honor a la educación que mis progenitores se esforzaron que tuviese, permítanme presentarme, mi nombre es... (Fred Von D.), bueno, mi nombre, realmente no importa. Todo el mundo me conoce por Maese Mercader, de modo que pueden llamarme Maese, o Fred. Supero ya el medio siglo y he conseguido acumular un alto nivel de experiencia en múltiples campos de la vida. El mundo comercial no me oculta, ni me ha ocultado nada. Me ha arruinado en tres ocasiones, eso sí, pero en la actualidad apenas me lacera ya, y disfruto de una firme situación. Para llegar a acumular tanta experiencia he sido y sigo siendo comerciante, viajero, psicólogo, matemático, biólogo y sobre todo, observador. Sé ver bien las fragilidades ajenas y satisfacerlas cuando quiero o me pagan por ello. Llego también, por propio patrocinio, a razonarlas y a simpatizarlas, como si fueran características destacables. El concepto convencional que tengo de la vida viene a exteriorizarme, en cierto modo, como un filósofo al que le gusta ilustrar, poniendo ironía y humor en todo lo que hace, pero aportando siempre una instrucción útil. Aunque vivo la mayor parte de mi tiempo en Toledo, me encanta viajar. Ya sé que Toledo es un buen lugar para vivir, porque ha sido el centro del mundo desde los griegos hasta hoy, pasando por serlo del imperio romano, del reino visigodo, del musulmán y del imperio cristiano. ¡Qué lugar tan pequeño y tan rico en arte y en cultura! ¡Qué amenidad al pasear por sus calles y disfrutar de sus leyendas! En este pequeño reducto se puede contemplar, al mismo tiempo, la segunda naumaquia romana del mundo, los baños árabes, la gran Catedral cristiana, la gran Sinagoga del Tránsito, la incomparable Mezquita del Cristo de la Luz sin salir de noventa hectáreas de terreno. Y qué decir de la emoción de pisar las calles que un día pisaron El Greco, o Cervantes, Garcilaso o Chillida, el Cid o Carlomagno. Puedes imaginar cómo Juanelo, con su ingenio abastecía de agua a la ciudad, o puedes recobrar fuerzas degustando su mazapán, mientras disfrutas de la elaboración de piezas de damasquino, o de unas perdices a la toledana, claro está, trinchándola con el acero más famoso de Europa, el mismo con el que los Tercios españoles conquistaron media Europa y medio mundo. A Toledo le llaman de las tres culturas, pero, en realidad, son más de siete. En los cimientos de una misma casa puedes hallar restos de la prehistoria, de los iberos, de los visigodos, de los romanos, de los árabes, de los judíos y de los cristianos. Disculpen esta digresión, pero es oír el nombre de Toledo y desencadenarse en mí una devoción incontenible, es involuntario.

Despedida

Querido Maese: Ahora que el destino nos ha separado y antes que el olvido nos invada el recuerdo, déjame que te escriba en estas líneas lo que no me atreví a decirte cuando vivía contigo. Te he adorado. Te he amado. He viajado contigo hasta en los sueños, pero la realidad me ha hecho comprender que el amor se ha terminado. Tú estás a otra altura. Tienes otros objetivos y sinceramente necesitas otro tipo de mujer a tu lado, capaz de seguirte en tus investigaciones, charlas, viajes, juegos, y que sepa cubrir tus necesidades como persona, como hombre y como ser. Tu destino y el mío se cruzaron. La casualidad nos presentó. Han sido meses preciosos, pero también duros. Quizá no tuve cuerpo ni edad para quererte, pero me falta voluntad para olvidarte. A tu lado se conoce todo de la vida, el amor y la soledad, la técnica y las finanzas, la ciencia y la filosofía. Pero el ritmo que aplicas a todo, me hace comprender que mi vida así ha perdido sentido. Estar a tu lado y no poder tenerte, intentar participar contigo en todo lo que haces y no poder contestar a tus preguntas, me produce mucha inseguridad. Me empequeñece y aunque siempre me animas, me abrazas y me dices que no es así, yo te siento cada vez más lejos. Veo cómo sonríes y te entusiasmas cuando estás con otra mujer que es capaz de entenderte y continuarte en el campo y en la mar, en el microscopio y en los libros. Sólo lamento no llegar a probar a qué saben tus besos en la vejez. Te seguiré en mi recuerdo. Ojalá encuentres a la mujer a la que dejes amarte como necesitas y se capaz de seguirte. Ciao.

Ahora les dejo que ustedes mismos sean los que saquen sus propias conclusiones, mientras yo me quedo reflexionando con lo que decía William Shakespeare en "Hamlet": *"Me llama el destino, y la más fina arteria de este cuerpo es tan potente cual las fibras del león de Nemea. Aún me hace señas. ¡Soltadme, señores! Por Dios, que a quien me pare volveré un espectro. ¡Fuera ya! - Vamos, te sigo... Mas, para acabar donde he comenzado, deseo y destino corren tan contrarios que nuestros designios siempre se deshacen: la intención es nuestra, más no el desenlace."*

¿QUÉ ES EL DESTINO?

"Creer en el destino es tener miedo a cambiar el futuro." (Anónimo)

Decía Washington Irving en "Cuentos de Alhambra": *"Llegóse el príncipe a él con el respeto y reverencia que inspiraban su venerable aspecto y sobrenatural sabiduría, y le dijo: – Perdonad, ¡oh ancianísimo y sabio cuervo mágico, si interrumpo por un momento vuestros estudios, admiración del mundo entero. Aquí tenéis delante a un peregrino de amor, que desea pediros consejo para alcanzar el objeto de su pasión. — Decidme claramente —le dijo el cuervo dirigiéndole una mirada significativa— si es que queréis consultar mi ciencia de zahorí; si es eso, mostradme vuestra mano y dejadme descifrar las misteriosas líneas de la fortuna. —Dispensad —le dijo el príncipe—. No vengo para conocer los decretos del destino, ocultos por Allah a la vista de los mortales, sino que, peregrino de amor, deseo solamente conocer la clave para encontrar el objeto de mi peregrinación"... "Yo soy el precursor del destino, y mi misión es cantar los presagios de la muerte desde lo alto de las chimeneas, batiendo mis alas junto a las ventanas de los que están enfermos. Podéis ir, por lo tanto, a otra parte en busca de esas noticias relativas a vuestra bella desconocida. — ¿Y dónde ir a buscarla sino entre los hijos de la sabiduría, versados en el libro del destino? Sabed que soy un augusto príncipe influido por las estrellas, y que me encuentro destinado a llevar a cabo una empresa misteriosa de la cual depende la suerte de vastos imperios. Cuando el cuervo vio que era un asunto de importancia en el cual influían las estrellas, cambió de tono y ademanes y escuchó con profundo interés la historia del príncipe".*

Hola Cariño:

Hoy ha caído este comentario en mis manos y no he dudado en enviártelo a ver si nos aclara esto del destino. Es el discurso más corto que haya visto nunca de manos de un alto cargo. Está escrito por Bryan Dyson y lo dijo al dejar el cargo de Presidente de Coca Cola, dice así. *"Imagina la vida como un juego en el que estás malabareando cinco pelotas en el aire". Estas son: Tu trabajo, tu familia, tu salud, tus amigos, y tu vida espiritual, que las mantienes todas éstas en aire al tiempo. Pronto te darás cuenta que el Trabajo es como una pelota de goma. Si la dejas caer, rebotará y regresará. Pero las otras cuatro pelotas: Familia, Salud, Amigos y Espíritu son frágiles, como de cristal. Si dejas caer una de estas, irrevocablemente saldrá astillada, marcada, mellada, dañada y incluso rota. Nunca volverá a ser lo mismo. Debes entender esto: apreciar y esforzarte por conseguir y cuidar lo más valioso. Trabaja eficientemente en el horario regular de oficina y deja el trabajo a tiempo. Dale el tiempo requerido a tu familia y a tus amigos. Haz ejercicio, come y descansa adecuadamente. Y sobre todo... crece en vida interior, en lo espiritual, que es lo más trascendental, porque es eterno. Shakespeare decía: Siempre me siento feliz, ¿sabes por qué?. ......Porque no espero nada de nadie, esperar siempre duele. Los problemas no son eternos, siempre tienen solución. Lo único que no se resuelve es la muerte. La vida es corta, ¡por eso ámala! Vive intensamente y recuerda: Antes de hablar...¡Escucha ! Antes de escribir... ¡Piensa! Antes de criticar... ¡Examina! Antes de herir... ¡Siente! Antes de orar ¡Perdona! Antes de gastar... ¡Gana! Antes de rendirte ¡Intenta! Antes de Morir... ¡¡Vive!!"*

¿Para qué sirvo? Me pregunto cada noche. Toda la vida me la paso buscando los motivos por los que nací y para qué nací.

¿Soy parte de una maquinaria? Tengo una vocación y no la pude cumplir ¿Y ahora qué? todos los días me pinto una manera de conseguir dinero para comer porque he nacido en un sistema corrupto, organizado para que solo unos se mantengan a costa de los demás y como estoy harto de adoctrinadores de pacotilla, docentes de tebeo y cosas que me hacen dependiente de algo, soy prácticamente proscrito de cualquier sistema social. Todo gira en torno a un supuesto prestigio social y a una popularidad, que generen ingentes cantidades de dinero para todo el que me rodee, o si no, seré apartado. Si intento ser caritativo con el débil, me critican porque les dejo a los otros en mal lugar. Si tengo fé en Dios, Allah o Yahvé me persiguen hasta matarme. Si no copio en los exámenes y no dejo copiarse al palurdo de al lado, me postergarán al ostracismo, a no ser, que tenga algo más que necesiten de mi. A cambio, en el futuro seré operado por alguien que copiaba en los exámenes y dirigido por un presidente de nación que siquiera sabe leer un discurso que otro le ha escrito. Todos destacamos en algo, aunque ese algo sea aparentemente inútil o perjudicial de evidencia. Pero todos tenemos un complejo mental de que hay un destino escrito y nos pasamos la vida buscándolo como el pirata su tesoro. Pocos son los que meditan, se autoanalizan y profundizan en sí mismos para saber por qué son diferentes y con ello especiales. La mayoría copia al de al lado y hacemos países que bien podríamos llamar "Territorio facsímil" o "Territorio remedo". Un frustrado suele decir a sus hijos y subordinados que no sirven para nada, sin darse cuenta que el inútil es él, porque sin los otros, él no es nadie. El problema estriba cuando esos subordinados se lo creen y se convierten en la segunda generación de frustrados, que dedicará su vida a frustrar a la siguiente generación. Errar es sano si se aprende a no errar. Los errores son valiosos para avanzar, sin quedarse pegado a la idea de la falta de eficacia y ceder a la tentación de entregarse a la mediocridad. La falta de autoestima frustra la creatividad y con ello el pensar en su propio destino. No en resignarse a ser una pieza sustituible de esta sociedad de autodestrucción. Uno es lo que cree, y si lo que se cree es que uno no sirve para nada, así será, porque la nada es lo único que puede surgir de la nada. En el otro extremo de frustración es el que se pone metas utópicas, defiende causas perdidas y se cree omnipotente. Entonces se idolatra a sí mismo y se confunde de parte a parte, porque su destino no empieza y acaba en él. Muchos confunden el destino con los objetivos parciales para conseguirlo. E incluso los sustituyen. Éstos suelen terminar usados por corrientes políticas, sectarias y materialistas. Entiendo que es más difícil ser verdaderamente libre, que dejar de pensar por sí mismo, permitiendo que otros lo hagan por ti. Muchas iniciaciones grupales son actos de arriesgar la salud, la vida o la libertad para demostrar a un grupo de frustrados que se pertenece a ese apartado de calificativo. ¡Mi destino es capitán de los ladrones¡. O ¡ganar veinte veces el mundial de lo que sea¡. O ¡descubrir el remedio contra el cáncer¡. O ¡escribir este libro¡. ¡Vaya chorrada¡ Algunos de esos objetivos son loables, otros utópicos y otros los hace cualquiera con un dedo de frente. En todo caso, todos son medios u objetivos parciales, para cumplir con mi destino. ¿Cuál es mi destino? Eso es lo que intentaré comprender en estos días.

Me dirijo a la biblioteca. Extraigo el diccionario de su posición habitual. La conozco bien porque la visito con frecuencia. Busco "Destino" y encuentro… ¿Qué es el destino? Según el Diccionario Manual de la Lengua Española Vox es: la finalidad que se da a una cosa: *el destino de estas vacas es la producción lechera.* Lugar adonde se dirige alguien o algo: *el tren con destino a Madrid efectuará su salida dentro de diez minutos.* Trabajo que realiza una persona o lugar en el que se desempeña: *acaba de aprobar las oposiciones de magisterio y está esperando saber su destino.* Situación a la que llega una persona de manera inevitable como consecuencia del encadenamiento de sucesos: *por la manera que ha vivido, su destino era acabar solo. Fuerza supuesta y desconocida que determina lo que ha de ocurrir. Hado, sino. Encadenamiento de los sucesos considerado necesario y fatal. Consignación o aplicación de una cosa o de un paraje para determinado fin. Empleo. Lugar a donde va dirigido un envío, viajero, etc.* Cierro el libro. Lo devuelvo a su lugar y me siento a meditar en el chéster que me acompaña cada noche antes de dormir. Al enfrentarme a este reto de averiguar si hay o no un destino prefijado, he tenido que ambientarme convenientemente y para ello, he recurrido a escribir todo lo que este epítome contiene, inspirado por una obra inmortal que resume el sentir humano en relación a su destino. ¿Cuál? Me estoy refiriendo a *La forza del destino.* Es una ópera en cuatro actos, de Giuseppe Verdy, y libreto en italiano de Francesco Maria Piave. Con una escena adaptada de *Wallensteins Lager* de Friedrich Schiller. Fue representada por vez primera en el Teatro Bolshói Kámenny (luego Teatro Mariinski) de San Petersburgo, Rusia, el 22 de noviembre de 1862. La belleza de la obra envuelve el ambiente y eriza los pelos de la nuca al más pintado, sobre todo, cuando está reflexionando sobre su propio destino, como lo he hecho yo al redactar estas líneas. La coincidencia es tal que cuando repasas tu destino, vas siguiendo los mismos pasos que la ópera tocando una gran variedad de temas. ¿Cuáles? Los de siempre, el amor, el honor, la venganza, la religión, la muerte, tú mismo (el héroe romántico) y el sino. Verdi basó su música en la obra teatral *Don Álvaro o la fuerza del sino* (1835) del escritor español Ángel de Saavedra, (Duque de Rivas). La diferencia entre la literaria y la musical, estriba en la piedad de Verdi al evitar la muerte de muchos personajes, que en la literaria existen. Me relajo. Cierro los ojos. Mientras oigo la música regreso a la Sevilla del XVII (tras la Guerra de Sucesión Española). Me imagino a un indiano, Don Álvaro. Peruano posiblemente. Enamorado de Doña Leonor. Una noble española, andaluza. Ojos negros y grandes. Melena negra zaína, impresionante mujer de dulces modales, hija del Marqués de Calatrava. Comprendo la desazón del padre porque su hija salga con un aventurero y comprendo la desazón de dos enamorados por estar juntos. El Marqués les sorprende y la fatalidad hace que la pistola del indiano se dispare y mate al padre de la chica. Reflexiono en que nosotros le decimos destino o fatalidad, porque los romanos le llamaban Fatum, al destino. Comprendo la sed de venganza de los hermanos de la chica Don Carlos y Don Alfonso, persiguiendo a la pareja. Llega un momento en que el peso de la culpa es demasiado y la chica ingresa en un convento, mientras Álvaro se hace soldado en las batallas que España lidera en Italia. Veo al destino tejer la telaraña haciendo que Carlos le imite sin saberlo y les junte en amistad en la localidad de Velletri, sin que ninguno se reconozca. De nuevo compila el destino haciendo que Álvaro caiga herido. Carlos se hace cargo de él hasta que descubre las cartas de amor a su hermana, reconociendo en su amigo al asesino de su padre. Terrible momento. Cuando Álvaro se recupera se baten en duelo y mata a Carlos. La culpa le pesa e ingresa como monje en el Convento de los Ángeles. Un convento al lado del de Leonor, sin saber que ella vive allí. Cuatro años más tarde, el segundo hermano de Leonor (don Alfonso) descubre a Álvaro y se retan en duelo. Alfonso cae mortalmente herido. Leonor aparece contemplándola escena, se acerca a su hermano, este viendo que está la "deshonrada" al lado suyo, extrae el puñal que se encontraba clavado en su pecho y la mata por considerarla cómplice. Ambos mueren en ese instante. Álvaro se siente culpable de todo y en la obra literaria se suicida, mientras que en la ópera el Padre Guardián; don Alfonso y don Álvaro rezan al cielo mientras ella muere.

¿Destino? En este caso el destino se identifica como la fatalidad que decían los romanos y que a menudo emparejamos en la actualidad cuando nos ocurren desgracias. El destino, también llamado *fátum, hado, o sino*. Podría definirse como *"el poder sobrenatural inevitable e ineludible que, según se cree, guía la vida humana y la de cualquier ser a un fin no escogido de forma necesaria y fatal, en forma opuesta a la del libre albedrío o libertad"*. De lo cual se deduce que cada vez que hablemos de destino, estamos hablando de "suerte". A medida que profundizamos en este mundo del destino, comprobamos que hay dos grandes apartados. Primero están los que no creen en absoluto en el destino y menos en que algo, o alguien superior se dedique a escribírnoslo para luego ver cómo se cumple, hagamos lo que hagamos por evitarlo o por encontrarlo. En segundo lugar están aquellos que creen firmemente en todo lo contrario y resignados los unos y peleones los otros, asumen que hubo algo o alguien superior con vocación amanuense. Dentro de este último grupo podríamos subdividirlos en los religiosos y los no religiosos. Los primeros asumen a Dios o a un ser superior su destino y los segundos sustituyen a Dios o al ser superior por algo intangible que está por encima de ellos, pero que en ningún caso quieren llamarle Dios y le sustituyen por azar, suerte o solamente "el destino" de manera global y abstracta. Aún podemos hacer una división más entre los religiosos. Estarían por un lado la mayoría de las religiones que asumen a Dios (en cualquiera de sus denominaciones) o un ser superior y por otro lado, desde el Tao del confucianismo chino,   al karma del   hinduismo, estarían los católicos, que no creen en el destino, sino en la predestinación. ¿Cuál es la diferencia? La diferencia estriba en que la predestinación viene a ser una especie de carga de potenciales que se le hace al individuo al nacer para que pueda ir superando los obstáculos de la vida y conseguir el objetivo de la salvación. Dicho de otra manera, que mientras los no creyentes configuran el destino como fatalista, los creyentes, en la predestinación lo asemejan a algo bienhechor, de premio o recompensa. Bien, a lo largo de estos días iremos desgranando diferencias y analizaremos las respuestas a las preguntas que cualquiera se puede hacer en torno a este fantástico y atrayente mundo del destino.

Para entender mejor de dónde viene esta obsesión de hablar y debatir del destino, hay que analizar la historia de las civilizaciones. Los griegos llamaban al destino (Ananké, o Anankaia, o Ananque) y lo consideraban una fuerza superior no solo a los hombres sino incluso a los mismos dioses. Ananké, personificaba de la inevitabilidad, la necesidad, la compulsión y la ineludibilidad. Al principio, no se le ponía un origen claro y se decía que se formó a sí misma. Se la dibujaba en forma de serpiente con los brazos extendidos y rodeando todo el universo. Se la emparejó con Cronos, el dios del tiempo porque era lo que mejor complementaba a la diosa. Destino y Tiempo juntos, es algo que cualquiera identifica perfectamente. De ahí que hoy en día se hable de destino como sinónimo de casualidad y coincidencia. En la mitología antigua, la pareja puso un huevo de materia solida. De ese embrión hicieron tres partes, la tierra, el cielo y el agua, creando de esta manera el universo. Pero no un universo de Big Bang en el que había explosiones y destrucción, sino un universo ordenado, porque ambos permanecían inseparables guiando juntos, destino y tiempo al compás de su amor. Tiempo más tarde, apareció la religión mistérica órfica y decidieron adorarla. Para ello, según parece, necesitaban darle a Ananké un padre y una madre y los órficos, decidieron que sería hija de Hydros (el Océano primigenio) y Thesis (la primigenia Tethys). Como ya no creaba el universo, ni ponía un huevo, hicieron que engendrara a tres Moiras. Llegados a este punto, ¿Cómo se diferencian madre de hijas? En realidad Ananké era lo inevitable y sus hijas, las Moiras personificaban cada una de las partes del destino. La traducción del término Moira es el de "repartidor". Homero, tanto en la *Ilíada,* como en la *Odisea* habla de una sola Moira diciendo *Moera Krataia,* (poderosa Moira). Homero se refiere a la que hila la vida de los hombres, diferenciándola de las *Klôthes* o hilanderas. Curiosamente en Delfos sólo se rendía culto solo a dos, la del Nacimiento y de la Muerte. Según Pausanias, en Atenas se consideraba a Afrodita como una Moira (Afrodita Urania). Se las dibujaba vestidas con túnicas blancas y aunque al principio hubo diferencias en el número, finalmente siempre triunfa la triada y se fijó en tres Moiras. Se necesitan a las tres para controlar el destino, pues cada una maneja una parte del mismo. ¿Cuáles eran estas tres hijas de Ananké? La primera era Cloto la hilandera portando una rueca. Hilaba la hebra de vida con una rueca y un huso. Su equivalente romana era Nona, originalmente invocada en el noveno mes de gestación. La segunda era Láquesis, la de la suerte, con una vara, una pluma o un globo del mundo. Ésta medía con su vara la longitud del hilo de la vida. Su equivalente romana era Décima. Y la tercera era Átropos la inevitable, con unas tijeras o una balanza. Aunque la traducción literalmente viene a ser "la que no gira". También la he encontrado con el nombre de Aisa. Es decir, la que corta el hilo de la vida. Elegía la forma en que moría cada hombre, seccionando la hebra con sus tijeras. Dicho de otro modo, era la que determinaba la hora de la muerte. Me ha costado distinguirla de la Graya "Enio", pero está claro que la Moira era la anterior. Su equivalente romana era Morta (Muerte). ¿Por qué se las confunde con las diosas del nacimiento? Porque se aparecían tres noches después del parto de un niño para determinar el curso de su vida. Si comparamos hoy en día las supersticiones y miedos que produce hablar del destino como signo fatalista, comprenderemos perfectamente que les tuvieran pavor y las adorasen en Grecia. Tanto que hasta las novias atenienses les ofrecían mechones de pelo y las mujeres juraban por ellas. Lo que más me llamó la atención al estudiar la mitología, fue encontrar textos de Hesíodo admitiendo que hasta Zeus estaba sujeto a sus designios y por eso les colmaba de favores. A medida que sigo estudiando, llego a las Pausanias y en ellas se describe ya a Zeus como el "Dador de destino", lo que parece más coherente con la visión pedagógica de que nadie domina a un dios. Esquilo, Herodoto o Platón, consideraban a Zeus conocedor y administrador del destino de los hombres. En otros textos, encuentro que las Moiras no eran hijas de Anaké, pero sí de Nix (la Noche) y Caos. Y en alguno otro se identifica a Caos con la Necesidad y por tanto, con Anaké. H. J. Rose va más allá y dice que además de las Moiras, Anaké era la madre de las Erinias. Algunos mitólogos afirman que Zeus es el padre de las Moiras y la madre era Temis (la Justicia). Sus equivalentes en la mitología romana eran las Parcas o Fata. En la nórdica las Nornas. En otras diosas indoeuropeas son las hilanderas del destino como la diosa báltica Laima y sus dos hermanas. Shakespeare se inspiró en este mito para crear las tres brujas que aparecen en *Macbeth*, cuya intervención es determinante en el destino del protagonista. Volviendo a Ananké. ¿Cómo fue su progreso en otras mitologías? Fue rebautizada en primer lugar como como Fatum en la mitología romana, y posteriormente como Necessitas. Es decir "La Necesidad". Etimológicamente, la palabra latina *fatum,-i*, significa oráculo, vaticinio, o predicción y deriva a la palabra española «hado».

También tenía el significado de fatalidad. De la misma familia que *fatum,i* encontramos *fas*, o la ley divina.

Hablamos de oráculos sin saber exactamente lo que son. Para unos, el oráculo es una virgen que unos magos mantienen para sus placeres. Mientras la drogan y embriagan, la joven tiene visiones de lo que ocurrirá en el futuro. Lo habitual es que el oráculo sea una respuesta a una pregunta. ¿De quién? De un dios o un ser superior que se transmite a través de sacerdotes o sacerdotisas, o de la Pitia, o de la Pitonisa griega y romana de turno, o la Sibila. En terceras ocasiones se hacen interpretaciones de las señales que nos rodean y se sacan conclusiones. Me refiero a símbolos de piedras, de nubes, de cartas, de runas, de palillos, de posos de té o café y de entrañas de animales sacrificados, etc. Por extensión, se llama oráculo al propio lugar en que se hace la consulta y se recibe la respuesta (el oráculo). ¿Dónde se ubicaban los oráculos en la antigüedad? Oráculo de Delfos en Grecia, en la falda del monte Parnaso, el Oráculo de Dádimo en la costa de Asia Menor, el Oráculo de Dódona en Epiro, (Grecia) en las montañas, al sur del lago Pamboris, el Oráculo de Olimpia en la ciudad griega de Olimpia, en Elis, en el Peloponeso oriental, el Oráculo de Delos, isla griega situada en el mar Egeo, los Oráculos egipcios de Heliópolis y Abidos, el oráculo del dios Amón-Ra en el oasis egipcio de Siwa, en el desierto de Libia, el Oráculo hebreo, de Goralot, los Oráculos de Fenicia, asociados con las deidades Baalzebub (Belcebú) y Baalim, los oráculos de Babilonia y Caldea de los pueblos *bele-beri* (señores de la adivinación), los Oráculos Yoruba, compuestos por tres sistemas: el primero se trabaja con cocos y es denominado *biagué*, el segundo es denominado *diloggun* y trabaja con caracoles, y el tercero y más extenso y completo es el denominado oráculo de Ifá. Me relajo con lo que decía

Virgilio en "La Eneida": "*Turno cierra con Hilo, que iba a acometerle ciego de furor, y le asesta una lanza en las sienes, cubiertas de un yelmo de oro, atravesándole con ella y dejándosela hincada en el cerebro. No bastó tu diestra para liberarte de Turno, ¡Oh Creteo! el más fuerte de los Griegos, ni protegieron a Cupenco sus dioses cuando vino sobre él Eneas, que le abrió el pecho con su pesada espada, sin que aprovechase al mísero la defensa del herrado broquel. También a tí, Eolo, te vieron caer los campos laurentinos y cubrir gran trecho la tierra con tu cuerpo; ¡Tú, a quien no pudieron postrar ni las falanges argivas, ni Aquiles, el destructor del reino de Príamo, sucumbes aquí; aquí había señalado el destino término a tu vida; tenías un gran palacio al pie del Ida, un gran palacio en Lirneso; en el suelo laurentino tienes un sepulcro. Todas las huestes, todos los Latinos, todos los Troyanos se traban en fiera lid; Mnesteo, y el impetuoso Seresto, y Mesapo, domador de caballos, y el fuerte Asilas, y la infantería toscana, y la caballería árcade de Evandro, todos luchan cuerpo a cuerpo con desesperado brío, sin descanso, sin tregua, en grande y recia batalla*".

Cariño:

¿Qué es el destino? Es la pregunta que nos hacemos constantemente y a la que intento dar respuesta. Los filósofos me dirían que es un constructo metafísico con el que podemos especular a adivinar cosas y situaciones. Otros profundizarían en la definición diciendo que es una "*sucesión incognoscible e inevitable de acontecimientos que ocurren en diferente lugar y tiempo cuya consecuencia del pasado afecta a uno o más hechos futuros, así como a toda la red de posibilidades del futuro porque las acciones presentes derivan de las pasadas y las futuras de las presentes*". Reflexiono echando un vistazo a la historia y veo que el sentir religioso del pasado, queda en un segundo plano cuando los filósofos acuerdan que el destino es por las leyes de la causa y efecto, produciendo un punto de inflexión en la forma del conocimiento humano en lo referente a sí mismo y a su entorno. El destino se relacionaría con la teoría de la causalidad que afirma que, si *"toda acción conlleva una reacción, dos acciones iguales tendrán la misma reacción», a menos que se combinen varias causas entre sí haciendo impredecible a nuestros ojos el resultado"*. Dicho de otro modo, que la suerte no existe y todo tiene un por qué. Pero como no pueden dar explicaciones a todo lo que ocurre y se derivan en supersticiones, magias y todo tipo de recursos por intentar controlar el destino, es decir lo inevitable e intangible; los filósofos se reúnen en torno a los Kant de turno y deciden que todo lo que se acuerde en grupo en asamblea, es lo correcto. Lo que no deja de llamarme la atención, pues se convierten de una manera u otra en sustitutos del que designa el destino y se deja siempre a un lado la libre elección del ser humano y su libertad. Pues haga lo que haga, a un ser superior, o la ley causa – efecto o los reunidos en asamblea, van a decidir el destino de los demás. ¡Ufff¡ ¿Y con eso, el problema de la esencia humana queda resuelto a votos, o por resignación? Entonces ¿para qué narices hablamos de libertades? Parto de la base de que existe el destino, porque si admito lo contrario, dejaría de profundizar en este estudio. Admitido el supuesto, sigo preguntándome que si alguien o algo, de un modo casual, acordado o establecido decide por mi ese destino, ¿Habrá tenido en cuenta un destino grupal único, para que todo tenga sentido? O por el contrario ¿se deciden los destinos como sacando conejos de un sombrero? Me explico mejor. Si el humano forma parte del universo como es obvio, habrá que hacer un criterio de demarcación entre el sujeto y el universo. Y eso sin dar posibilidades a la libertad de elección del sujeto, pero teniendo en cuenta un equilibrio global, que dé algo de sentido a este mejunje ¡digo yo¡

El tema del destino es de tal importancia para el ser humano que mire donde mire, encuentro el tema. Leyendas, mitología, pinturas, esculturas, arquitectura, oráculos, augurios, magos, adivinadores del futuro, religiones, filósofos, políticas, civilizaciones, apocalípticos, salvadores, héroes, personajes, novelas, música, películas, teatro, imaginería, profecías, fabulas, presagios y adivinanzas, entre otros. Con tanto interés no cabe por menos que seguir preguntándose, ¿Será cierto que nuestro destino ya está escrito? Y si está escrito, ¿Dónde lo han escrito?. ¿En las manos, en las estrellas, en mis sueños, o en mi mente? ¿Se puede tocar el destino? ¿A qué huele, sabe o se escucha el destino? Compruebo con disgusto o placer que cuando la quiromántica lee las manos y me comenta algo, o cuando el astrólogo de turno interpreta la carta astral, o la del tarot presagia algo mío y cada uno de ellos coincide con los otros dos, la inmensa mayoría de la gente está más tranquila porque da fé que eso va a ocurrir. Y si llega a ocurrir, entonces la fé en el destino y la fidelidad a los tres es incondicional. Mientras que si algo malo no ocurre, lo achacan a que de algún modo que aún desconocen han sido capaces de evitarlo. Digo que me llama la atención la facilidad dual de las personas por asumir el cumplimiento estricto o no, del destino en función de lo que les convenga en cada momento. Algunos creen que el destino es lo que determina el día de su muerte; otros creen que es un dios o un ser superior. Pero unos y otros concuerdan en que hay acontecimientos claves en su vida que no pueden evitar. Llegados a este punto de que el destino es el que es, hagamos lo que hagamos, me pregunto ¿para qué molestarnos en trabajar, estudiar o rezar? ¿Para qué seguir a tal o cual dirigente que habla y habla de libertad? ¿Para qué tomar precauciones de seguridad, de alimentación y de gimnasia? Anteriormente comentaba que hasta en las películas aparece el tema del destino y recuerdo lo que dijo el maestro Ooguey de la película de niños "Kung Fu Panda" al maestro Sifu: *"Uno suele hallar su destino, en el camino que eligió para evitarlo. Los accidentes no existen. Medita esto y verás que el destino si existe y está escrito".* Dicho de otra manera, que si me caso con una chica tendré un futuro y si lo hago con otra, tendré uno distinto. O si echo a la lotería, mi futuro cambiará. Lo que va en contradicción de que el destino está escrito, pues yo elijo y mi destino es consecuencia de mis decisiones, ¿no?.

Alguno de los amigos a los que he consultado el tema, me contestan que *No existe el destino, existe el futuro, y lo vamos forjando nosotros mismos con nuestras propias acciones.* Me sorprendo, porque hasta ahora había dado por sentado que destino y futuro tenían la misma consideración. Y no solo ha sido uno, sino varios amigos que interpretaban el destino como un hecho pasado debido a las coincidencias que hubo. Personalmente entiendo que diagnosticar a toro pasado (según la tauromaquia) es harto fácil. ¿Está escrito el destino? ¿Podemos cambiarlo? ¿Es imposible de eludir? ¿Podemos modificarlo para que actúe positivamente a nuestro favor? ¿O debemos resignarnos? Muchos se rebelan a esa posibilidad fatalista y coercitiva de un destino implacable que va cayendo como una losa. Otros lo viven como actores en una película, la de su propia vida. Los terceros se erigen en autores de novela y escriben su propia biografía. Los cuartos entienden que están predestinados a la salvación y cada día se levantan para hacer de ese día, el mejor de todos. Me detengo y añado otro parámetro, ¿Cuál? El de la responsabilidad de nuestros actos y para con los demás. Pues a fin de cuentas, quien más o quien menos, tiene familia y descendencia. ¿Escriben ellos el destino de sus hijos? Este paradigma impide huir fácilmente de la responsabilidad frente a las decisiones tomadas y los actos realizados. Para Osvaldo Carnival, (Fuente: "El Destino: ¿está escrito o podemos cambiarlo?", Osvaldo Carnival,, editorial El Ateneo.) *"El destino es una fuerza que te empuja, es una pompa que te lleva, una cuerda que te mueve hacia un lugar que no tenemos poder para elegir. El destino es una excusa para no tener responsabilidades, porque si el destino está escrito y no lo podemos cambiar... ¿De qué sirve enfadarse, de que sirven nuestros lloros y nuestras risas? Si el destino está escrito nosotros no tenemos responsabilidad ninguna sobre nuestros actos, porque no elegimos a donde vamos y por lo tanto el mismo destino que fue escrito antes de nacer es el responsable de nuestras glorias y miserias. Si el destino está escrito no somos más que simples marionetas que bailan al son de su compás. Pero yo no creo en el destino, soy demasiado orgulloso y arrogante como para no predicar mis logros y responsabilizarme de su gloria, de igual forma que soy demasiado sensible como para no llorar mis penas y lamentar mis errores. No creo en el destino porque creo en el libre albedrío, en la capacidad de elegir del ser humano. Creo que todo el mundo escribe su propia historia en el marco que la Suerte te da. Es decir, cuando nacemos no elegimos donde ni cuando, no elegimos la vida que queremos vivir pero sí decidimos como queremos vivirla. Yo no creo en el destino, por si no había quedado claro, pero creo que la suerte nos da unas circunstancias peculiares a cada uno y somos nosotros los responsables de aprovecharlas. "Yo no creo en el destino, para mi el destino no existe, yo creo en lo inevitable pero no en eso que llaman destino, no puede ser que todo lo que hago es un burdo juego al azar."*

Siempre encuentro la oposición en los que defienden la teoría causa efecto ¿no crees que cada elección en tu vida tendrá una consecuencia fruto de la causa misma? "Fata volentem ducunt, nolentem trahunt". Los terceros aparecen inmediatamente alegando que *elegimos nuestro destino a través de nuestras decisiones en las condiciones que el azar nos ofrece.* Llegados a este enroque en el que comenzamos un debate a tres bandas sin llegar a nada, yo añado un interrogante más ¿Para qué nacemos? ¿Para qué morimos? Según cada ideología así seré contestado, pero nacemos ¿para disfrutar, para sufrir, para procrear, para llenarnos de cosas materiales que cuando muramos se quedarán tras de nosotros?. Los primeros me contestan que tenemos varias vidas en este mundo y eso forma parte del proceso evolutivo. ¡Vale¡ les digo y ¿tenemos un destino diferente en cada una de las vidas o un mismo destino en total?. Habitualmente se callan y balbucean porque es una posibilidad. Si tu destino es llegar a la perfección, lo podrás lograr abriendo la conciencia o aprendiendo con sufrimiento, me contestan los segundos. De modo que cada vez que te apartas del camino, tu vida se complica hasta que regreses al camino marcado. ¡Perfecto¡ les admito, entonces podemos elegir ¿no? Entonces dudan en admitir su propia deducción por asemejarse al catolicismo con el libre albedrío y a los teóricos de la causa efecto. Inmediatamente aducen que es la explicación de por qué unos viven sin esfuerzo muy bien y otros sufren mucho. Les digo que los deterministas escriben su destino. Salen otros opinando que lo único que está escrito una vez que naces, es que algún día morirás y todo lo demás es suerte. ¿Qué es entonces el azar o la suerte? Les pregunto ¿Otra manera de llamar al destino o a ese ser superior que decide por nosotros? ¡No¡ me responden, nuestra decisión cambia el rumbo de nuestro destino en ese momento, en cambio, el azar deja abiertas las posibilidades

35

futuras. Es decir, les comento, por un lado habláis de consecuencias inmediatas y por el otro de sucesión de acontecimientos, ¿Cómo podéis juntarlos tan alegremente? Si eres rico, tu destino está escrito. Si naces enfermo también está escrito, y tendrás una sucesión de acontecimientos, pero entre tanto, tienes capacidad de tomar decisiones que alterarán ese rumbo en cada momento que lo hagas. Es decir, les digo por intentar aclararme. Planteáis el destino como el navegador del coche que marca el destino y te dirige, pero podemos no obedecer una indicación y el navegador recalcula de nuevo desde allí. Sinceramente me parece muy cómodo, me da libertad de decisión, me quita responsabilidades pero es muy triste, aunque posiblemente acertéis. No sé quien fue el que dijo que *la libertad humana es consecuencia de la ignorancia de las causas.* Viene a ser lo mismo que decir que el hombre podría predecir su destino si conociera todo el intricando mundo del universo. Creo que de una manera u otra le damos vueltas a tres puntos de vista y no daremos respuesta a la pregunta. Imaginemos que hay unos hilos que nos mueven tras un destino prefijado, entonces podríamos leerlos de algún modo, bien por series matemáticas o cartas, ¡qué más da¡, el caso es que podríamos cambiarlo y si lo podemos cambiar, entonces ya no estaría escrito. Posiblemente nuestros movimientos estén predestinados y nunca conozcamos las causas, sino las consecuencias y cada cambio, sería a su vez una causa o una parte de ese destino. ¿Destino? ¿Azar? ¿Coincidencia? ¡No...¡ No es tan complicado, solo existe un camino con infinidad de direcciones y sentidos que podemos tomar. Lo podemos llamar como queramos, pero lo cierto es que no se puede volver al pasado y cambiar los actos. Otros insisten en decir que nuestro destino es nacer para morir, mientras los contrarios dicen que nuestro destino es nacer para vivir y luego morimos cuando hemos alcanzado el máximo nivel de humanidad. Viene a mi mente el ejemplo de este mismo epítome. Según éso, tengo dos alternativas, primera: el destino de este libro según la primera de estas teorías sería el de tener una tapa de contraportada como todos los libros. Según la segunda teoría, este libro tendría la tapa de la contraportada cuando alcanzase su máximo esplendor. Lo cierto es que al final moriremos en este mundo y los que crean en resurrecciones, reencarnaciones, vidas paralelas etc., son los único que son optimistas ¡Curioso porvenir¡ mi amiga Mª Ángeles diría: *"El destino pone personas en nuestro camino, permite que conozcamos la felicidad, ¿Por qué entonces las aparta y en ocasiones nos brinda otra oportunidad? Acaso tenemos que hacernos merecedores de un poco más de felicidad?"*

Cuando observo los debates que promociono para extraer la información para este libro, me paro y reflexiono en que podría poner como ensayo vital el debate en semejanza a la vida, y convertirme de este modo, en ser el que provoca que ellos estén sentados debatiendo un tema propuesto por mí. Luego en alguna manera yo soy el que escribe su destino. También soy el que va introduciendo preguntas, dudas y reflexiones, de manera que de algún modo también soy el que conoce la coincidencia, el cambio, la causa-efecto, y además sé de antemano quién va a responder. ¿Les quito la libertad? ¿Cualquiera de los que va a responder ha sido condicionado por mí a la hora de emitir su respuesta y el contenido de ésta? Y si profundizo, yo les elegí para el debate y les proporcioné la documentación para prepararla. ¿Escribí yo su destino? ¿Debo darles un pago de un canon por los derechos del libro de su destino? ¿Desconozco lo que responderán a las preguntas que introduzco en cada momento, pero conozco su destino en el debate, ¿quiere decirse con ello que les niego su libertad y con ello el sentido de vivir? Introduzco otro parámetro en el debate añadiendo que solamente usamos un 12% de la capacidad cerebral. Si usásemos el 100% de la capacidad mental, ¿hablaríamos por telepatía?, ¿comprenderíamos la naturaleza?, ¿estaríamos tratando en diez dimensiones y no en tres?, ¿nos teletransportaríamos?, ¿conoceríamos nuestro destino y adivinaríamos el futuro? Todas nuestras reacciones son respuestas a un estímulo que recibimos del exterior, me dicen unos. Somos subconsciente más consciente, dicen los segundos. Pero absolutamente todos otorgan la duda de qué pasaría si dominásemos todo nuestro potencial cerebral y las consecuencias de manipular nuestro destino y el de los demás. Me relajo con lo que decía Publio Papinio Estacio en "La Tebaida": *"¿Por dónde, oh musas, del Parnaso gloria, mandáis que dé principio al triste cuento? Cantaré en el principio de mi historia de esta gente feroz el nacimiento, traeré el robo de Europa a la memoria, la ley inviolable y mandamiento de Agenor, y forzado del destino a Cadmo, navegante peregrino"..." »Castigar a dos casas determino, aunque de mi descienden (no lo niego): Argos y Tebas son, que ya el destino irrevocable está soplando el fuego. ¿Quién no sabe de Cadmo peregrino la muerte y de su casa el furor ciego, contra quien tantas veces el infierno ha hecho guerra con rigor eterno?"..." Y mientras llega el plazo deseado ir a pasarlo en Argos determina, o en Micenas, do el Sol, avergonzado, en tiempo les negó su luz divina; o que esto ordena el inmudable hado, o Erimnis que a su pena así lo inclina, o que Atropos le enseña este camino, a Argos al fin lo lleva su destino"..." Al punto el noble rey, lleno de espanto, conoce del oráculo divino la verdadera voz que temió tanto, que ya lloró el rigor de su destino; trueca su pena y su pasado llanto en un horror alegre y peregrino, que por sus miembros presuroso vuela, y al pronunciar la voz la lengua hiela"..." »Salve, caverna y voz irrevocable, antigua fé y oráculo divino, y tú también, fortuna variable, que el rigor has trocado del destino.» aquesto dijo el viejo venerable, y luego con los dos guerreros vino, habiendo a cada cual la mano dado a un aposento oculto y retirado"..." Ya todo el escuadrón de tanta gente que tan soberbio y confiado vino, muerto estaba, quedando solamente vivo Meonte, en Tebas adivino; bien el estrago y mortandad presente con tiempo adivinó, más el destino no quiso que algún crédito tuviese, por más veces que al rey se lo dijese".*

Cariño:

En el transcurso de los debates, ha habido quienes me han comentado que no creían en el destino, pero que con las respuestas que iban recibiendo, poco a poco iban creyendo. Todos sus argumentos se centraban en el hecho de que en un momento dado de su existencia, confluían una serie de circunstancias, que de alguna manera les llamaba la atención, o modificaban su situación. En lugar de decantarse por una de las teorías debatidas, ellos incluyen una nueva terminología: "la coincidencia". Abro la pregunta a todos y les planteo ¿Es lo mismo destino, que coincidencia? El primero en responder plantea una disyuntiva añadida, la de casualidad y causalidad. Entonces se abren exposiciones de momentos de sus vidas que cambiaron porque encontraron a cierta persona, o porque la intuición les llevó a echar una carta y esos detalles desencadenaron una cascada de acontecimientos dignos de cualquier película de Hollywood. Es decir, les digo, para vosotros, destino es equivalente a gran acontecimiento ¿no? Si lo pensamos desde otro punto de vista ¿Coincidencia no es lo contrario de destino? Les planteo. A fin de cuentas el destino es un todo y la coincidencia implica un sentido de contingencia. Me explico, en la coincidencia no hay intencionalidad de ningún tipo, ni voluntad, simplemente ocurre. Luego os planteo ¿Si algo es coincidencia pudiera no ser destino... y si hay destino, entonces las coincidencias no existen?. Muchas de lo que llamamos coincidencias o "frutos del destino" no lo son, sino que el subconsciente proyecta y sintoniza, por eso existen. Solo usamos el 12% del cerebro. Como veo que el tema es más complicado de lo que parece, les planteo otra cuestión ¿Si un camino no se conoce, cómo sabemos que es un camino y no otra cosa? Alguien introduce el tema religioso como respuesta alternativa, sin entrar a responderme. Para el judaísmo, por ejemplo, la conciliación Dios-libertad de elección viene a ser: Él sabe lo que vas a elegir, pero te deja elegir... es realmente algo para pensar. Otro me intenta contestar con un ejemplo, diciendo que antiguamente se creía que había un universo entorno a la tierra, y luego se descubrió que efectivamente había un universo, pero entorno al sol y quizás descubramos que hay más universos entorno a otra cosa, pero siempre hubo un universo desconocido. Me gusta la respuesta porque da mucho que pensar, porque une al destino del individuo, no como el que va a resolver el problema del hambre en el mundo, sino que el destino solo sea un conjunto de hechos importantes. Alguien se atreve por fin a introducir la teoría de resonancia ("resonancia mórfica", creada por el biólogo Rupert Sheldrake). En esa teoría Sheldrake denomina "resonancia mórfica al *"proceso por el cual las formas de diferentes tiempos y lugares se afectan unas a otras mediante la participación en el campo...las formas similares resuenan y se refuerzan mutuamente. Por lo tanto creo que podemos resonar con determinados acontecimientos, y así coincidir con ellos, poniéndonos en sintonía.* Me parece atrayente el tema como física, más que como destino, porque por resonancia se explica por ejemplo, el hecho de que las partículas subatómicas tengan más facilidad de ser encontradas en un acelerador de partículas que en la naturaleza. Ahora bien, si lo analizamos desde el punto de vista de alguien que escribe un destino y de alguien diferente que lo ha de cumplir, entonces la visión de la resonancia habiendo observado y observador es curiosa, *"Cuanto más la observe buscándola con su máquina, más existirá...sus observaciones contribuyen a establecerla con creciente firmeza en la realidad (el orden explícito)."* ¿Cuál es la trampa o el quiz de la cuestión? Pues que todo el día cultivando partículas y observándolas desencadena un hábito y ese hábito lleva consigo la forma de pensar ¿es eso algo parecido al destino? ¿Nuestro hábito de pensamiento hace que marquemos un cauce en una dirección? Es decir que destino es la consecuencia de paradigmas o coincidencias. ¡Ufff¡ el tema da para mucho análisis, aunque demos vueltas en círculo.

Despedida

Querido Maese: Aún recuerdo cuando nos conocimos. Tú, siempre pensando en tus estudios, trabajos y empresas. Yo en salir del trabajo para saber que estabas esperándome. Besarte delante de todas las compañeras. Darles envidia y coger tu mano para acompañarme a casa. Paseábamos en el parque y tomábamos el último café del día. Han pasado unos meses que vivimos juntos. Llenamos de felicidad la casa cuando estamos juntos. Pero qué fue del hombre que quería estar conmigo a todas horas y siempre salía conmigo porque no podía vivir sin mí. Perdona que mis celos te alejaran. Intenté compensarte dándote celos, pero nunca los tuviste de nada ni de nadie. Siempre tan seguro de ti mismo y siempre rodeado de mujeres dispuestas a satisfacer tus necesidades científicas, empresariales y ¡cómo no¡ las de hombre. Y yo, dejándome llevar, pensando que dejar la Facultad para casarnos no era perder nada, sino ganar una familia, un marido y un hogar... Aún recuerdo la bronca tan terrible que tuvimos, cuando te enteraste que había dejándolos estudios. Ahora entiendo que a

41

tu lado necesitas una mujer de altos estudios, y excelente físico para poder compartir charlas de cualquier cosa en cualquier lugar del mundo contigo. Eres amable con cualquiera delante de un café, pero te aburres soberanamente con la gente a las dos horas si la conversación es de las habituales. Necesitas investigar, conocer otros campos y tienes una enorme capacidad para profundizar. Yo busco solo un hogar con mi marido leyendo el periódico y haciendo la cena juntos. Contigo la cena se convierte en un laboratorio de alquimia en donde terminamos haciendo el amor en cualquier lugar. Para ti el periódico es fuente de inspiración para nuevos temas de investigación. Ahora te veo en las entrevistas, en los periódicos, en las charlas en las que me cuelo sin que me veas. Pasé mi vida despreciando a los Neruda, a los Bécquer y a los Lorcas que crearon versos de desamor y ahora recurro cada noche a ellos para entenderte, porque ahora, son los que me ayudan. Besos.

¡Ufff¡ Lo mejor será ir desgranando los apartados de este índice y profundizando en la medida de lo posible en ellos, mientras yo me quedo reflexionando con lo que decía Walter Scott en "El talismán": *"Yo regresé de una lejana expedición cubierto de botín y de honores, para encontrar que mi felicidad había sido destruida para siempre. Yo también me encerré en un monasterio; y Satanás, que me había elegido por presa, encendió en mi corazón una humareda de orgullo espiritual que no podía haber nacido sino en las mismas regiones infernales. Me elevé tanto en la iglesia como antes me elevara en el Estado. En verdad, yo era el sabio, el justo y el impecable. Fui el consejero de Concilios, y director de prelados. ¿Cómo habría podido estar en peligro? ¿Cómo podía sufrir la tentación? ¡Ay! Llegué a ser confesor de un convento de monjas, y entre aquellas religiosas encontré a la que hacía tanto tiempo que amaba y a la que hacía tanto tiempo había perdido. No necesito prolongar más mi confesión. Una religiosa pecadora, que expió su falta con el suicidio, duerme profundamente bajo las bóvedas de Engaddi; mientras sobre su propio sepulcro se desespera, gime y aulla un ser al que no se le ha dejado más razón que la suficiente para que se dé cuenta de su destino. — ¡Qué hombre tan desgraciado! —Dijo Ricardo—. Ya no me admira tu sufrimiento. ¿Cómo pudiste rehuir el castigo que los cánones imponen contra tu delito? —Pregúntalo al que todavía sufre la hiél de las amarguras terrenas —dijo el ermitaño—, y te hablará de una vida salvada por respetos personales y por consideraciones a su alto nacimiento. Pero, Ricardo, te digo que la providencia me ha reservado para ponerme en una cumbre como faro y guía, cuyas cenizas deben ser arrojadas al infierno cuando haya consumido el combustible terreno. A pesar de que este cuerpo que ves está extenuado y macerado, aún le animan dos espíritus: uno, activo, indomable y agresivo, consagrado a la causa de la Iglesia de Jerusalén; otro vil, abyecto y desesperado, que fluctúa entre la locura y la desesperación, que llora sobre mi miseria y que custodia las Santas Reliquias, que no puedo mirar sin cometer el más grande pecado.”*

ESTUDIO DE LAS MANOS

"Los espíritus vulgares no tienen destino." (Platón)

Decía Voltaire en su "Diccionario filosófico": *"Los platónicos no creían que Dios se hubiera dignado crear al hombre por sí mismo; decían que había confiado este encargo a los genios que al realizar su tarea cometieron muchas tonterías. El Dios de los platónicos era un artífice inmejorable, pero que empleó para crear al hombre discípulos muy mediocres. No por eso la Antigüedad dejó de apreciar la escuela de Platón. En suma cuantas sectas conocieron los griegos y los romanos, si bien tenían distintos modos de opinar sobre Dios, sobre el alma, sobre el pasado y sobre el futuro, ninguna de ellas fue perseguida. Todas ellas se equivocaban, pero vivieron en amistosa paz y esto es lo que no alcanzamos a comprender, porque hoy vemos que la mayor parte de los que discuten son energúmenos y los de la Antigüedad eran verdaderos hombres.»Si desde los griegos y los romanos queremos remontarnos a las naciones más antiguas, podemos fijar la atención en los judíos. Ese pueblo supersticioso, cruel, ignorante y miserable, sabía sin embargo honrar a los fariseos, que creían en la fatalidad del destino y en la metempsicosis. Respetaba también a los saduceos, que negaban la inmortalidad del alma y la existencia de los espíritus, fundándose en la ley de Moisés, que nunca habló de castigos ni de recompensas después de la muerte. Los esenios, que creían también en la fatalidad y nunca sacrificaban víctimas en el templo, eran más respetados todavía que los fariseos y saduceos. Ninguna de esas opiniones perturbó nunca el gobierno del Estado, y quizá hubieran tenido motivo para degollarse y exterminarse mutuamente unos a otros, si se hubieran empeñado en tenerlo. Debemos, pues, imitar esos loables ejemplos, debemos pensar en voz alta y dejar que piensen lo que quieran los demás. Seréis capaces de recibir cortésmente a un turco que crea que Mahoma viajó por la luna, ¿y deseáis descuartizar a un hermano vuestro porque cree que Dios puede dotar de inteligencia a todas las criaturas?» Así habló uno de los filósofos, y otro añadió: «Creedme, no ha habido ejemplo de que ninguna opinión filosófica perjudique la religión de ningún pueblo. Y si los misterios pueden contradecir las demostraciones científicas, no por ello dejan de respetarlos los filósofos cristianos, que saben que la razón y la fé son asuntos de diferente naturaleza. ¿Sabéis por qué los filósofos no lograrán nunca formar una secta religiosa? Porque carecen de entusiasmo. Si dividimos el género humano en veinte partes, componen diecinueve los hombres que se dedican a trabajos manuales, y quizá éstos ignorarán siempre que existió Locke. En la otra vigésima parte se hallan unos pocos hombres que sepan leer, y entre los que leen hay veinte que sólo leen novelas por cada uno que estudia filosofía".*

Hola Cariño:

Hoy ha caído este comentario en mis manos y no he dudado en enviártelo a ver si nos aclara esto del destino. Es de Erma Bombeck. Lo escribió después que ella descubriera que se estaba muriendo de cáncer y se titula: *"si yo tuviera mi vida para vivirla de nuevo"* y dice así *"Me habría ido a la cama cuando estaba enferma en vez de creer que la tierra se detendría si yo no estaba en ella. Al día siguiente hubiera encendido la vela rosada en forma de rosa antes de que se derritiera guardada en el armario. Habría invitado a mis amigos a cenar sin importarme la suciedad de la alfombra y el sofá desordenado. Habría comido las palomitas de maíz en el "salón de las visitas" y me habría preocupado menos del*

46

engorro que suponía cuando alguien quería encender el fuego en la chimenea. Habría dado mi tiempo para escuchar a mi abuelo divagando sobre su juventud. Habría compartido más el día a día con mi marido que con la oficina. Me habría sentado en el prado sin importar las manchas de la hierba. Habría llorado y reído menos viendo televisión y más mientras vivía la vida. En lugar de evitar los malestares de los nueve meses de embarazo, habría atesorado cada momento y comprendido que la maravilla que crecía dentro de mi, era mi única oportunidad en la vida de asistir a Dios en un milagro. Cuando mis hijos me besasen impetuosamente, nunca habría dicho "cuidado, estoy ocupada, ahora ve y lávate para la cena", Habría habido más "te quiero" y más "lo siento". Pero sobre todo, quiero darle otra oportunidad a la vida, quiero aprovechar cada minuto. Mirar las cosas y realmente verlas... vivirlas y nunca volver atrás. ¡dejar de preocuparme por las cosas pequeñas y comenzar a preocuparme por las cosas bellas que si importan!!! No te preocupes sobre a quién no le agradas, quién tiene más o quién hace qué. En lugar de eso, atesoremos las relaciones que tenemos con aquellos que de verdad nos quieren".

Para dar continuación a este estudio, no me queda más remedio que presuponer la existencia del destino, pues en caso contrario aquí se acabaría el estudio. Ahora bien, si hay destino y está escrito, debemos intentar encontrar la ubicación de dónde se encuentra escrito. Habitualmente se habla de las estrellas y esas las estudiaremos en el siguiente capítulo. Otros dicen que está escrito en nosotros mismos y apuestan por las manos. No cabe duda que en cualquier caso la quiromancia o estudio de las manos, es un tema controvertido que alcanza a muchas coincidencias en las que los estudiosos han comprobado la existencia de relaciones entre los surcos y

47

pliegues de la mano con los rasgos físicos y psíquicos de las personas. Como científico, admito que es probable estudiar el perfil de una persona por este sistema, debido a la existencia de lo que muchos denominan *"relaciones químicas entre genes (humanos) inconexos, vinculando así caracteres fenotípicos diferentes".* Los científicos nos debatimos en un mar de incongruencias. Por un lado admitimos sin pudor que las plantas de los pies de los recién nacidos son un signo identificador, del mismo modo que las huellas dactilares y las improntas de orejas. Y por otro lado, denominamos esotéricos a los quiromantes. Si me remonto al 1711, encuentro el tratado de Serafín Spoccani y su "Scienza della mano o sia chiromanzia" (año 1711), que según la University of Delawere dice: *"En este manuscrito el autor proporciona una detallada explicación del arte de la quiromancia. Los practicantes de este arte intentaban diagnosticar enfermedades, revelar el carácter, predecir el futuro a través de las líneas y otros rasgos de la mano. En los siglos XVIII y XIX tuvo un gran auge en Europa. A partir de esta práctica, la ciencia se interesó en el tema con investigaciones anatómicas, morfológicas y dermatológicas".* Pero si amplio mis horizontes en el pasado de la humanidad, llego a la India de hace más de 3.000 años, para descubrir el *Samudrik Shastra*, que es el primer tratado de este tipo que se conoce. No sé si estaremos ante el material donde se escribe el destino de cada ser humano o simplemente el lugar donde el ser humano se describe a sí mismo. El caso es que es importante para mi estudio y voy a hacer que mis grupos de debate profundicen en los por qués de esta pseudociencia. Algunos de esos participantes comienzan criticándome por llamarlo pseudociencia, por lo que debo explicarles que incluso en el tratado *"10 Years of Hand Analysis Research"* de Martijn Van Mensvoort, que pudiera ser considerado de los mejores, aún estoy esperando que aporte los datos científicos que demuestran sus afirmaciones. Por otro lado, la cultura popular se refiere a esta actividad o bien cómo *leer la mano,* o bien, *echar la buenaventura,* lo que no me deja mucho margen. Me apiado. Me remango y comienzo a ayudarles a avanzar recopilando datos y poniendo encima de la mesa de mis contertulios los datos que encuentro. Por ejemplo la relación entre la línea simia y el Síndrome de Down. O las características de la mano que actúan como denominador común en enfermedades psicológicas, tales como las correspondientes a los desordenes de la Atención, Hiperactividad y Esquizofrenia.

(Fuente: www. dse.nl/~frvc/handresearch).

Dentro del estudio de las manos, se distinguen tres especialidades, la quiromancia es la adivinación a través de la lectura de las líneas de la mano. La quirología hace el perfil psicológico, basándose en el estudio de las líneas y montes que se hallan en las palmas de las manos. Y en tercer lugar está la quirognomía, es decir, el estudio de la forma de las manos y dedos. Las tres vertientes juntas hacen que la gente vaya al quiromante para conocer su destino. El quiromante las lee y le adivina sucesos pasados, presentes y futuros. De momento yo me quedo con las palabras de Leonardo da Vinci: *"Sulla fisionomia e sulla chiromanzia non mi dilungherò, perché in loro non c'è verità (...). Tu troverai grandissimi eserciti morti in una medesima ora di coltello, e nessun segno della mano è simile l'uno all'altro".* Quizás a lo largo de estos días de estudio y debate no solo crea en el destino, sino que lo halle en mis manos. Por hacer un resumen introductorio de en qué consiste esta lectura, baste por el momento saber que la mano izquierda posee el destino y la mano derecha las modificaciones que de él vamos haciendo en nuestra vida. De modo que con este principio ya partimos de la base de que los quiromantes creen en el destino (obvio), que está escrito en las manos (obvio), pero que a su vez nosotros lo reescribimos, con lo que ya partimos de una incongruencia. Si está escrito, ¿cómo es posible ir reescribiéndolo? Las palmas de las manos deben estar hacia arriba para exponer claramente los montes y líneas. Dichas líneas se dividen en dos grupos: las líneas mayores y las menores. Existen tres líneas mayores y numerosas líneas menores que no siempre aparecen en su totalidad. Como curiosidad evolutiva les digo a mis tertulianos que era considerada una magia y por tanto, perseguida por la iglesia católica y hoy en día no hay quiromante que se precie, sino se ratifica con las cartas del tarot, que también tenemos intención de estudiar en estos días.

No cabe duda tampoco, de que el estudio de las manos para la adivinación del destino del ser humano es determinista absoluta, pues sigue las leyes de la causa-efecto a rajatabla. La primera de las tres ciencias por la que habitualmente me gusta comenzar a estudiar las manos es la Quirognomía. Ésta se basa en la forma, el espesor la longitud relativa de palma y dedos, las puntas, la flexibilidad y forma de las articulaciones; el color y la textura de las uñas y de la piel. ¿por qué me gusta empezar por aquí? obviamente es lo primero que vemos, porque el ser humano las usa para ayudarse en la comunicación a través de los gestos y según su personalidad y uso, éstas deberán amoldarse para ayudarle a conseguir su propósito. Me explicaré mejor. Si alguien quiere expresar dolor con las manos de un cuervo, no va a ser muy convincente que digamos. En sus estudios, Spier resalta el hecho de que *"Los dedos se enderezan tras un entrenamiento mental"*. La explicación racional es que cualquier carencia vitamínica, o mineral, va a repercutir en malformaciones articulares. M. Bertillon, Julius Spier y M. Henri Margin versaron sus estudios en las manchas de las uñas con respecto a la psicología y carencias del individuo, proporcionando la mejor documentación en este campo. ¿Si es tan útil y científico, por qué son los gitanos los que más las usan? Me preguntan con razón en este debate. La superstición y la ciencia natural les han llevado a sobrevivir de este modo, en manos de magos y curanderos. La tradición gitana comienza con Desbarolles y d'Arpentigny en Francia, tomando tal popularidad que hasta St. Germain la estudia. En la Chequia de 1823, Purkenje la desarrolla y termina personificándose esta tradición cíngara en el famoso Cheiro. Hoy en día, numerosos médicos estudian las curvaturas de las líneas porque se ha descubierto que éstas cambian fácilmente con el pensamiento y la salud. ¿Por qué? aún no se sabe con certeza el por qué. Lo que si coincide, es que a medida que el individuo avanza en la búsqueda de la perfección, las líneas parecen quedar obsoletas y se redibujan. ¿Ocurre lo mismo con las huellas dactilares? Pregunta un tercero con razón. La Dermatoglifica (grabar en la piel) dice que esas no cambian, porque las glándulas sudoríparas y las terminaciones nerviosas permanecen inalterables hasta la vejez en que si cambian. El Galton Laboratory de la Universidad de Londres se apoyan estudios hindúes sobre las crestas y surcos palmares, porque según esta religión, la llave sagrada del karma del hombre, radica en ellos. De hecho, tanto con las crestas, como con los surcos papilares se puede saber el perfil psicológico de una persona con un 90% de certeza.

¿Cuándo hay quemaduras desaparecen los surcos verdad? Pregunta otro contertulio. Las huellas digitales parece ser que así funcionan, durante un tiempo, pero las de las palmas de las manos reaparecen, le contesto ante su sorpresa. Les proporciono una lupa a cada uno para que analicen las manos de su compañero de al lado. ¡Fijaros en los trirradiales¡, les apunto. Son los que están en las líneas que cruzan la base de las almohadillas digitales al cruzarse con la línea de las crestas. Habitualmente descubren un triángulo que marcamos para luego juntarlos en un boceto y encontrar el núcleo del esquema palmar. ¿Realmente son tan estables? Me preguntan desde el fondo. El esquema se inicia con la formación de la piel y se mantiene hasta la desintegración de ésta. Francis Galton estudió miles de manos y solo tuvo un cambio insignificante en un caso, le respondo. ¿Por qué? insiste. Saco unos grabados de anatomía y voy superponiendo las transparencias de modo que hago coincidir las crestas capilares con las pequeñas aberturas de las glándulas sudoríparas. Ahora lo hago con los sentidos (tacto) y vemos que las terminaciones nerviosas unen las manos al cerebro, en funciones tales como el calor y el frío; para juzgar el peso; para calcular la presión y coger objetos sin romperlos y por lógica, estas ubicaciones deben ser fijas o de lo contrario el sujeto tendría dificultades de supervivencia. St. Germain escribió el *Palmistry for Professional Purposes*, dibujando estos esquemas y haciéndolos coincidir con sus correspondientes estudios psicológicos. Noel Jaquin publicó una correlación entre manos y lecturas encefalográficas. Doust elaboró un esquema de vasos sanguíneos bajo la uña, deduciendo que estos capilares formaban una línea recta en el niño, que a medida que crecía se curvaba. En cambio, los violentos, no pasaban por la fase de línea recta y los esquizofrénicos la tienen recta y retorcida sin que se curve. ¿Coincidencias? ¿Destino escrito? Aún es pronto para que mi grupo saque conclusiones. Personalmente, cuando estudiábamos los sueños, la casualidad hizo que las ondas cerebrales y las líneas descritas por Doust, también coincidieran con los perfiles psicológicos descritos por él. ¡Ufff¡ estamos acercándonos a algo y aún no sé de qué se trata, pero destino o futuro escrito en las manos puede ser un hecho científico. ¡Sigamos avanzando¡ les digo a los tertulianos.

Al principio, hemos comentado que la mano derecha marca la evolución del día a día en ese escrito del destino que mantiene la izquierda. Naturalmente en diestros, porque en zurdos es al revés. La derecha expresa lo consciente, mientras que la izquierda representa el subconsciente. Los problemas de salud se manifiestan inmediatamente en la derecha, mientras que la cronicidad y consecuencias se quedan posteriormente en la izquierda. Todo ello contradice a los quiromantes en lo referente a que el destino está escrito, cuando al mismo tiempo se dice que se reescribe. ¿Existe relación entre las líneas palmares y la anatomía? Me insiste un tertuliano de al lado. Alguna vez he desafiado a los catedráticos en este sentido, llegando a la conclusión de que esa pregunta no correspondía con la clase que estábamos dando de las manos. Ya estoy acostumbrado a ese tipo de respuestas cuando el docente de tebeo no tiene ni idea de su asignatura. Cualquiera que flexione la mano, comprobará que lo hace precisamente por esas líneas y no por otro lado, a pesar de la cantidad de carpianos y metacarpianos. Voy más allá y a mi catedrático le pregunto si ¿las líneas flexoras coinciden con el modo de pensar? Por lo general se me quedan mirando como si hubieran visto un extraterrestre. Me apiado y les ayudo a digerir la pregunta, diciéndoles que a fin de cuentas el cerebro manda órdenes a la mano y ésta debe hacer exactamente lo que le mandan y de la manera más óptima. Reitero la pregunta de otra manera ¿Las variaciones de dirección y textura de las líneas están en función del modo de pensar? Si la respuesta es afirmativa, entonces estoy en el camino de hipotetizar diciendo que *"la actitud presente e inmediata de la mente, las memorias del pasado y las esperanzas del futuro podrán ser leídos."* Para obtener mi silencio el catedrático otorga la posibilidad. Pero yo avanzo en mi pensamiento preguntándole que si hay gente que aparentemente ha nacido para un oficio, véase Mozart y la música, ¿se desprende que sus manos están en forma, textura, longitud y tamaño acordes a las teclas del piano?. Mi profe asiente con la cabeza esperando la pregunta. ¿Hay algún tipo de mano que puede dar una indicación del destino terrenal de esa persona? Sin dejarle contestar le expongo algunos casos de accidentes con traumatismo cerebral que conllevaron la desaparición de las líneas de las manos. (Esto no impedía su manejo). Las líneas reaparecieron en el momento de la salida del coma. ¿Por qué puede ser? Me pregunta un tertuliano más. Yo lo entiendo porque las terminaciones nerviosas, se unen al cerebro, pero no tengo la explicación, porque si fuera así, todos los fallecidos tendrían las líneas desaparecidas y sabemos que esto no sucede así. ¿Cuál es la causa entonces de que aparezcan líneas en las manos y los pies? Es conocido que en la fisura de Rolando (en el cerebro), las manos tienen zonas dedicadas al movimiento y la sensación. Otra explicación está en el potencial eléctrico y que las líneas de las manos actúen como detectores. Especulando en la pseudociencia, yo mismo podría determinar que cuando pienso, siempre lo hago de la misma manera y tengo las mismas necesidades, por este motivo, las terminaciones palmares se configuran en función de mi modo de pensar, para que yo obtenga la información necesaria. Y ratifico mi hipótesis en el dato que cuando cambiamos la actitud, también lo hacen las líneas palmares. Wood Jones en "Principies of Anatomy as Seen in the Hand" dice: *"en el embrión, las líneas se desarrollan pronto, poco después de los dedos, y aparecen sobre la palma antes de que ésta sea la sede de cualquier movimiento activo. Además, no están causadas por movimientos reales de las articulaciones de la mano en desarrollo, sino que surgen como una herencia que puede ser modificada y utilizada por el individuo...Pueden distinguirse a las ocho semanas: primero la línea de la vida, luego la línea del corazón y finalmente la línea de cabeza".*

¿No tienen nada que ver las articulaciones? Preguntan al aire. Algo sí, respondo anticipadamente al resto. En radiografías comprobamos que no. En todo caso, pueden ser proyecciones de determinados puntos anatómicos. No siempre se cumple esta teoría del ancladero superficial de lo que hay en el interior, del mismo modo, que tampoco se cumple siempre que las líneas sean consecuencia de pliegues musculares o de fáscias. Si fuesen un reflejo fehaciente de las articulaciones entonces ¿por qué los bebés (habitualmente) solo tienen tres líneas, cuando mantienen casi todo el día el puño cerrado? Cuando las líneas son estrechas y profundas se producirá una fragilidad temperamental, mientras que las líneas poco profundas y anchas muestran un temperamento algo superficial y son fácilmente cambiantes. Líneas muy flojitas implica problemas corticales cerebrales. Charlotte Wolff en su libro *The Human Hand*, relaciona las manos con la corteza cerebral y los dos nervios principales que los ponen en conexión. Wood Jones en su obra *"The Principies of Anatomy as Seen in the Hand"* dice: *"Debemos por tanto imaginar que una vez que se ha comprobado que la mano y el ojo han obtenido la mayor parte de materia gris cortical, serán ellos los instrumentos por los que el conocimiento del resto del cuerpo como algo móvil se añade a la corteza. Más aún, ellos son los que han causado que todo el mecanismo por el que estos movimientos representados pasen a ser enteramente corticales, perdiéndose en el hombre las funciones del corpus estriado como un núcleo motor".* Me detengo. Hago un silencio. Los contertulios me miran en silencio y les hago ver que el dedo pulgar y su posición, nos diferencia del resto de animales. Siguen callados sin terminar de comprenderme. La importancia que le doy es que hasta este momento, anatomía y la quirología, iban enfrentadas y ahora tenemos por primera vez un meeting point, un punto de acuerdo entre ambas. Luego, la pseudociencia, parece más cerca cada vez de la ciencia. Reflexionemos en el hecho de que todos nuestros vasos sanguíneos pasan a través de la muñeca. Que además, los músculos y tendones están unidos a los huesos y realizan los mismos movimientos, pero varían sorprendentemente en su modo de ejecución en cada individuo. Si cada individuo tiene su mano y su carácter diferentes a los demás, pero coinciden en su propia conducta. ¿Se deduce por tanto que también influyen en su destino? Si es así, ¿Está el destino escrito en las manos, o lo escribimos partiendo de una predestinación? Si mis colegas me contestan afirmativamente, quiere decir que todas las teorías tienen razón, pues hay predestinación, tenemos libertad de decisión, escribimos nuestro destino en nuestras manos y cada causa tiene su efecto.

Si nos fijamos en una mano, vemos que desde el estado embrionario, el dedo corazón es el más largo, el que se cimenta con mejores músculos y en la base del mayor metacarpiano y en el «os magnum». Los músculos están dispuestos de modo que los otros dedos parten de él y lo encierran, pues es el único que no tiene músculos «interóseos» por el lado de la palma para moverse en la articulación de los nudillos. Wolff, lo describe como el que nos pone en contacto con el exterior de una manera equilibrada. Ha sido descrito como «la rueda del equilibrio» y para flexionar usa al flexor digitorum sublimis y al flexor profundus. ¿Y qué? me dicen los tertulianos. En anatomía es el que da la fuerza de cierre al pulgar y toda la estructura de la mano gira en torno a él. Por otra parte le llaman el dedo corazón, y los esotéricos el dedo de Saturno. ¿Y qué? insisten. Pues que si juntamos todos estos parámetros, vemos que da libertad y fuerza al pulgar y con ello nos permite la libertad, la cual a su vez conlleva la voluntad y todo unido, la libertad de elección. Dicho de otro modo, podría ser... el que escribe a diario el destino del individuo. Luego podrían tener razón todas las teorías como decía anteriormente y además del material donde se escribe (mano) tenemos el instrumento que escribe (dedo corazón). Muchas veces, oyendo estos debates me imagino al corpus striatum organizando las teclas de un piano imaginario y organizando los caminos de un movimiento continuo o sinfonía de la vida. Luego añado el tracto vestibular como el equilibrador de ese movimiento. Decidiendo qué músculo actúa en cada segundo. Sigo poniendo piezas de este artilugio del destino, con los terminales nerviosos dolor, tacto, presión, calor, frío, etc. En determinados momentos el cerebelo actúa como un consultor, aportando la sensibilidad profunda a esta sintonía de movimiento vital y dejando nota de cada detalle en un lenguaje onírico (de símbolos) en forma de crestas, y líneas de la mano. Doy a los chicos un rato de descanso y me quedo ordenando papeles mientras me relajo con lo que decía Stendhal en "Cuentos": *"¿Quién podría describir la desesperación de Diana? Después de escuchar con bondad sus quejas contra el destino, un día la duquesa de Palliano le dejó adivinar que este tema de conversación le parecía agotado. Diana se veía despreciada por su amante; su corazón era presa de los sentimientos más crueles, y sacó la más extraña consecuencia del instante de fastidio que la duquesa experimentara al oír la insistencia de sus lamentaciones. Diana se convenció de que era la duquesa la que había incitado a Domiciano a dejarla para siempre y que, además, le había proporcionado los medios. Esta insensata idea sólo se apoyaba en algunas exhortaciones que en otro tiempo le hiciera la duquesa. A la sospecha siguió en seguida la venganza"..."* «¿No debe cada ser cumplir su destino?, se *dijo, pues, a pesar de los azares del linaje y la fortuna, resulta que mi destino no es brillar en la corte o en un baile. En la corte y en el baile atraía las miradas, me veía admirada, pero, en medio de esa multitud, el aburrimiento me sumía en la más negra tristeza. Mientras todo el mundo se precipitaba a hablarme, yo me aburría. Desde que murieron mis padres, mis únicos momentos de felicidad han sido aquellos en que, sin ver cipos fastidiosos, escuchaba la música de Mozart. ¿Tengo yo la culpa de que la búsqueda de la felicidad, natural en todos los hombres, me haya traído a este extraño paso?* "

Cariño:

En el "Fortune Telling" de David Barnett (Ed. Anness Publishing Limited ISBN: 84-74.44-693-7) se nos dan las indicaciones más directas para que podamos interpretar las manos. Según Casimir d'Arpentigny y el famoso Cheiro, *"Hay siete tipos de manos. La Mano Elemental es larga y gruesa, con pocas líneas y dedos cortos y anchos. Es típica de las clases trabajadoras; su dueño tal vez tenga poca imaginación, pero será un trabajador inagotable. La Mano Cuadrada (Práctica) es cuadrada de forma, con todos los dedos de aproximadamente la misma largura. Pertenece a personas de todas las clases sociales y con las siguientes características: prácticas, metódicas, honradas y ortodoxas en sus creencias. La Mano Espátula (Activa) parece una espátula o una espada; las puntas de los dedos son más anchas de lo habitual. Su dueño es activo, lleno de energía, ambicioso e independiente. La Mano Filosófica (Nudosa) es huesuda y angular, con dedos finos y nudillos nudosos. Estas personas son inteligentes, imaginativas y buenos estudiantes. La Mano Cónica (Artística) es de tamaño medio, con una palma estrecha y dedos igualmente estrechos y puntiagudos. Pertenece a una persona artística, sensible al arte y a la música, y muy emocional. La Mano Psíquica (Idealista) tiene una palma estrecha con dedos*

58

largos y delgados. Su dueño es delicado, honrado, compasivo, sensible e idealista. La Mano Mixta contiene elementos de dos o más de las Otras seis manos, y denota una mezcla de cualidades relevantes. Esta persona será variable y muy versátil. En lo que respecta a los Montes, los mismos autores, nos enumeran lo siguiente: ser redondos y firmes, ni planos ni hinchados. La mayoría de nosotros los tenemos demasiado desarrollados o demasiado poco desarrollados, lo cual revela un exceso o una carencia de la cualidad relevante. El monte de Venus es la parte abultada de la palma en la base del dedo pulgar. Denota amor y devoción: la cocinera (si ella es la que hace la lectura) no debe mencionar la naturaleza sensual de un monte de Venus muy abultado. El monte de la luna que está enfrente, en el extremo percusivo de la palma denota imaginación creatividad. El monte de Júpiter en la base del dedo índice significa poder buena suerte y liderazgo. El monte de Saturno, debajo del dedo corazón, denota una persona prudente, pensativas equilibrada. El monte de Apolo debajo del dedo anular, significa apreciación estética y una personalidad agradable. El monte de Mercurio, debajo del dedo meñique denota vitalidad e inteligencia. El monte de Marte al lado del pulgar, denota valentía física. Enfrente, en el lado percusivo, el monte de Marte pasivo denota una valentía silenciosa virtudes morales. En el hueco de la palma, el valle de Marte, si está bien desarrollado, denota capacidad sentido práctico".

Los mismos autores y fuentes, continúan con el resto de partes de la mano diciendo: *"Cada dedo representa las características de uno de los antiguos dioses griegos con los que todos estamos familiarizados. Hay que examinar su largura en comparación con los Otros dedos, y estudiar cuidadosamente la largura proporcional de cada falange o unión del dedo. La primera falange (la que contiene la uña) denota características mentales e intuición. La falange media indica características de carácter práctico y financiero, y la tercera falange indica las cualidades materiales y terrenales de las sensaciones, y no deben desvelarse si pueden causar vergüenza a alguno de los presentes. La largura de cada falange y de cada dedo muestra la fuerza de cada cualidad representada. El dedo índice, llamado Júpiter por el rey de los dioses, muestra fortaleza de carácter; el hombre que ha nacido para ser líder. El dedo corazón, llamado Saturno, indica una persona seria y pensativa, que valdría para científico. El dedo anular, llamado Apolo por el dios griego del Sol, muestra la estabilidad emocional; también revela talento para las artes. El dedo meñique, llamado Mercurio por el mensajero de los dioses, denota un intelecto poderoso y una gran habilidad con las palabras. El pulgar, que se erige en solitario, es el más fuerte de los dígitos, y en ocasiones puede compensar faltas o deficiencias que revelan otros dedos. La primera falange representa la fuerza de voluntad, y la segunda los poderes de la razón; no hay una tercera, excepto que sea el monte de Venus, que muestra, como ya hemos visto, cualidades que no deben poseerse en exceso, aunque de forma moderada este monte revela otras virtudes deseables en una esposa y madre abnegada"...Ahora estudiaremos las líneas de la mano: La Línea de la Vida es lo más fácil de encontrar. Se curva alrededor del monte de Venus y nace entre la bose del dedo índice y el inferior de la base del pulgar. Si la curva es ancha, será de una persona abierta y generosa de naturaleza cálida gregaria. Si es estrecha, el de una persona más introvertida y pudorosa. Muestra la calidad de vida y no la duración de la vida. La aparición de lagunas implica problemas referentes a la salud, o grandes cambios en la vida de la persona. Una línea larga y profunda denota buena salud durante toda la vida. La Línea del Corazón es la más alta de las dos líneas anchas horizontales, y se curva desde cerca de la base del dedo*

60

índice hasta el extremo de la mano. Esta línea indica características emocionales, en particular aquellas referentes a los asuntos del corazón. En teoría no debe interrumpirse sucesivamente ni ir desapareciendo poco a poco, y si está situada en la posición correcta, la persona será cálida, afable y dependiente: el compañero ideal para compartir una vida. Si la línea es recta, entonces el corazón está gobernado por la cabeza: si es débil o poco definida. Entonces la persona es insegura en sus emociones. No confíe su corazón a aquellas personas cuya línea del corazón posea pequeñas cadenas, porque serán variables en sus emociones. Las rupturas en la línea indican un corazón roto, pero tranquilícese, porque la línea reaparecerá poco después. Empieza cerca de la línea de la vida y a menudo se cruza con ella. Esta línea indica claramente la fuerza de la m u la voluntad de la persona. Si la línea es recia, entonces su dueño poseerá una mente lúcida, lógica y analítica; si se curva hacia el Monte de la Luna, las facultades generales serán más intuitivas e imaginativas. Que empiece dentro de la línea de la vida no tiene un significado negativo, a no ser que haya mucha separación entre las dos, lo cual denotaría un desarrollo tardío de la persona. Si empieza muy por encima de la línea de la vida, la persona será muy independiente, incluso tal vez imprudente; pero si está más abajo, será una persona muy nerviosa. Cuidado con aquella persona cuyas líneas de la cabeza se confundan y marquen una profunda presión que atraviese la palma, porque dicha persona será radical en sus creencias, emociones y comportamiento. Abordará los problemas con una devoción e intensidad más allá de lo razonable no soportará la discusión y el enfrentamiento. La Línea del Destino debería empezar en la de muñeca y atravesar verticalmente e! hueco de la palma (el Valle de Marte) para ir a parar cerca de la base del dedo corazón (Saturno). Una línea bien formada denota responsabilidad y éxito en la vida, Un hombre que tenga una línea así cuidará bien de su familia. Una línea que empiece en la muñeca significará confianza en sí mismo. Si se separa de la línea de la vida, señala fuertes influencias familiares. Si empieza en el Monte de la luna, indica una carrera con altibajos y mucha incertidumbre, tal vez en el mundo del arte. Si empieza en lo alto de la mano indica un comienzo tardío y muchos esfuerzos para obtener éxito. La Línea de Apolo es denominada por algunos la línea del Sol, el éxito, la suerte o la fama. Generalmente es una línea corta vertical que corre paralela a la línea del destino, pero más cerca del extremo percusivo de la mano hasta la base del dedo anular (Apolo). Revela un éxito poco común, mayor del que se puede esperar como resultado de un esfuerzo personal. Si ocurre así será en los años «maduros» de la vida".

Despedida

Querido Maese: Últimamente las cosas se complicaron mucho para vernos. Tanto, que creí que te perdía para siempre. Estoy llegando a un punto en el que ni siquiera puedo escribirte por temor a meterte en un lío con tu mujer. Mis sueños de vivir contigo se rompen. Todo porque siempre insistes en hacer las cosas bien. Como Dios manda ¿Qué es lo mejor? ¿Para quién es lo mejor? Me costó calmarme el otro día cuando te vi pasar en el coche. El chico con el que iba, me lo notó enseguida. Al principio se enfadó conmigo. Después me consoló. Yo me sentía en tus brazos, no en los suyos. Por eso el tropiezo contigo de ayer no fue fortuito. Hablamos. Me invitaste al café, como siempre. Me contaste lo solo que te sentías y lo largo que se te hace la vida. Insistías en que me buscase una persona acorde a mí y mi corazón se encogía oyéndote hablar, sin poder abrazarme a ti. Y todo lo que dijiste volvió a moverme el mundo, aún cuando yo ya no quiero a alguien más en mi vida.

Ese chico del otro día me gusta. No como tú, ni me da las cosas que tú me aportas, pero al menos me quiere y puede estar conmigo. ¡Ufff¡ es terrible la indecisión que sientes de no saber si dejar ir el pasado y aferrarte al futuro, o aferrarte al pasado y dejar ir el futuro. Tus palabras comienzan a hacerme daño, ¿sabes?. Vas extractando esas frases que..., si un día me enamoran, otro me quiebran el alma. Soy consciente que no puedes darme ni tiempo, ni amor, ni una relación. Porque yo en tu vida sólo encajo como "la otra". Extraño esas horas enteras de hablar contigo, de abrazarme fuerte a tu pecho y aunque llena de errores y defectos, ambos sabemos que yo merezco más. No soy la mejor, no soy perfecta, pero me enamore de ti, de tu forma amarme y con eso me consuelo. He querido decirte la verdad. Que esto llega a su final. Me duele y mucho. Me falta el valor. Eres tan maravilloso. Quiero que seas muy, pero muy feliz. Pero que siempre recuerdes que estoy aquí y que te amaré. Me recondujiste a Dios y conseguiste fortalecer en mi tus creencias y convicciones. Gracias por ayudarme a incluir en mi futuro personajes tales como esposo, hijos, hogar, familia. Gracias porque me hiciste mejor persona. Limpiaste mi cuerpo y mi espíritu. Y aunque no encontré un "nosotros" contigo, me hiciste valorar y apreciar esa palabra. Gracias al destino o a Dios, como tú dices, te cruzaste en mi camino. Tú, ella y ese futuro que no es un "nosotros", me hiere. No puedo decir que te olvidaré. Como tú me has enseñado Maese, elijo mi futuro y camino hacia él. Si algún día tienes tiempo, te invitaré yo esta vez al café. Besos.

Cariño:
Podría admitir el hecho de que la personalidad y el diario de nuestra vida se queden escritos en nuestras manos, pero lo del destino... no me ha convencido. Seguiremos analizando otras posibilidades en los próximos días. Ahora me quedo

reflexionando con lo que decía Víctor Hugo en "Los Miserables": *"Jean Valjean no tenía, como se ha visto, una naturaleza malvada. Aún era bueno cuando entró en el presidio. Allí condenó a la sociedad y supo que se hacía malo; condenó a la Providencia, y supo que se hacía impío. ¿Puede la naturaleza humana transformarse así completamente? Al hombre, creado bueno por Dios, ¿puede hacerlo malo el hombre? ¿Puede el destino modificar el alma completamente, y hacerla mala porque es malo el destino? ¿No hay en toda alma humana, no había en el alma de Jean Valjean en particular, una primera chispa, un elemento divino, incorruptible en este mundo, inmortal en el otro, que el bien puede desarrollar, encender, purificar, hacer brillar esplendorosamente, y que el mal no puede nunca apagar del todo? ¿Tenía conciencia el presidiario de todo lo que había pasado en él, y de todas las emociones que experimentaba? Preguntas profundas y obscuras para que este hombre rudo a ignorante pudiera responder. Había demasiada ignorancia en Jean Valjean para que, aún después de tanta desgracia, no quedase mucha vaguedad en su espíritu. Ni aún sabía exactamente lo que por él pasaba. Jean Valjean estaba en las tinieblas; sufría en las tinieblas; odiaba en las tinieblas. Vivía habitualmente en esta sombra, a tientas, como un ciego, como un soñador. Solamente a intervalos recibía súbitamente, de sí mismo o del exterior, un impulso de cólera, un aumento de padecimiento, un pálido y rápido relámpago que iluminaba toda su alma y que le mostraba, entre los resplandores de una luz horrible, los negros precipicios y las sombrías perspectivas de su destino".*

ASTROLOGÍA Y HOROSCOPO

"El destino se abre sus propias rutas." (Virgilio.)

Decía Sigmund Freud en "Lo inconsciente": *"Los procesos del sistema Inconsciente se hallan fuera de tiempo, esto es, no aparecen ordenados cronológicamente, no sufren modificación ninguna por el transcurso del tiempo y carecen de toda relación con él. También la relación temporal se halla ligada a la labor del sistema Consciente. Los procesos del sistema Inconsciente carecen también de toda relación con la realidad. Se hallan sometidos al principio del placer y su destino depende exclusivamente de su fuerza y de la medida en que satisfacen las aspiraciones de la regulación del placer y el displacer. Resumiendo, diremos que los caracteres que esperamos encontrar en los procesos pertenecientes al sistema Inc. son la falta de contradicción, el proceso primario (movilidad de las cargas), la independencia del tiempo y la sustitución de la realidad exterior por la psíquica"*

Hola Cariño:

Hoy he creado este comentario y no he dudado en enviártelo a ver si nos aclara esto del destino. Dice así: La paradoja del destino me lleva a pensar en nosotros. Es decir, en las personas que tienen relación en nuestra vida. ¿Cuál es el tipo de relación que tenemos tú y yo? ¿Hagamos lo que hagamos el resultado es el mismo, nos separamos, nos juntamos para volvernos a separar y así estamos toda la vida. Luego queramos o no queramos, estamos dando como resultado la acción que va a ocurrir y que es inevitable. ¿Es que nada, ni nadie puede alterarlo? Si unimos el libre albedrio al puzle, veo que la voluntad del hombre no está por encima del curso único que debe seguir el destino o por el contrario, es que somos los más

65

tontos de este barrio, incapaces de encauzar nuestro futuro, ni juntos, ni separados. ¿Es posible que Dios sea el que nos manipule como marionetas y estemos subyugados a este sinsentido? O ¿Es que no somos capaces de fundir la integridad espacio temporal? Personalmente me resigno a creer que lo que ha ocurrido, lo que está ocurriendo y lo que ocurrirá, es la consecuencia de nuestras decisiones. Dicho de otra manera, el futuro será el punto donde el tiempo y la eternidad se toquen y entonces estemos juntos para siempre. ¿Sabes qué? me encantaría disponer de un superordenador en el que metiésemos las posibilidades (probabilidades) y nuestros datos, para que adivinase nuestro futuro. ¿Qué incluiría? Pues desde el ADN, hasta la inteligencia, y las circunstancias que nos van pasando. A fin de cuentas nos movemos en los mismos círculos de personas, volvemos a pasar doscientas veces por los mismos puntos, damos vueltas rutinarias sin parar y nuestras únicas armas suelen ser la capacidad de lucha y la fuerza de voluntad. Con eso debemos lidiar contra las decisiones de los demás, las enfermedades, los impuestos, los adoctrinadores de pacotilla, los docentes de tebeo, los adivinadores de baratija y de vez en cuando cientos de miles de idiotas con su propensión a vicios que les siguen, pero que nos salpican. Este es el entorno en el que nos criamos y nos educamos, caracterizado por zancadillas, empujones, envidias, corrupciones y competencias. Además, debemos criar hijos sanos y no palanganeros sociales frustrados. Creo en la libertad del hombre para elegir su camino, pero condicionado a todo lo anterior, con lo que dudo seamos muy libres de elegir. Partimos de diferencias desde que nacemos, hasta quien nos ayuda y apadrina. Tenemos que caminar en un sendero acotado sin colisionar, pero sin poder evitar accidentes. Tenemos que vivir una vida llena de paradojas en una especie de mercadeo de ideas y materialismos, llenas de tragedias inevitables.

Tristemente veo que ni el mejor ordenador sería capaz de tener un software tan eficiente, ¡como para que unas piedras, alfileres o cartulinas decidan nuestro destino¡ ¡No te fastidia¡

Para dar continuación a este estudio, no me queda más remedio que seguir presuponiendo la existencia del destino, pues en caso contrario aquí se acabaría el estudio. Ahora bien, si hay destino y está escrito, debemos intentar encontrar la ubicación de dónde se encuentra escrito ¿no te parece?. Otra de las ubicaciones habituales son las estrellas y esas son precisamente las que estudiaremos en este capítulo. Al hablar con astrólogos veo que para comprender esta ciencia o pseudociencia, como lo queramos decir, habría que empezar por remontarnos a miles de años atrás cuando el hombre miraba al cielo cada noche en busca de su destino. Me llama poderosamente la atención que chinos por un lado, indios por otro, occidentales por el suyo y toda tribu existente, haya terminado haciendo su propio horóscopo, su propia estructura celeste y casi todos coincidan en los perfiles psicológicos de las personas afectadas. Pero más que empezar por el estudio histórico, me gustaría comenzar estableciendo los principios fundamentales astrológicos como base para el estudio del carácter. Con todas las personas que he hablado para este tema, he encontrado actitudes de mera excelsitud, lo mismo que de máximo escepticismo, pasando por mentalidades filosóficas. ¿Cuál es la base de la astrología? Para responder hay que ir a lo más profundo de la etimología de la misma palabra para encontrarnos con que se refiere a todo universo, no solo el estelar, y por ende, parte de la base de "unidad". Dicho de otra manera, que cualquier partícula o parte de ese universo debe evolucionar para mantener el equilibrio del todo (de la unidad). Me explico, cada miembro de ese universo, por ejemplo el sistema solar en el que vivimos, o planeta, están en interrelación con cada partícula del mismo, es decir, ¡nosotros¡. Y del mismo modo con todo lo que nos rodea sea animal, vegetal, o mineral. Ahora bien, este universo (unidad) está en movimiento, por lo tanto se pueden estudiar esos movimientos y hacer una especie de foto fija en la hora del nacimiento (posición de los planetas). Ambos principios deben ser estudiados desde la perspectiva metafísica para dar un sentido inteligible y no caer en supercherías renacentistas. Dicho de otro modo, si mezclamos física, matemáticas y metafísica podemos establecer pautas de conducta de sus partículas, es decir, comprender su comportamiento o lo que es lo mismo, extraer el carácter del individuo. Del mismo modo deduciremos los momentos apropiados para llevar a cabo determinadas actividades y por ende, se ofrece un medio de averiguar acontecimientos futuros hasta un cierto límite.

Reducir una ciencia metafísica a términos de filosofía natural en mentes reflexivas es algo que se puede conseguir solamente en parte. ¿Qué hay detrás de toda la manifestación de vida? La respuesta podría estar en las estrellas del mismo modo que en las manos, o las cartas, o en la religión (según cada cual). Lo que todos coincidirían es que en todo ello hay un punto final de confluencia, que sería el propósito de la perfección para unos o salvación para otros, pero el hecho es el mismo. Llegados a este punto podríamos resumir diciendo que la razón, el pensamiento y la experiencia, constituyen la base del destino, y por ende el de la astrología. Desde los babilonios a la actualidad, pasando por caldeos como Berósus, sacerdote caldeo a quien se erigió una estatua con una lengua dorada en Atenas, tradujo la Iluminación de Bel, una de las primeras obras de Babilonia, e introdujo la Astrología en Grecia, los mismos griegos, los romanos y renacentistas, todos, han usado las estrellas para averiguar el destino del hombre. Hoy en día lo hacemos viajando a esos planetas, usando telescopios y sondas interestelares. Fueron los romanos los que con su corrupta civilización, transformaron la astrología horaria y judicial, en esotérica y adivinatoria, dejándonos este legado. Los egipcios creían que *"Existía una afinidad entre las estrellas y las almas de los hombres; que la esencia etérea es Divina; que las almas de los hombres son tomadas de esta reserva, y que vuelven a ella después de la muerte; y que las almas de las personas más eminentes de la Humanidad se convierten en estrellas"*. Para ellos *"El alma es una chispa de la esencia estelar"*. Esta creencia fue manteniéndose hasta el mismísimo Pitágoras. Visto desde un punto de vista de espectador, me imagino que el cielo y las estrellas fueron la inspiración para más matemáticas y física, del mismo modo que para artistas y literatos. Por ello debemos guardarla el mayor de los respetos como aporte al desarrollo de nuestras civilizaciones humanas. Otra cosa es averiguar si realmente el destino del hombre está escrito allí, o siquiera hay un destino. Estudiar astrología implica conocer la astronomía del sistema solar. Debemos tener una idea clara de los planetas, cuerpos celestes, sus magnitudes, movimientos, distancias, períodos, dimensiones, peso, orden, etc. ¿Por qué el sistema solar? Es obvio entender que lo más próximo a nosotros (partículas) que nos interese, sea lo que nos afecta (unidad). Por otra parte, conociendo el universo que nos rodea, podemos especular en la existencia de otros universos que configuren con ellos otra unidad y creer en este modo en ese poder Supremo, o Arquitecto, o Dios (cada cual según su creencia). ¿Por qué los símbolos del círculo y de la estrella? Bien, centrémonos en el sistema solar y situemos al sol en el centro como nos enseñan en el colegio. Ese sol siempre lo dibujamos con un círculo. Por otra parte, cuando en la noche guiñamos los ojos al ver las estrellas, los rayos luminosos confieren esa forma estelar. En la antigüedad se reconocía al

Sol como hogar y fuente de la energía primordial, de la cual surgía toda la vida y toda la luz, que se irradia a todo. En religión se nos habla esta idea del Uno como Dios que nutre la totalidad. Y en el mundo ateo se nos dice que el Sol es la luz y la vida de nosotros mismos y de todo el sistema. Fijémonos el paralelismo que hay entre religión, ciencia, masonería, esoterismo hasta este momento. El sol es el eterno adorado desde el neolítico, babilonios, caldeos, egipcios, griegos, romanos, etc. pasando por los Ptolomeos, Copérnicos, Pitágoras, de turno, etc. hasta hoy en día que se habla de Big Bang. Cada uno con mejor o peor suerte, o incluso muriendo por defender sus teorías.

Empecemos por el centro, es decir, por el sol y preguntémonos qué hace el sol en esto que denominamos zodiaco. Lo primero que me encuentro es que es fuente de vida, que es el centro de todo y que representa todo lo positivo. De entrada me llama la atención que la tierra es el único planeta con vida de este sistema solar si en realidad fuese tan maravilloso. La luna entonces es lo negativo. Me detengo por ver que lo negativo sea tan pequeño en comparación al sol, cuando alguien podría decir que es lo que más abunda en nuestras civilizaciones. Alguien de mis tertulianos me interrumpe y aporta, que ambos son como el padre y la madre, formando parte de una especie de sistema constructivo, energizante y creativo, pero al mismo tiempo preservador, modelador y formativo. ¡Ufff¡ poética y románticamente me parecería fantástico. Es decir. Le contesto. Que tenemos una sola vida. Con lo que tiras por tierra la opinión de aquellos que defienden la existencia de varias vidas. Por otro lado, planteas que todo el universo es uno, mientras que cada partícula, es decir, nosotros, tenemos vidas separadas y conciencias separadas. El tertuliano se defiende diciendo que *La especialización de los rayos de conciencia, o vida solar, es la que hace la Individualidad"*. Entonces, le digo, te contradices porque ahora defiendes que esa especialización debe ser consecuencia de varios intentos fracasados hasta lograrlo. Es decir, que para que esas partículas se independicen son necesarias varias vidas. Es tanto como decir que hay que sacrificarse para conseguir la especialización. Pensado desde otro punto de vista, defiendes la teoría de la evolución darwiniana, juntándola con la idea de la existencia de seres superiores. Debo admitir que es complicado de entender y que se entrecruzan teorías contradictorias. Lo que si demuestras es la influencia planetaria en esas partículas y quizás por ahí podamos tener una explicación que vendría a ser algo como que cada sistema planetario será, por así decirlo, un cambio de la conciencia y del carácter individual. Me levanto. Paseo y pregunto ¿qué es el zodiaco?, para que lo entendamos. En cualquier libro encontraremos que es algo que se divide en doce partes iguales llamadas signos, y cada una está subdividida en treinta grados. Todos lo dibujan como un círculo o elipse entorno a la tierra que gira en un plano bidimensional; lo que no deja de ser contradictorio con el sistema multidimensional del universo. La mayoría de la gente divide y agrupa los signos zodiacales en función de los cuatro elementos de la tierra, que según ellos son los que les influencian más en su personalidad (agua, fuego, tierra y aire). Los astrólogos los dividen en positivos y negativos según su naturaleza, y cada cual contiene cierta influencia propia, teniendo un gobernante o dominante. De modo que situando el sol como punto de partida, en cada mes juzgamos el carácter. Situando la luna haremos lo mismo con la personalidad. El Sol rige de día y es donante positivo, mientras la Luna rige de noche y es receptiva negativa. El ensimismamiento que produce la luna es de tal magnitud que la coincidencia que las

71

maldades se hagan en la oscuridad, junto que los astrólogos la pongan en el polo negativo le hace un flaco favor a este satélite y mucho a la fantasía, literatura y a la cultura. Lo realmente cierto es que las atracciones magnéticas entre tierra y luna, hacen influencia en las plantas, animales, ciclos acuosos y por ende en las personas. En astrología aplicada al zodiaco, cualquier libro nos explica que *"El Sol representa el corazón, las emociones superiores, la parte más pura de nuestra naturaleza, y el carácter que está en la raíz de nuestro ser, mientras que la Luz representa el cerebro, los sentidos y la parte de nuestra naturaleza que conoce y adquiere experiencia a partir del mundo físico y objetivo".* Es fácil entender la luz cuando la vemos, pero también es fácil imaginar que cuando la personalidad es fuerte, la individualidad es débil, le atraen las formas, la percepción, los objetos, y sus sentidos son más sensibles, agudos y activos de lo normal, la luna pueda tener la culpa ¿o no? Alguno de mis contertulios me puntualizan, que para entender lo de la luna, debo aprender a distinguir entre el carácter que expresan separadamente el corazón y el cerebro. Y de este modo, entender qué parte hay de carácter individual y qué parte hay de carácter personal. En los libros astrológicos aprecian que si en el momento del nacimiento la luna está más alta que el sol, la personalidad será fuerte. Mientras que cuando el Sol y la Luna están por encima de la Tierra, ambos caracteres serán fuertes. ¡Ufff¡ la verdad es que hay que estudiar para entender que todas las personas que nazcan en el mundo en ese momento serán de igual carácter, o personalidad, o ambos. Les doy unos minutos para el café u me relajo con lo que decía Francis Scott Fitzgerald en "La tarde de un Escritor" *"Se afeitó y, precavido, se dio un respiro de cinco miutos antes de vestirse. La idea de salir lo inquietaba: no tenía ganas de que los ascensoristas le dijeran que se alegraban de verlo y decidió bajar en el montacargas, donde no lo conocía nadie.*

Se puso su mejor traje, el que tenía la chaqueta y los pantalones de distinto color. Sólo se había comprado dos trajes en seis años, pero eran los mejores trajes: sólo la chaqueta del que acababa de ponerse le había costado ciento diez dólares. Ya que debía tener un destino —no era bueno ir a ningún sitio sin haberse fijado un destino— se metió un tubo de champú en el bolsillo para que lo usara el barbero y también una ampolla de luminol. «El perfecto neurótico» se dijo, mirándose al espejo. «Subproducto de una idea, escoria de un sueño.»"

Cariño:

Al final de todo este estudio astrológico lo que queda es una carta astral o foto fija interpretada del nacimiento de una persona y el horóscopo o foto fija interpretada del futuro inmediato de esa misma persona. ¿Qué es el zodiaco? La definición que más me gusta es: *"una franja del cielo situada en las cercanías del ecuador celeste, que se extiende unos ocho grados a ambos lados de la Eclíptica, que es la trayectoria anual del Sol a través del firmamento".* ¿Cómo se hace un horóscopo? En cualquiera de ambos casos lo que conseguimos es un mapa de los cielos para cualquier momento dado. Los astrólogos dicen que son las cartas de navegación en el viaje de la vida. En este viaje hay una preparación, un destino y entre medias turbulencias que se alternan con momentos de felicidad que se superarán o no en función del carácter de la persona. De ahí que un buen conocimiento interior de cada uno y la previsión de los avatares del camino, harán posible que cada uno se adapte mejor a sortear los problemas y profundizar en la felicidad. Una visión clara e imparcial sobre el propio carácter, disposición y temperamento con el que partimos dotados serán imprescindibles para llegar con éxito al destino y sin muchos coscorrones. Me detengo. Reflexiono en el hecho de que el destino en astrología tiene el cariz de meta o final, no de programación o predisposición. Vuelvo al desarrollo del horóscopo. Lo primero que hay que situar son los puntos cardinales, que en astrología se denominan "ángulos" del horóscopo, conocidos respectivamente como Zenit, Nadir, Ascendente y Descendente. El ascendente estaría a la izquierda por encima del horizonte. Llevado al papel, dibujaríamos un círculo dividido en cuatro. Ascendente a la izquierda, descendente a la derecha, zenit al frente (cabeza) y el nadir atrás (pies). Ahora cada cuadrante lo dividimos en tres casas cada uno de 30° (doce en total). Los numeramos desde el ascendente en dirección contraria a las agujas del reloj. De este modo la primera casa se encuentra en afinidad con Aries y gobierna la cabeza, la segunda con Tauro rigiendo la garganta; y así sucesivamente en espacios de dos horas cada una, hasta terminar en los doce signos conocidos. Después deberemos tener al lado las "Tablas de Casas" publicadas para casi todos los lugares del mundo. Me detengo y reflexiono que la duda que planteábamos al principio, de que todos los nacidos en el mundo a la misma hora serían iguales, ya queda reducida a todos los nacidos en el mismo lugar. El resto es fácil porque solo hay que ir situando planetas, para la carta astral y leer las tablas con las combinaciones. Desde los romanos se identifica la astrología con sinónimo de oscurantismo y de fatalismo y quizás tengan razón porque en definitiva, la astrología defiende un destino y una cierta manera de atadura, en la que ni estamos cautivos, ni somos libres del todo, sino restringidos. Me preguntan los contertulios ¿Qué pasaría si conociéramos al 100% esta ciencia o pseudociencia? Paseo, reflexiono y contesto que a mi parecer dominaríamos el destino y no al revés. Fijándonos en otro significado de astrología, vemos que significa "Sabiduría" o "Mensaje de los Astros", con lo que nadie le disminuye el cariz ocultista y por ende de charlatanería que lleva asociado. Pero por otra parte conlleva misterio y profundidad. Tanto es así, que los astrólogos se especializan en seis ramas, la Astrología de la vida (destino), Horaria (el ahora), la Astrología Mundana (del mundo), la Astrología Meteorológica (clima), la Astrología Médica (salud) y la Astrología Metafísica (ocultista). Para ir profundizando debemos ir moldeando nuestra manera de concebir esta técnica, en el hecho de admitir que cada uno de nosotros tiene un cuerpo físico y una atmósfera física a su alrededor, a la que llamamos "aura astral". Por otro lado admitir las interrelaciones entre Zodíaco y los Planetas, por una parte, y la Humanidad, por la otra. ¿Cómo lo imaginamos? A ver si consigo hacer una imagen mental. Partamos de la tierra como un cuerpo físico, que es fácil de imaginar. Situemos un halo a su alrededor que es su cuerpo astral, karma, etc., o como queramos imaginarlo. Después ponemos los planetas en su cabeza como parte del su mente (cerebro) y todo ello iluminado por el sol (alma, espíritu, ser superior, etc.) también según cada cual y sus ideologías. En el renacimiento esta estructura que acabo de definir se escenificaba con los cuatro elementos Tierra, Agua, Aire y Fuego, que regían la vida y sus deseos en forma de zodiaco. El siguiente concepto que debemos aplicar es que la naturaleza de ese deseo lo marca el signo ascendente, (el de la izquierda del dibujo primero), dicho de otra manera, marca nuestros sentimientos. Otra cuestión a descartar es la idea que solo tenemos un signo zodiacal y los demás pasan de nosotros, pues en cada rotación de la tierra, pasan e influyen los doce. De tal modo, que cada uno de los doce signos afecta a una parte nuestra, es lo que denominaríamos "aflicciones". Nosotros a su vez mejoramos y nos fortalecemos, o por el contrario, empeoramos y nos debilitamos con la experiencia diaria, todo ello conforme a cómo reaccionamos a los avatares. ¿Y la luna no tiene nada que ver? Me pregunta otro colaborador. ¡Muy bien¡ le aplaudo. ¡Tiene usted razón¡ le ratifico. A medida que instintivamente vamos diciendo "el destino se me cumple..." "Esto es mi destino..." y cosas similares, deberíamos entender que la luna va actuando de manera creciente en nuestra vida. ¿Por qué? Insiste el tertuliano. Cada signo del Zodíaco rige o influye en el destino de cada uno de nosotros y la luna expresaría todos los atributos de dicho signo. ¡Vale¡ me ratifica el tertuliano, entonces según eso ¿estaríamos predestinados? Me suelta sin anestesia. ¡Ufff¡ le contesto. En astrología estaríamos predestinados a tener que sufrir experiencias ¡si¡. De tal modo que por simplificar pedagógicamente, debemos entender que para llegar al destino, partimos de un principio regido por el signo zodiacal que es el pasado y a medida que caminamos pasamos por experiencias, entonces estamos potenciados en ese signo por la luna que es presente y futuro.

Me llama la atención que sean doce signos, pues son múltiplos de tres y además cada cuadrante se divide en tres casas. Me dice otro nuevo colaborador. ¿Estamos de nuevo ante trilogías? Pregunta. La trilogía es casi la base de la historia del ser humano, y aquí no podía faltar. Le respondo. Tanto es así que hay quien llama "trilogía intelectual" a la influencia de cada signo. Algunos se atreven a llamarla "trinidad intelectual" en claro paralelismo católico. El caso es que un signo rige una parte del cuerpo, las energías directrices y la parte del círculo que le corresponde. Con lo que ya tenemos otra nueva trilogía. Cada uno de esos aspectos además, lo rige en otras tres, en verdad, en mentira y en mezquindad. Los cuales se subdividen en otras tres, energía, razón y pragmatismo. Reconozco que esta subdivisión es una manera pedagógica mía para hacerme comprender mejor. Paremos un momento y veremos otra trilogía. Agrupemos de tres en tres los signos y por ejemplo comenzando en aries (A), tenemos una serie de aspectos. Le sigue Tauro (B) con los contrarios y ambos configuran las cualidades de Géminis, el siguiente (C). De tal modo que si lo vemos como un alfabeto agrupado ABC, podemos leer casi párrafos enteros en cada momento. El lenguaje cósmico así establecido se interpretaría de modo que aries (impulso) más tauro (sosiego) es igual a géminis (motivación) por poner un ejemplo simple. Las trilogías en astrología son infinitas. Otra que me viene a la mente es la trilogía materna. Que lo formarían Cáncer (poder sensible) junto con Leo (poder armónico) y Virgo (el poder selectivo). La siguiente trilogía es la denominada "reproductora". Lo forman Libra (equilibrio) junto con Escorpión (poder regenerativo) y Sagitario (intelecto materno). A continuación la trilogía servicial, formada por Capricornio (servicio universal) con Piscis (amor universal) y Acuario (sentir universal). Claro que otra manera de formas trilogías es agrupar los signos zodiacales en los cuatro elementos (fuego, agua, tierra y aire) ya archiconocidos. De todo ello se saca como conclusión que hay que dominar la naturaleza de los signos y el lenguaje cósmico antes de ponerse a hacer adivinaciones erróneas.

Demos un paso más para entender la influencia conjunta de zodiaco y planetas. El ejemplo pedagógico que se me ocurre es el tambor. El zodiaco es la caja y los planetas, los palillos. Cada golpe tiene una fuerza, un ritmo y un lugar de impacto, que influyen en la música (carácter). De este modo tenemos individualidades y grupos iguales, según toque un instrumento o una banda musical. Eso mismo lo podemos extrapolar al tema que nos ocupa. Aunque hay 360 variedades totalmente diferentes de personas nacidas cada día, solamente hay 7 grandes tipos bajo los planetas. Pues cada planeta influye en cada zona geográfica terrestre. Es lógico pensarlo simplemente por rotaciones, traslaciones y atracciones magnéticogravitacionales. En "Astrology for All" de Alan Leo, se nos dice: *"El círculo ha sido siempre el símbolo del Espíritu o Vida; sin principio o final, conteniendo el todo. Representa el Sol. El medio círculo representa el alma o mente y es el símbolo de la Luna; mientras que la cruz es el símbolo del cuerpo, la tierra, la materia. Estos tres juntos forman Mercurio; y desde estos 3 símbolos representando cuerpo, alma y espíritu o Sol, Luna y Tierra se obtiene toda la base de la simbología astrológica, en lo que se refiere a los planetas. Esta es una manera fácil de recordar los símbolos. Pues cuando ves el círculo en la identificación del planeta sabes que la vida o el espíritu opera considerablemente a través de ese planeta; y cuando ves el creciente o medio círculo, sabes que el alma o mente es más prominente en el espíritu o vida; y según la posición de la cruz sabrás si la naturaleza del planeta tiende principalmente hacia la materia o el espíritu. Por otra parte Mercurio ( ) se adapta a cualquier planeta con el que se relaciona, por lo que actúa, por decirlo así, como canal temporal para ese planeta. Para que podáis entender esto, tengo que considerar otra faceta de la simbología astrológica. En los libros antiguos el oro es siempre el símbolo del Sol; la plata, de la Luna; el cobre, de Venus; el hierro, de Marte; el plomo, de Saturno; el estaño, de Júpiter; el aluminio, de Mercurio. De esta forma tenemos 7 metales primarios: Oro o Sol, Cobre o Venus, Plomo o Saturno, Plata o Luna, Hierro o Marte, Estaño o Júpiter, Aluminio o Mercurio. La identificación de Marte se forma con el círculo y la cruz, el círculo debajo de la cruz representando la vida o espíritu dominado por los deseos materiales; así, pues, se ve una afluencia constante de energía pasando a través de ese círculo a la cruz, un constante torrente de fuerza mostrando la naturaleza enérgica de Marte. Todo lo contrario ocurre en el caso de Venus, en el que el círculo está sobre la cruz; aquí la vida o espíritu se encuentra por encima de la materia. Las verdades aquí expresadas son confirmadas por el estudio. Cualquier persona que tiene Marte dominando prominentemente en su horóscopo será determinado, enérgico y ardiente; mientras que las personas de Venus son completamente diferentes; tienen un carácter amable y cariñé o. El círculo y la cruz se complementan mutuamente. No obstante —y este es el punto más importante— la influencia de los planetas Marte y Venus es idénticamente la misma en esencia, aunque la influencia de Marte se muestra en sí misma como fuerza y la de Venus simplemente como amor. Ahora pasamos a Saturno y Júpiter. En Saturno, el creciente (medio círculo) o alma está debajo de la cruz o cuerpo; y le proporciona una naturaleza fría y terrena porque el alma o mente está atada al peso de la naturaleza material. En Júpiter encontramos justo lo contrario, el medio-círculo o alma está sobre la cruz o cuerpo. Como en el caso de Marte y Venus, estos dos planetas son positivos y negativos uno con el otro, siendo Júpiter positivo y Saturno negativo. Esto es muy bonito y sencillo viéndolo desde el punto de vista de la simbología astrológica. Mercurio por otra parte representa, como ya he dicho, alma y espíritu en uno sólo o padre, madre, niño; la influencia positiva paternal, la influencia negativa maternal y el niño nacido de ambos.*

¡Ufff¡ de todos estos debates, y conocimientos, deduzco que no se puede interpretar nada por separado y solo sirve si se unen todas las partes. Es como todo en la vida, de nada sirve sacar conclusiones precipitadas sin el conocimientos de un todo. En astrología los planetas, las horas, los signos zodiacales influyen por separado, pero a su vez lo hacen en conjunto. ¿De qué sirve un horóscopo sin los planetas? De nada. ¿De qué sirve un horóscopo para todos como los de los periódicos? Para nada también porque cada uno tenemos el nuestro. El secreto de saber interpretar una carta astral o un horóscopo estriba en nuestra capacidad de combinar las cualidades e influencias que signos y planetas nos transmiten. En lo que respecta a responder a la pregunta inicial de si está escrito nuestro destino en las estrellas, concluyo que no está escrito. ¿Por qué lo asevero rotundo? porque hemos visto que podemos cambiarlo, que podemos aprender de la experiencia y modificarlo. Nacemos con una especie de mochila diferente para cada uno. Además nuestros pensamientos nos acompañan hasta la muerte. Entonces labramos nuestro destino y creamos nuestro horóscopo. ¿Por qué nacemos bajo este horóscopo en particular? ¿Por qué debemos responder a estas vibraciones en especial? ¿Es ciego el destino? ¿Le labramos nosotros mismos cada día? Me preguntan a modo de metralleta. Me detengo en la exposición. Reflexiono en el hecho de sentir el poder que tenemos como personas porque si el horóscopo o la carta astral nos dicen el potencial que tenemos y lo que ocurrirá si seguimos de este modo, y sabiéndolo, podemos modificar nuestro futuro, ¿Quiere decir que superamos las indicaciones del horóscopo y por ende podemos dominar la influencia de los planetas, si nos lo proponemos?. Si nos dominamos a nosotros mismos, si desterramos debilidades y lo malo con lo que nos hayan llenado la mochila del principio, podemos poner remedio. Luego para dominar a los planetas, tenemos que desarrollar el carácter. En astrología se nos dice que los planetas nos influyen y la inmensa mayoría de la gente se somete. Pero dentro de nosotros tenemos la luz del sol (de Dios, del ser superior, etc. según cada creencia) y la libertad o libre albedrío (según creencias) para transformar esas influencias y advertencias en algo positivo para nosotros. Es como el que tiene potencial para pintar y no coge un lápiz. Él es libre de cogerlo o no y de pintar o no, el zodiaco le predispone que es bueno en ello, pero él elige potenciarlo o abandonarlo. Luego la astrología es como un sistema de análisis empresarial de Potter, o DAFO. La astrología nos ayuda a comprender. Debemos tratar de entender las fortalezas y debilidades de nuestra personalidad, las amenazas y las oportunidades. Cada uno somos diferentes a los otros, lo mismo que las empresas de un mismo sector también lo son entre ellas. No podemos esperar a que los demás actúen como nosotros. Cada empresa y cada individuo coinciden en que están atados a su punto de partida (nacimiento) y el astrólogo es como el asesor de consultoría que le ayuda a librarse de los problemas. Corrompemos nuestra vida, del mismo modo que los romanos corrompieron la astrología llenándola de oscurantismo e influencias maléficas. Pero si entendemos que formamos parte de un equilibrio de un todo (universo, asociación, comunidad etc.), comprendemos que los planetas influyen pero no dominan, inclinan pero no rompen y que tenemos la libertad de elegir y reconducir en nuestro favor todas esas energías, influencias y consejos. Entonces comprenderemos que nuestro destino no está escrito aquí tampoco, aunque todo nos ayude a ser mejores y a avanzar para conseguirlo partiendo de la base de la predestinación o predisposición con la que nos hayan cargado la mochila de nuestro nacimiento

Despedida

Querido Maese: Tu mismo dices que nada se pierde, todo se transforma. Eso es lo único que nos queda. La desilusión me acobarda cuando no suena el teléfono, ni vienes a casa porque la investigación se te cruza en el camino y ando buscándote para ver si al menos comemos juntos y me aseguro de que comes. Porque café sé que vas a conseguir al menos dos litros diarios. Ese el convencimiento que me mantiene viva. Es lo único en lo que me siento útil contigo. Y no lo mal interpretes ni tergiverses como de costumbre. Tú siempre me apoyas en todo. Me das todo. Pero soy yo la que a tu lado me siento pequeña. Cuando hablas me quedo embobada escuchándote hasta que me destrozas con alguna de tus preguntas a las que nunca tengo respuesta. Veo que bajas la vista con la decepción que sientes conmigo y me doy cuenta de que no soy la mujer que necesitas. Lo único que espero es que vuelvas a casa para tocarme, mimarme y sobre todo para saber que vuelves y no has encontrado a esa mujer que siempre andas buscando y que ninguna te llena. Es cierto que me quisiste. Es verdad que juntos fuimos felices. Que nos unía el sentimiento más puro del mundo. Que mis besos hacían brillar tus ojos. Esa fuerza que transmites me hizo soñar en tejer ilusiones de una vida contigo. Vivir ese trajín cotidiano de los niños al colegio, tú a tus empresas e investigaciones. Juntos a los viajes. Una casa con sus despertares y anocheceres abrazados. Me duele reconocer que esos atardeceres de la mano, los disfrutará otra y luego otra y otra más, hasta que tropieces de nuevo con ella. Con la única que te complementaba y no te atreviste a decirle te quiero. Llenas tu vida de sucedáneos de ella y nos necesitas a todas para sustituirla, porque cada una de nosotras te da algo de ella. Todo el mundo por el que trabajé se ha desvanecido de repente. Desahuciada y triste veo en tu mirada la melancolía y la tristeza, la desesperación por que sea yo como ella. Es cierto cariño, que el amor no se pierde, se transforma en odio unas veces y en comunicación invisible otras. Adiós, besos.

¡Ufff, el destino¡ Me quedo reflexionando con lo que decía Savinien de Cyrano de Bergerac en "Viaje a la luna": *"Cuando al tirar los dados sobre una mesa resulta un saque de diez o de tres, de cuatro y cinco, o bien de diez, seis y uno, exclamaréis: «¡Oh qué milagro! Cada dado resulta precisamente con un* número, habiendo podido resultar con tantos otros. *¡Oh qué gran milagro! Ahora van tres puntos seguidos. ¡Oh qué gran milagro! Precisamente ahora, dos fichas y la cara inferior de la otra ficha».* Pues yo estoy seguro de que siendo hombre de espíritu nunca vendréis en proferir esas exclamaciones, pues como los dados pueden formar una determinada cantidad de combinaciones de números, es muy lógico que al saque aparezca cualquiera de ellas al azar. Y si esto no os asombra, ¿cómo vais a asombraros de que esta materia al quemarse confusamente a merced del azar engendre un hombre u otro ser, puesto que en ella había tantas cosas necesarias para la vida del hombre como para la de otros seres? ¿Acaso ignoráis que más de un millón de veces ha sucedido que encaminándose esta materia por natural destino a formar un hombre se ha detenido en la mitad de su camino para formar ya una piedra, ya un pedazo de plomo, ya un coral, ya una flor, ya un cometa, y todo ello porque faltaban o sobraban ciertos elementos para llegar a constituir precisamente un hombre? Pues bien; del mismo modo que no hay que extrañarse que a los cien golpes de dados resulte un saque en pleno, tampoco hay que extrañarse de que una infinidad de materias, que cambian y se agitan constantemente, vengan a encontrarse para formar unos cuantos animales, o vegetales o minerales, que nosotros vemos. Es más: no sólo no hay que maravillarse, sino que es preciso considerar imposible que de toda esta agitación de la materia no venga a nacer determinada cosa y que ella no cause la admiración de algún aturdido que ignore cuán poco ha faltado para que no se formaran los cuerpos dichos".

FUTURO, CARTAS, ICHIN

"A menudo encontramos nuestro destino por los caminos que tomamos para evitarlo." (Jean de la Fontaine).

Decía Rudyard Kipling en "El libro de la selva": *"Y cuanto más pensaba en el gran honor que se le había hecho, más tocaba, él solo, sentado en uno de los montones de forraje destinados a los elefantes. Todo era silencio a su alrededor, y tocar le hacía feliz. Los elefantes nuevos tiraban de las cuerdas, lanzaban de cuando en cuando fuertes barritos, que parecían más bien lamentos, y escuchó que su madre, en la barraca central del campamento, intentaba dormir a su hermano pequeño entonando una canción muy antigua, muy antigua, sobre el gran dios Siva, que en otro tiempo prescribió a los animales lo que tienen que comer. Es una canción de cuna relajante, y he aquí su primera estrofa: Siva, sembrador de cosechas y dueño de los vientos, sentado al iniciarse un nuevo día, hará mucho tiempo, dio a cada uno su parte, comida, trabajo y destino, desde el rey omnipotente hasta el más pobre mendigo. Todo nos lo ha dado el más alto dios, Siva. ¡Mahadeo! ¡Mahadeo! Lo hizo todo. Al camello, la joroba, para los bueyes la hierba, y para ti, mi niño, mi pecho de madre tierna. Toomai la acompañaba con un alegre tonc-tonc al final de cada verso, hasta que, sin poder aguantar el sueño, se acostó sobre la hierba junto a Kala Nag. Finalmente, los elefantes se acostaron, uno tras otro, según su costumbre, dejando a Kala Nag, el último de su fila por la derecha, de pie, balanceándose con suavidad con las orejas hacia delante, atentas al viento nocturno que soplaba dulcemente desde las montañas. El aire mecía los sonidos de la noche, que, juntos, creaban un gran silencio: el entrechocar de las cañas de bambú, el fru-fru que produce el correr de algo entre los*

85

matorrales, el arañar y el grito ronco de un pájaro medio dormido —los pájaros velan durante la noche más a menudo de lo que nos imaginamos—, una caída de agua prodigiosamente lejana..."

Hola Cariño:

Hoy ha caído este comentario en mis manos y no he dudado en enviártelo a ver si nos aclara esto del destino. William Shakespeare decía: *"Siempre me siento feliz, ¿sabes por qué? Porque no espero nada de nadie; esperar siempre duele"*. Está claro que los problemas no son eternos, siempre tienen solución, lo único que no se resuelve es la muerte y para nosotros será la única manera de reencontrarnos. Siempre encontraremos gente que nos quiere culpar de sus fracasos, y cada quien tiene lo que se merece. ¿Nos lo merecemos tú y yo? Hay que ser fuertes y levantarse de los tropiezos que nos pone la vida, para avisarnos que después de un túnel oscuro y lleno de soledad, vienen cosas muy buenas. Contigo he llenado una gran parte de mi vida y espero que yo haya hecho lo propio contigo Recuerda que a veces, de quien menos esperas es quien te hará vivir buenas experiencias. ¿Recuerdas cómo nos conocimos? Ninguno de los dos habríamos creído lo que ocurrió después entre nosotros. Dicen *"Nunca arruines tu presente por un pasado que no tiene futuro"*. Pero yo les digo que no tendría futuro sin haber pasado por ti. Cariño duele amar a alguien y no ser correspondido. Lo que peor llevo es amarte desde el primer día que te vi, y soy consciente que a ti te paso lo mismo conmigo, pero nunca encontramos el momento para decírnoslo a tiempo. ¿Recuerdas el tiempo que pasó desde que nos vimos hasta que comenzamos a salir? Si no es por tu insistencia, siquiera te lo hubiera dicho nunca. ¿Puede ser que Dios, o el destino, quieran que conozcamos a unas cuantas personas equivocadas antes de conocer a la persona correcta? Muchas veces hemos creído que la persona con la que estábamos en ese instante era para toda la vida. Después aquello termina, duele y casi destroza. Pero de repente apareces en mi vida y nos damos cuenta ambos por qué aquellos intentos no eran válidos y la felicidad se abre. Dicen que no sabemos lo que tenemos hasta que lo perdemos. Yo les digo que no conocemos lo que nos estamos perdiendo hasta que lo encontramos frente a frente. Entregar entero el corazón, no es garantía de recibir otro corazón entero. Solo nos queda saber que de nosotros no quedó nada por entregar. Solo conoces la diferencia cuando levantas la vista y tus ojos se clavan en los míos. Cuando te entrego todo el corazón y veo que por mucho que te entregue, el mío siempre está lleno, porque tú me estas entregando el tuyo.

Para dar continuación a este estudio, no me queda más remedio que seguir presuponiendo la existencia del destino, pues en caso contrario aquí se acabaría el estudio. Ahora bien, si hay destino y está escrito, debemos intentar encontrar la ubicación de dónde se encuentra escrito. Concluyo que hasta ahora donde me decían que estaba escrito el destino, he comprobado que no lo estaba. Se limitaban a ser medios para ayudarnos a decidir. Ahora me pregunto ¿Se puede adivinar el futuro? Soy consciente que aparto el tema de la existencia del destino, pero me quedé con la intriga de este aspecto cuando estudiábamos las manos y la astrología. La intuición es algo innato, algo que nos meten en la mochila de partida a la hora de nacer. Los animales tienen instinto y detectan los peligros antes que nosotros. El prever que tal o cual cosa a va suceder es contestar a la pregunta de forma obvia y ambigua al mismo tiempo. La seguridad de que va a suceder es otra cosa. Todo futuro está condicionado con lo presente. Me explico, los meteorólogos predicen el tiempo que hará sin que nadie les pongamos un cucurucho en la cabeza. Se estudia el presente teniendo en cuenta el pasado, y se sacan conclusiones más o menos certeras sobre el futuro. ¿Es posible adivinar el futuro mediante otro tipo de instrumentos? Desde alfileres, números, cartas, bolas de cristal, runas, conchas, entrañas de animales, cartas-tarots, horóscopos-astrología, quiromancia, radiestesia, espejo de Zoroastro, oráculo de las hojas, oráculo del destino, oráculo de la tinta, I Ching, posos de té, etc. La superstición e imaginación de los humanos es desbordante. Todo se puede usar. Todo es susceptible de tradición, de leyenda con mejor o peor acierto, pero que al final casi todo termina unido a espiritistas, ocultistas y magos que corrompen a las personas. Mi susceptibilidad se basa en que ninguna es ciencia o creencia, sino que atentan contra el subconsciente y los temores de las personas, que a cambio de dinero se quedan más tranquilos que con un seguro de vida. Dudo mucho que unas cartas sepan de mi futuro más que yo con mis estudios y trabajos. No obstante, estoy para aprender y si me convencen, podré certificar su exactitud a la hora de averiguar el futuro de algo o de alguien. Es curioso, pero estos adivinos no aciertan con su hora de la muerte, ni con los premios de la lotería más que yo. ¿Cómo sabemos que esas personas no son un fraude? Podría preguntarme cualquiera de mis tertulianos. Lo acabo de decir, serían ricos acertando a los juegos de azar, no les pillaría ni una guerra, ni un dolor, sabrían las preguntas de los exámenes etc. ¿Los ángeles y santos pueden adivinar el futuro? Me pregunta otro contertulio. El futuro no lo conoce más que Dios, o el ser supremo, o el arquitecto supremo, o como se le quiera llamar en el caso de creer en ellos. En caso de no creer en ellos, sería muy tonto pensar que el destino nos lo escriben, porque si algo que es superior a nosotros no existe, no creo que una oca escriba mi destino, sabiendo que la cazaré y me la comeré ¿no? Dejando el absurdo y volviendo a la pregunta, puedo responder que en todas las religiones y en otras partes del mundo existen personas con más preparación que el resto, con más posibilidades que los demás, con más intuición y algunas con un desarrollo cerebral que supera la ciencia ficción. Sabemos que usamos tan solo el 12% del cerebro, pero hay gente con telepatía y telequinesia que han conseguido hacer que la ciencia elabore instrumentos que se mueven con la mente. ¿Hay algún modo humano de conocer el futuro? Pregunta un tercero. Eso es lo que estamos intentando averiguar. Le contesto. Una manera de acertar el futuro es que todos cumpliéramos la palabra que damos. Todos me miran preguntándose de qué voy. Les aclaro que si uno promete hacer algo y sabe que lo hará, entonces tiene capacidad de adivinar el futuro. Todos se ríen de la ocurrencia. Yo me lamento de que tengamos que recurrir a un elemento inanimado como es una carta para que diga si yo cumpliré o no mi palabra. De los infinitos métodos para averiguar el destino voy a escoger las cartas y el I Ching que son los que unen Oriente con Occidente y tienen una tradición milenaria. Además el segundo es muy parecido al "libro del destino" que usaron los egipcios y Napoleón. ¿Por qué será? Es lo que pretendo entender.

El tarot tiene mucha fama pero en realidad no es tan antiguo. Existen cartas desde nos se sabe cuándo. Visconti de Milán alrededor de 1440 encargó unas como juego caballeresco en conmemoración de las justas y los torneos de Carnaval con una serie de veintidós figuras. En 1447, él mismo pagó 1.500 escudos de oro a Bonifacio Bembo por otro encargo similar de cartas en oro y plata. Cuentan los mentideros que los actuales veintidós arcanos mayores se denominaban entonces «Triunfos» en alusión a los sonetos de Petrarca. Así el triunfo de Amor correspondía el arcano VIII, el triunfo de la Muerte estaba adscrito el arcano XIII, el «de la vida» era la Rueda de la

Fortuna, es decir el X y la Sacerdotisa el II. De éste, sé que se le relacionaba con un hecho oscuro que le sucedió a una dama emparentada con los Visconti y que fue quemada en la hoguera en 1300 acusada de herejía. Estas cartas adquirieron fama hasta el punto de convertir las festividades y torneos de la Epifanía y de la Pascua en una especie de juego de cartas gigante. De tal modo que para comprenderlo mejor, diré que el Juglar, arcano I (el Mago), representaba al Rey del Carnaval. El arcano XVII, la Estrella, simbolizaba el paso de la Navidad. Los arcanos menores se añadieron en una época más tardía y derivaron de símbolos como Damas, Rey, Caballeros, Musas y Ninfas. El juego se propagó desde Bélgica e Italia (Taroechi), a Inglaterra con Eduardo VI. En Alemania se montaron fábricas de cartas sobre el 1450. Esta especie de fabricación en serie hizo que se usasen materiales de peor calidad y el precio bajó, de modo que cualquier persona jugaba, apostaba y adivinaban el futuro de un juego, que fue calando en las personas y en las supersticiones. Poco a poco, por el 1600, cada país fue incorporando sus propios símbolos y de tréboles, se pasó a bellotas, los corazones a cascabeles, se añadían granadas, reinas, cenefas hasta que alguien unió los colores azul y rojo conforme a las correspondencias planetarias y sacaron lo que se conoce como el *tarot marsellés*, que es el primero en combinar cartas y planetas. La evolución fue tal, que cada país adoptó sus símbolos, y así por ejemplo en España la Torre es el Caos y cada carta es un símbolo a modo de amuleto que lo único que atrae es al subconsciente y la intuición. El juego es una especie de círculo que termina el juglar o el mago, (según cada país), antes de la final que es el Mundo. Según Picard, *"en cada grupo de 14 cartas el valor tiempo es de 90 días. Los Bastos corresponden a los signos de Fuego (Aries, Leo y Sagitario), los Oros a los signos de Tierra (Virgo, Tauro y Capricornio), las Copas a los signos de Aire (Géminis, Libra y Acuario), y*

las Espadas a los signos de Agua (Escorpión, Piscis y Cáncer).
Los grupos así divididos se corresponden con el devenir de las
distintas estaciones. Los Oros poseen un valor numérico,
multiplicable más que adicionable. Las Copas tienen un valor
emotivo y pasional. Las Espadas nos hablan de obstáculos y
luchas; y los Bastos representan la acción." De lo que deduzco
que cada carta posee cuatro interpretaciones distintas, y precisa
de un estudio profundo. Otras fuentes llegan a originarlas en
Egipto, pero no tengo esa constancia.

¡Bien¡ comencemos a entender la atracción de este juego e
intentemos averiguar ¿si adivina el futuro, o no?, ¿si tiene
escrito el destino, o no?. Aunque si va unido a la astrología,
puede que nos quedemos tan solo en un instrumento más de
consejo. Arcanos mayores (22) y arcanos menores (cuatro
palos de la baraja). Esa es la división. La palabra arcano,
ateniéndonos al diccionario, significa misterio, o secreto
recóndito. En las religiones paganas, el arcano era el conjunto
de ritos y ceremonias reservadas sólo a los iniciados.
Habitualmente vemos que solo se usan los arcanos mayores,
pero una lectura profunda de cartas requiere de la serie
completa, según me dicen mis contertulios más ilustrados en el
asunto. Por tanto, hay setenta y ocho cartas, y cada una de ellas
posee un significado adivinatorio distinto. Luego las
combinaciones son casi infinitas. Armytage Ware las llama «El
Libro Ilustrado del Diablo», ya que contienen una carta que
muestra al Diablo con todo detalle, otra que representa
morbosamente a la muerte y otra que retrata a un hombre
colgado. ¡Ufff¡ entramos de nuevo en el mundo de la
oscuridad, de lo intangible y misterioso que atrae a todos y
tienta al más pitado. Aquí se mezclarán desde verdaderos
conocedores del tema, a mentirosos y manipuladores, pasando
por ingenuos, creyentes, supersticiosos y enemigos desde

dentro y desde fuera. ¡Ufff¡ ¡vaya tinglado en el que nos hemos metido¡. Ciertamente me ha costado mucho tiempo y paseos, adentrarme en este mundo del tarot. ¿Por qué? pues por la cantidad de libros, de intérpretes y de interesados que se me han cruzado. Si buscaba metodología, encontraba información ocultista. Si buscaba instrucciones, encontraba aprendizaje manipulador. Si buscaba saber si sirven para el objeto de este estudio, encontraba interesados en mi vida íntima. Lo que saco además en conclusión es que para escribir de tarot basta con comprar un libro y leerlo, pero es un mundo que cuando quieres profundizar hasta donde a mí me gusta llegar, solo encuentro autoporfía. Me he cruzado con interesados que aparentemente buscaban entender como yo y unos han sucumbido a gurús, mientras que otros han vaciado su mente y sus bolsillos. A mí me han respetado sin saber muy bien por qué y solo me he limitado a hacer las preguntas de rigor (a mi estilo), a entender de manera didáctica y escalonada los por qués y cuando algún gurú traspasaba ciertos límites retándome, es cierto que hemos competido. En este mundo de echadores de cartas, he encontrado desde los gitanos, a la cruz celta, pasando por ubandistas y visiones estereotipadas de "brujas" sibilinas y charlatanes explotadores de la credulidad y buena fé de incautos consultantes. ¡Alguien¡, solo una persona, mujer para mayores señas supo leerme bien y dijo - No nos estudies desde el otro lado de la mesa, ven, ponte aquí, absorbe los sentimientos que las cartas te producen. Pasa un rato tocándolas, habla con las figuras y dentro de un rato, cuando haya preparado tu café, me lees a mí las cartas, según lo primero que te venga a la mente.- Se levantó, fue a la cocina mientras en soledad manejaba sus cartas, hablaba y me comunicaba con las imágenes. Reconozco que alguna vez la visión de esas cartas era como si cobrasen vida y saliesen a tres dimensiones. Estuve más de hora y media en esa concentración que los que me conocen saben de qué soy capaz. Ella volvió con el café. Estaba tranquilo de que no me echaría sustancia alguna en el líquido elemento, porque me quería de verdad de otro tiempo y lugar, que ahora no viene al caso. Nos conocíamos íntimamente y eso corría a su favor. Se sentó al otro lado de la mesa. La vela que iluminaba la habitación me hacía sospechar de mis visiones. Comencé a colocar las cartas como me había enseñado, despacio, sin prisa, sintiendo cada una de las cartas y dejando correr mi imaginación mirándole a los ojos. Fui hablándole sin saber si había o no coherencia en mis palabras. Terminé. Se levantó y me besó como antaño. Quedamos en silencio, entrecruzamos manos y cartas hasta que ella me las regaló. ¡Tómalas como recuerdo mío¡ - me dijo sonriente. Y ahora, en la soledad del mirador del cigarral, me doy cuenta del poder de algunas personas a las que ausente de tabús, dogmatismos y supersticiones, he planteado cosas de mi vida. Si a alguien le interesa conocer este tema le recomiéndola lectura de Court de Gébelin, Gérard Encausse, Muriel Bruce Hasbrouck, o Mc. Gregor-Matthers, entre otros.

Hasta ahora concluyo que con lo visto y experimentado, lo que realmente me ha servido el tarot es para meditar sobre mí mismo. Ha sido como un psicoanálisis terapéutico. Aquella mujer, se despidió de mí diciéndome *"El tarot es el arquetipo de hombre sobre el que te miras y con el que te comparas"*. Reconozco que estuve manoseando las cartas en el mirador del cigarral durante toda una noche. Al fondo, las luces de Toledo. En la proximidad repasaba las imágenes de mi vida, las figuras de las cartas tomaban vida y analizaba el hecho de que ella tenía razón, me acababa de dar la clave para interpretar el tarot, ¿Cuál? Pues que una imagen vale más que mil palabras. ¿Cómo transmitir las experiencias con ella y en la soledad del mirador con palabras? Es imposible entender que el Mago te mira y te habla mientras en tu mente pasa tal o cual hecho de tu vida. Que después la Rueda de la Fortuna, la Sacerdotisa o la Muerte salen de la carta, toman tres dimensiones a tu lado y van pasando nuevos episodios de tu vida. Entonces tienen sentido, toman una nueva perspectiva y los sentimientos afloran. No me había ocurrido anteriormente nada parecido con otros elementos esotéricos hasta ahora. Doy explicaciones psiquiátricas al 99% de los hechos, pero no puedo dárselo al 1% aunque los experimente. Hago test, promuevo y me invento otros nuevos para evaluar a las personas para un puesto de trabajo o para determinar sus aptitudes para una profesión y ahora entiendo que este juego de tarot puede asemejarse a esos test que yo hago. A fin de cuentas solo son imágenes preseleccionadas para ver la reacción de la gente. Ella me explicaba que cada imagen del tarot coincide con un valor psicológico. Y yo me exprimía el cerebro con ella preguntándole ¿qué valor psicológico puede tener el Ahorcado? y ella me respondía ¿Qué valor tiene el Test de Rohrshach o el Test de Szondi, que usas con los candidatos en tu papel de heathunter? Hasta cierto punto ella tenía razón y no quería dar mi brazo a torcer admitiendo como ciencia al tarot, ni degradando la psicología a esoterismo. He estudiado y defendido cientos de veces en mis tratados que todo nos entra por los sentidos y el cerebro interpreta, pero luego el subconsciente es el que asienta y nos encamina. (Referencia al libro del mismo autor Sompnus). Algo que vivimos con intensidad, mejor lo guardamos en la memoria. Recuerdo tantas veces que he dicho eso en mis clases de técnicas de memoria y concentración, que ahora veo que cuando ella echaba las cartas encima de la mesa, mi concentración estaba en sus manos, más que en los detalles. ¿Cuáles eran esos detalles? Son infinidad que buscan actos reflejos del subconsciente, para ver nuestra reacción ante cada símbolo. Me explico mejor. Nuestro subconsciente mantiene informaciones que el consciente desconoce, pero que reacciona ante un estímulo. ¿Por qué tras un accidente con conmoción cerebral, el paciente habla en otro idioma que no sabía que hablaba, o dibuja sin saber que podía, y tras la recuperación esto desaparece? Reconozco que dejando a un lado el tema religioso, hay personas con un manejo de su mente superior al de los demás y que son capaces de realizar cosas de ciencia ficción, mientras hay más que dicen hacer lo mismo, pero sin poder y solo para sacar beneficio de esa ilusión.

¿Puede el tarot adivinar el futuro? ¿Está escrito en él el destino? Le pregunté a ella. Tu mismo has estudiado los sueños y determinaste que lo espiritual podría estar ligado al espíritu, o al tiempo y espacio. También determinaste que los arquetipos y el lenguaje onírico se establecían en forma de símbolos y el subconsciente los manejaba para mandar información al consciente. Luego ese subconsciente maneja el pasado, presente y futuro. ¡Ufff¡ Tras el claro ataque directo que acaba de recibir, le dije. Entonces, ¿me planteas que es el subconsciente el que coloca las cartas? ¡Claro¡ ¿por fin comprendes¡ Me contestó. Es el poder de tu concentración el que escoge el instante y el inconsciente o subconsciente, como tu llamas, el que las ubica por orden. Menos mal que estoy contigo y no con un charlatán de feria. Le contesté intentando ganar tiempo para defenderme de los ataques o para digerirlos. Entonces, continué diciendo, el futuro seguirá dependiendo de nosotros. Es decir, que si estudio aprobaré el tarot, o que si consigo ganar tu corazón, sabré lo que es despertarme a tu lado toda esta semana. Le contesté devolviendo los ataques y de paso... Hubo un silencio mientras nos mirábamos y sin hablar entendimos que esa noche y las cinco siguientes esteraríamos juntos. Luego me eché a reír. Ella sonreía sin seguirme. De modo que si un chico entra y te pregunta si tendrá novia, mejor sería que antes se mirara en el espejo ¿no? Recibí el impacto de un cojín en mi cabeza. Consultar cuando nos acucia un problema del que desconocemos las causas, es lo que podemos resolver como tú haces cuando alguien te pide consejo y previamente le estudias. Me continuó diciendo. Esa será la auténtica psicoterapia de pasado, presente y futuro. Le contesté rotundo. De modo que puedes hacer mucho daño y puedes hacer mucho bien, todo depende de los escrúpulos que tengas ¿no? Ella permanecía en silencio, dejando que el tirante de su hombro se deslizara de su posición. Me miraba y resolvió señalando a las cartas diciendo que en ellas tenía el espejo al que hacía referencia anteriormente. Que allí estaban los fracasos y los éxitos, las aspiraciones y desventuras del mismo modo que los científicos hacemos y los religiosos corroboran. El problema que hemos tenido los tarotistas es la corrupción interna que nosotros mismos hemos provocado. Si haces tus propias cartas de tarot, tendrás mejores medios y más personales de interpretación y meditación. Continuó explicándome mientras rellenaba mi taza de café. ¿Sabes que las cartas más eficaces son las que hacen referencia a Épher, Yetziráh, Ets, Jaím y lógicamente al alfabeto hebreo? Me preguntó a bocajarro. Solté la taza antes de atragantarme. ¿Por qué? Le pregunté con miedo de que la cábala estuviera implicada. Hay una correlación directa entre cada arcano y cada letra hebrea. Entre los senderos y el árbol de la vida. Soy consciente de que la década tiene un amplio simbolismo en el ocultismo. Lo que no sabía era la relación con las diez esferas del Árbol de la Vida, (con su sentido cada una), y mucho menos con los versos áureos de Pitágoras y el sentido que le da a cada número. Dicho de otra manera, me hablaba de una especie de jeroglífico descendente de la emanación divina. Cogió un lápiz y anotó la lista al lado de cada, en una improvisación de la cábala: *"N° 1 — Keter (Corona) (Neptuno) = Raíz, principio, la primera manifestación. N° 2 — Jojmah (Sabiduría) (Urano) = Primera forma. N° 3 — Binah (Entendimientos) (Saturno) = Madre, manifestación. N° 4 - Jesed o Guedulah (Misericordia) (Júpiter) = Extensión armónica. N° 5 — Gueburah (Severidad) (Marte) Movimiento, violencia. N° 6 — Tifareth (Belleza) (Sol) = Armonía, sacrificio. N° 7 — Netsaj (Victoria) (Venus) = Amor espiritual. N° 8 — Jod (Gloria) (Mercurio) = Esplendor, intelectualidad. N° 9 — Yessod (Fundamento) (Luna) – Inconsciente, Subconsciente. N° 10 — Malkuth (El Reino) (Tierra) Los Elementos, término energético, meta, final"*. Mira cariño. Me dijo abrazándome por detrás y susurrándome al oído, mientras su melena nos tapaba a ambos. No me veas como una bruja que va en contra de tu religión, del mismo modo que yo no te veo como alguien hostil hacia mí. Ambos pretendemos ponernos al servicio de los demás. Ambos pretendemos cada día ser mejores y encontrar la verdad. Yo con mis cartas. Tú con tu dualidad de científico y religioso. ¡Qué más da? Y diciendo esto, me alzó de la mano y llevándome a la otra habitación recordamos cómo nos conocimos en el pasado.

Amaneció al día siguiente. Llovía. Preparé el café y sendos zumos de naranja. Ella se despertó. Miré hacia donde estaba y vi su pierna desnuda sobresalir de entre las sábanas. Me sonrió. Le sonreí y acerqué las tazas, vasos y tostadas a donde ella estaba. Hacía tiempo que no recibía semejantes atenciones y estaba seguro de ser recompensado pronto. Culminamos desayuno y encuentros carnales antes de seguir con el tema. Comenzamos a colocar cartas. Primero en formas geométricas como cuadrado, pirámide, triángulo, rombo, cruz, estrella, etc. Me dijo que conmigo siempre aparecían más arcanos mayores que menores. ¿Qué significa eso? Le pregunté instintivamente.

Algo que ya deberías saber. Me constó. Que contigo, siempre el futuro es complicado. La lectura debe hacerse de derecha a izquierda. Continuó sin dejar de mirar las cartas. ¿Usas siempre el mismo método? Le pregunté. ¡No¡. Me contestó rotunda. Barajo siete veces y se corta con la mano derecha o izquierda en función de que el consultante sea hombre o mujer. A veces saco cartas en función de las letras del nombre de pila. O sumo las letras de dos nombres y barajo tantas veces hasta el número que ha salido de la suma. ¿Pues anda que no es complicadito¡ Le dije. Debes tener en cuenta que las cartas centrales corresponde al Yo, es decir, a la personalidad. Haz un planteamiento mental en el que en la parte superior estará la mente; abajo, las cualidades y los impedimentos; a la izquierda las posibilidades; y a la derecha lo acertado en la actuación. Siguió colocando mientras hablaba. Luego todo lo que lo rodea es el destino y sus circunstancias. ¡Vaya¡ Pegué un respingo en la mesa. ¡Por fin sale el destino¡ Respiré acelerado y prestando más atención que nunca. Ella prosiguió con su retahíla como si nada, aunque dibujó una sonrisa entre su melena. Dos cartas de oros en diagonal significan que entra en juego un valor de tiempo y su importancia se multiplica. El as de oros calcúlale cincuenta días, o un año, o cinco años. ¡Ufff¡ era mucho intervalo, pero estaba extasiado y la dejé seguir. Tres cartas de Oros en el extremo derecho dan idea del tiempo transcurrido. Las Copas de valores impares, hasta el siete, equivalen a semanas. Así siguió enumerando hasta el final. Aprendí varios métodos, tales como: El Método de Autoanálisis (sólo Arcanos Mayores). Bafomét y su Bruja (22 cartas más un representante). Los Doce Trabajos de Hércules (24 cartas). La Escala de Jacob (15 cartas). Los Siete Sellos del Apocalipsis (49 cartas). El Pentáculo (25 cartas). La Respuesta de la Esfinge (27 cartas más un representante). El Espejo (20 cartas). El Tarot Proyectivo (un test curioso) (22 cartas más un representante). El Sol Naciente (25 cartas). Oro, Incienso y Mirra (15 cartas).El Tridente de Poseidón (12 carias). El Sol y la Luna (25 cartas). Los Cuatro Elementos (12 cartas más un representante). No reproduzco la totalidad de los significados ya que se pueden encontrar en cualquier libro. Seguimos todo el día entre amoríos, descansos, paseos y diferentes maneras de leer las cartas. Antes de despedirnos de esa semana intensa en aprendizaje y amores, ella me enseñó que las cartas emiten un mensaje visual según la formación sobre la mesa, haciéndonos percibir el sentido oculto y proporcionando una respuesta para todo.

Al final no sé si tienen o no respuesta para todo. Si son del demonio, o son una ciencia. El caso es que no tienen el destino del hombre, ni del mundo en sus imágenes, pero si pueden aconsejar por la introspección y autoanálisis que suponen. Son como mirarse en un espejo y reflexionar sobre uno mismo. Solo que el espejo no miente, ni nos corrompe. Marco Tulio Cicerón describe muchas de estas técnicas adivinatorias y su evolución hasta la corrupción, en su obra "De Devinaciones". Con la vista desde el mirador de mi casa, veo que desde la corrupción del tarot, la cartomancia ha sufrido el mismo proceso autodestructivo y perdiendo la capacidad de orientación a las personas, para convertirse en una forma vulgarizada y a veces folklórica del tarot original, que practicaba mi amiga. ¿Realmente aporta algo el tarotista actual que no sea una retahíla aprendida de significados pseudoinventados? Personalmente he encontrado solo a mi amiga, el resto quiso aprovecharse de mi o corromperme de alguna manera. ¿Aciertan alguna vez? Para contestar pongo solo un ejemplo. Cada persona es complicadita de narices ¿verdad?. En cambio Kant, Jung y Freud dieron con la clave de las masas comportándose de manera simplista, con reacciones también iguales. Así cualquiera adivinaría el comportamiento en una manifestación política o en un campo de fútbol, o en un concierto. Eso es lo que como denominador común me he encontrado con estos echadores de cartas. Cada uno me daba hasta cinco respuestas posibles, luego era lógico que al menos dos de ellas se aproximasen al acierto. Según mi lenguaje corporal sabían por donde seguir. Recuerdo que uno me reprochó que no admitiese que había acertado conmigo y mientras le pagaba la consulta, me detuve en el pago como a la mitad del importe. Le miré. Sonreí y le dije que fuese a hacerse una revisión de hígado porque lo tenía dañado y degeneraría si no ponía remedio. Por eso. Continué. Yo también te voy a cobrar la mitad de lo que tú me has pedido. Metí el resto del dinero en el bolsillo y sonriendo, ambos nos dimos la mano.

El ajedrez (al sitrany), es otro juego que dicen puede servir como meditación transcendental y adivinación. En la antigüedad se atribuyó su creación a Palamedes, Rey de Eubea, de la Guerra de Troya. Otros le asignan la paternidad a Sisa, hijo de Dahir, en Persia. El caso es que los buenos jugadores son habitualmente los más inteligentes de la clase ¿por algo será, no? Otros que dicen servir para lo mismo son el Shaturanga indio, similar al ajedréz, dividido en cuatro series (Elefantes, Carros, Caballos e soldados). El Gunjifo, hindú, con 96 cartones, divididos en ocho suits de doce cartas cada una. Admito que estuve unos años de mi vida enredando con iniciaciones herméticas personales para meditación, en los que conviví con personas que eran realmente sorprendentes. Clarividencia, telequinesia, telepatía, proyección del cuerpo astral, ubicuidad y bilocación o viajes astrales eran los más habituales. Posteriormente abrí la puerta del lado oscuro, donde las ouijas, los tarots, magias rituales cábalas, estados áureos, se mezclaban con consejos psicológicos, estudios del comportamiento y análisis del lenguaje corporal. Reconozco que el ser consciente de que estaba allí para analizar los por qués de este mundo y el del Más Allá, unido a mi férrea voluntad y fé en Dios, me hicieron participar solo como un turista, pero lo que vi y viví podrían hacer temblar al más duro. Saqué en conclusión que es fundamental desarrollar el poder visionario unido al sexto sentido (el sentido común) y creer que si aquello era oscuro, (y existía), por algún lado debería haber lo contrario y también debería analizarlo. Hay que ser consciente que cada uno reacciona de un modo distinto de los demás y antes de meterte como yo hasta el hombro, dejar fuera problemas personales, debilidades y hacer una fortaleza de cuerpo y espíritu, si no quieres exponerte a peligros innecesarios. Me relajo un rato en el mirador del cigarral con un café y distraigo mi mente reflexionando en lo que decía Robert Louis Stevenson en "El Dr. Jeckyll y Mr. Hyde": *"Si cada uno, me decía, pudiera alojarse en una identidad distinta, la vida quedaría despojada de lo que ahora me resultaba inaguantable. El ruin podía seguir su camino libre de las aspiraciones y remordimientos de su hermano más estricto. El justo, por su parte, podría avanzar fuerte y seguro por el camino de la perfección complaciéndose en las buenas obras y sin estar expuesto a las desgracias que podía propiciarle ese pérfido desconocido que llevaba dentro. Era una maldición para la humanidad que esas dos ramas opuestas estuvieran unidas así para siempre en las entrañas agonizantes de la conciencia, que esos dos gemelos enemigos lucharán sin descanso. ¿Cómo, pues, podían disociarse? Hasta aquí había llegado en mis reflexiones, cuando un rayo de luz que partía de la mesa del laboratorio empezó a iluminar débilmente el horizonte. De pronto comencé a percibir con mayor claridad de la que nunca se haya imaginado la inmaterialidad temblorosa, la efímera inconsistencia de este cuerpo que es nuestra vestidura carnal, de este cuerpo en apariencia tan sólido. Hallé que ciertos agentes tenían la capacidad de alterar y arrancar esta vestidura del mismo modo que el viento agita los cortinajes de unos ventanales. No quiero adentrarme en el aspecto científico de mi confesión por dos razones. La primera, porque he aprendido que cada hombre carga con su destino a lo largo de toda su vida y que cuando trata de sacudírselo de los hombros le vuelve a caer con un peso aún mayor y más extraño. Segundo, porque, como dejará bien a las claras mi relato, mis descubrimientos han sido, por desgracia, incompletos. Bastará con que diga que no sólo aprendí a distinguir mi cuerpo material de la emanación de ciertos poderes que componen mi espíritu, sino que llegué a fabricarme una pócima por medio de la cual logré despojar a esos poderes de su supremacía y sustituir mi aspecto por una segunda forma y apariencia no menos natural para mí, puesto que constituía expresión de los elementos más bajos de mi espíritu y llevaba su sello".*

Cariño:

El confucianismo, o confucionismo, es traducido como "escuela de los letrados" sin que tenga nada que ver con los abogados. Es la doctrina moral y peseudoreligiosa de Confucio. Su importancia es que fue la religión oficial de China hasta el siglo VII. Pero la importancia para mí en este estudio, se entiende cuando vemos los libros de que se compone. Al principio existían seis libros: El *Yüeh Ching* (Libro de la música). El *I Ching* (Libro de las mutaciones). El *Shih Ching* (Libro de las odas). El *Shu Ching* (Libro de la historia). El *Li Chi* (Libro de los ritos). Y el *Ch'un-Ch'iu* (Anales de primavera y otoño). Sobre el año 213 a. C, desaparece el primero, quedándose en cinco libros y posteriormente en cuatro. Como todo este mundo oriental, el confucionismo ve también al cosmos como algo armónico que regula todo lo que afecta al hombre. Y naturalmente, cualquier alteración es pagada con catástrofes y penas. La meditación y las buenas costumbres le llevan al hombre a desarrollar su *Li*. Es decir, los ritos, las ceremonias, la rectitud y las buenas formas interiorizadas. El *Li* sirve para desarrollar el *Ren* que traducido literalmente, viene a ser algo así como "buenos sentimientos hacia los demás". La mejora del *Ren* implica la mejora de las virtudes *Zhong* o lealtad y *Shu* o compasión. Que en el cristianismo vendrían a ser la *fé* y el *perdón*. Y por fin, una vez mejorados estos estadios se practican los buenos principios (Yi). El hombre que practica las anteriores virtudes es un *Junzi*. Lo curioso, es que hay que meditar profundamente para llegar a comprenderlo bien que *Yi* se opone a *Li*. Como vemos, cualquier religión, secta, creencia, estudio o lo que queramos ver, tiene escalones que subir hasta mejorar. ¡Vale¡ y ¿Qué hay del destino? Pregunta tajante uno de los colaboradores. Veo que no has escuchado nada, le contesto. ¿Por qué? Insiste extrañado. Vuelve a leer los libros del confucionismo que he enumerado anteriormente y entenderá la conexión con todo lo que estamos tratando. No obstante te adelanto que Confucio entendía al hombre como un ser social que ocupa su puesto en una jerarquía social y moral. Imaginemos la China de Confucio y lo entenderemos mejor. La familia era el primer escalón de jerarquía dentro de jerarquías superiores, que vendrían a ser las ideas de pueblo, nación y universo. Esa jerarquía afecta a todo, no solo a la obediencia, sino al amor en sus dos sentidos: el amor por los padres o piedad filial (*Xiao*), el amor de los padres por sus hijos (*Ci*). Para llegar a la perfección, que es parte del objetivo de este estudio, los confucionistas alcanzan ese máximo o *Zhi shan* formándose y meditando. ¿Qué estudiaban? Podéis preguntar. El conocimiento era el del interior de cada uno. Dicho de otra manera, todo gira a la mejora de cada uno desde dentro. Soy consciente de anticiparme, pero creo que es bueno precisar lo siguiente para entender el I Ching. Para Confucio, los hombres deben mejorar. Para mejorar deben rectificar y dice: *"las palabras tienen significados precisos y, por eso, si se denomina a una cosa con un significante que no le corresponde, se comete un error."* Recordemos esto para cuando veamos las respuestas del I Ching. Confucio os preguntaría ¿Qué mueve tu pensamiento? Ante el temor de equivocaros, posiblemente nadie respondería. Entonces, él os diría que tu pensamiento te condiciona y ¿Cómo lo hace? Pues ante una circunstancia podrías tomar dos decisiones: la primera que te importe más *"lo que es"*, o bien, que *"lo que es"* te importa un pito. Así tu karma actúa y tú formas tu destino. ¿Por qué es tan importante saber "lo que es"? Pregunta un contertulio. Porque la causa de la bondad, de la maldad, de la fortuna y de la desgracia radican en *"lo que es"*. Te lo planteo de otra manera, le digo al tertuliano. ¿Qué uso práctico tiene *"lo que es"* en aplicación, por ejemplo *a* la razón, en cualquier país? Solo tienes que ver a los políticos, asociaciones afines y a sus seguidores. Todo es subvención sin un fin más allá del materialismo personal de esos grupos, sin que nadie se pregunte siquiera ¿qué tipo de influencia tiene cierta cosa en nosotros? Es decir, se obtienen parches momentáneos sin que nadie haga buenas preguntas que conllevan crisis, sufrimientos futuros y que hacen a la gente víctimas de oscurantismos, supercherías y sectarios de todo tipo y condición.

Carl Gustav Jung fue el que más se adentró en el I Ching y prácticamente dedicó toda su vida. Luego es de más confianza para mi seguirle y ver qué conclusiones sacó de este estudio, que andar de tenderete en tenderte buscando verdades a medias y dejándome los cuartos en adivinanzas ambiguas. Reconozco que mis andanzas por el mundo Oriental me han llevado a varias trastiendas en las que me iniciaron en este sistema de adivinanza. Bueno, más que de adivinanza de futuro es como si un chino viejo y sabio te aconsejase. Y además haciéndolo al estilo ambiguo y misterioso para que cada uno piense y extraiga sus propias conclusiones. Este sabio chino indica sobre todo los reveses fundamentales, las «mutaciones», como dicen los orientales, frente a las que el destino nos empuja burlón y, lo que es muy importante, nos aconseja las actitudes más acertadas o el comportamiento que hay que seguir en las circunstancias difíciles de la vida. Cuando viajo a China y sale el tema del I Ching, a todos se les transforma la cara en respeto y admiración pues es casi sagrado para ellos. Estos ocho trigramas que componen las claves de lectura del oráculo se remontan a los ancestros más profundos del pueblo chino. Dicen que cuando calentaban las parrillas para hacer la comida el fuego penetraba a través de ellas y formaba figuras. Esa era la primera lectura. Después la parrilla dejaba marcas en la carne o el pescado y esa era la segunda lectura. A partir de ahí ajustaban una mezcla entre los componentes de la familia y los elementos. De esta manera sacaban las siguientes agrupaciones primigenias: Ch'ien Cielo - (activo) padre. K'un Tierra - (pasiva) madre. Tui Lago - (feliz) hija menor. Li Fuego - (envolvente) segunda hija. Chén Trueno - (excitante) hijo mayor. Sun Viento - (amable) hija mayor. K'an Agua - (peligro) segundo hijo. Kén Monte - (inmóvil) hijo menor. ¿Cuáles eran esas marcas de la parrilla? Había de dos tipos, (las líneas) Las líneas enteras, llamadas Yang, que corresponden a lo masculino e impar y las líneas partidas, llamadas Yin, que son las correspondientes a lo femenino y pares. Todos entendemos que la filosofía china se basa en una sola unidad compuesta por el Ying y el Yang. Cuenta Yacinto Yaría en su libro "el arte de predecir el futuro" que el origen del I Ching es el siguiente: *"Hacia finales de la dinastía Shang, el impuro emperador Chou Hsin hizo encarcelar a Wén el iluminado, señor de la provincia de Chou. Corría el año 1143 a. J.C. Se cuenta que durante su estancia en la prisión Wén se dedicó al estudio de los trigramas y a su elaboración, llegando a reunirlos emparejados en los 64 exagramas y sentando sus significados básicos. Sólo después de la caída de la dinastía Shang, Tan, hijo de Wén (fundador de la dinastía Chou), descubrió los estudios de su padre y los elaboró posteriormente, dando a cada una de las líneas de los 64 exagramas un significado preciso. Durante los siglos venideros el I Ching fue comentado y enriquecido por los estudios de insignes personajes, entre los que se cuenta quizás Confucio. Y gracias a su reputación ha llegado intacto hasta nosotros pese a las guerras, saqueos e incendios de bibliotecas enteras. En Occidente se conoció por vez primera en 1882 gracias a la traducción parcial del inglés James Legge. La primera edición íntegra se remonta a 1923, realizada en alemán, traducida por Richard Wilhelm y enriquecida por la presentación de Jung. Según la tradición, los métodos para obtener los exagramas son tres: con 50 tallos de aquilea milenrama, con 6 tablillas y con 3 moneditas".* El primer método es el que yo conocía de mis viajes y admito que es complicado de manejar y más de entender. El segundo de las monedas lo he visto en occidente, quizás porque somos menos transcendentales y pacientes que los chinos. Una cosa que si advierto al curioso que se adentre en estos temas, es que si quiere mantenga su incredulidad, pero bajo ningún concepto moleste o sea impertinente pues reconozco que el I Ching, una vez comenzado, es como si tomara vida propia y realmente hubiera un sabio y viejo chino en alguna parte que se puede enfadar con nosotros y darnos un buen bastonazo dialéctico. No sé cómo ocurre, pero ocurre. Otro consejo, a la hora de formalizar las preguntas, recordad que las contestaciones, aparentemente serán ambiguas y sin relación a la pregunta, porque se basa sobre el principio de las mutaciones. Recordemos que el taoísmo se basa en la naturaleza y sus ciclos y los taoístas aman el vacío, el hueco, el silencio, la nada que crea todo lo que es. No se puede preguntar ¿Ganaré mucho dinero mañana? Sino que deberemos preguntar ¿Cómo se verá afectada mi economía mañana? Tampoco preguntemos ¿Debo salir con tal chica o con tal otra? Sino que habría que preguntar ¿Es aconsejable salir con tal chica? O bien ¿Cómo afectará mi futuro con tal chica? En el caso de que la respuesta no la entendamos podemos volver a formularla solamente una vez más (¡ojo, solo una más¡) y no insistir hasta pasados tres días. ¡Si¡ ya sé que cualquiera de los tertulianos que hoy están de vacaciones y por eso no les nombro, me dirían que ya estamos con las triadas, trilogías y trinidades. Y tienen razón. El I Ching son trilogías. Todos conocemos la manía del incienso en todos los santuarios y esto no iba a ser menos. Deberemos encender el incienso, mantener las monedas en la mano para que el subconsciente interactúe con ellas, concentrarnos en la pregunta e ir echando las tiradas, mientras anotamos los valores. ¿Qué valores? Pues daremos al anverso (cara) el valor 2 y a la reverso (cruz) el valor 3. Las tres monedas darán una suma correspondiente a 6, 7, 8 ó 9 y repetimos la tirada seis veces. ¿Cómo vamos dibujando las líneas? Debemos saber que el 6 es una línea vieja Yin (móvil y partida) , el 7 es una línea joven Yang (fija y entera), el 8 es una línea joven Yin (fija y partida) y el 9 una línea vieja Yang (móvil y entera). Vamos dibujando de abajo hacia arriba, de tal modo que la segunda tirada estará encima de la primera, la tercera encima de la segunda y eso formará el primer trozo del exagrama. Encima seguirá la cuarta tirada, la quinta y la sexta encima de la quinta. Eso dará la segunda parte del exagrama. Es decir, que cada parte del exagrama lo dividiremos en dos triagramas (superior e inferior). Consultaremos las tablas y nos darán dos números. Esos números corresponden a las respuestas.

Alguien me dirá que hay dos respuestas y es cierto. La primera corresponderá a los sucesos del momento y la segunda respuesta, por tanto, indicará la evolución de la situación. La trascripción de todos los hexagramas me ocuparía todo el espacio de este libro de modo que recurro a un resumen y así hacerse una idea esquemática de lo que hablamos (Fuente: El arte de la estrategia). Respuestas I Ching: *1: sea audaz, pero no implacable, y todo terminará felizmente y bien. 2: se necesita un esfuerzo intenso, sin relajación. 3: si tiene prisa, vaya despacio; solicite la ayuda de otros. 4: decídase; ha llegado el momento de tomar decisiones. Aprenda de la experiencia. 5: su éxito quedará asegurado con una combinación de decisión, persistencia y sinceridad. 6: sea cauto; no corra riesgos, y no confíe en la suerte. Sus planes pueden conducir a un conflicto. Comuníquese mejor 7: una acción bien considerada y meditada producirá éxito. 8: debe tratar de dar tanto como toma; elabore otro hexagrama. 9: sea feliz con pequeños éxitos. Sea responsable con los deseos de otras personas. 10: un problema puede superarse con iniciativa y tenacidad.11: buena fortuna en esta cuestión. 12: las cosas no son lo que parecen; no corra riesgos ni siga el consejo de otros. 13: las cosas terminarán bien si considera los intereses de otros; no aplace decisiones. 14: busque la ayuda de otros. Prepárese para lo inesperado! La vida es flexible y mutante 15: conserve la calma, haga lo que le parezca correcto y todo terminará satisfactoriamente. 16: evite las incomprensiones explicando su punto de vista. Busque ayuda. 17: conténgase o las cosas no saldrán como desea 18: la situación es confusa; trate de desenredarla con paciencia. No sea perezoso. 19: una situación mezclada, con fuerzas buenas y malas agitándose;*

corte de raíz estas últimas. **20:** *evite la prisa excesiva; considere cuidadosamente cada factor implicado.* **21:** *emprenda una acción positiva y contundente, y empuje enérgicamente hacia adelante.* **22:** *aténgase a las reglas; no haga nada que pueda despertar objeciones en los demás.* **23:** *retroceda y permanezca sereno. No haga nada. Momento para la paciencia y la prudencia.* **24:** *experimente con lo nuevo; evite a toda costa aferrarse a lo viejo.* **25:** *actúe de acuerdo con sus deseos más íntimos. Actúe con espontaneidad.* **26:** *¡Trabaje! ¡Juegue! Sea muy extrovertido. Un momento para gran energía.* **27:** *Lleve cuidado! Concéntrese en lo importante, no en trivialidades. No desanime a otros.* **28:** *momento para el esfuerzo sostenido y planificado.* **29:** *no se comprometa; aténgase a sus principios y las cosas saldrán bien.* **30:** *póngase de acuerdo con la realidad: no puede tenerlo todo.* **31:** *la buena fortuna está con usted, pero evite ser complaciente. No pierda la corriente!* **32:** *tiempo para aceptar los golpes de la fortuna. Sea humilde, como eljunco que se inclina al viento.* **33:** *es mejor una ordenada retirada e inactividad.* **34:** *la situación terminará bien para usted si hace lo que crea correcto.* **35:** *controlará la situación si usa su influencia para el bien.* **36:** *no se sienta deprimido; manténgase frío y tranquilo en medio del desorden.* **37:** *tiempo para la lealtad, y para cumplir sus obligaciones.* **38:** *compromiso y buena voluntad en sus actos* **39:** *evite las disputas, busque la ayuda de los amigos.* **40:** *tiempo para la audacia, olvidar el pasado y pensar en el futuro.* **41:** *sea prudente, use de su fortaleza interna.* **42:** *sea audaz; haga grandes cambios en su vida, pero tenga en cuenta los intereses de los demás.* **43:** *sea firme; muestre buena voluntad y no actúe sobre esa base.* **44:** *confíe en su propio juicio; tome sus propias decisiones y actúe sobre esa base.* **45:** *busque ayuda y consejo de otros.* **46:** *sea adaptable y esté preparado para*

109

*pensar y actuar con rapidez, y para aceptar consejos. **47:** una situación muy difícil; sea resistente. **48:** trate de comportarse como se esperaría de usted; utilice su fuerza interna. **49:** ante una situación que cambia con rapidez, debe estar preparado para cambiar con ella. **50:** la situación no es prometedora; conténgase y no emprenda ninguna acción. **51:** abundan las sorpresas, en general desagradables. Reflexione antes de actuar. **52:** necesita fortaleza interna; es necesario un auto-examen sereno. **53:** evite la precipitación; deje que las cosas se desarrollen a su propio ritmo. **54:** no corra riesgos; sea muy prudente, evite ofender. **55:** disfrute con lo que suceda. Relájese. **56:** nada es seguro en este momento; debe ser paciente. **57:** no haga ningún movimiento sin haber considerado antes las implicaciones. **58:** sea generoso, tenga en cuenta todas las ideas nuevas, y coopere con los demás.**59:** sea cuidadoso, actúe con desinterés. Asegúrese que sus motivaciones son honradas. **60:** se encuentra en una encrucijada importante; acepte cualquier fuerza que se ejerza sobre sus acciones. **61:** no pierda la calma; explique con todo detalle sus acciones. **62:** concéntrese en los pequeños problemas; no trate de resolver los grandes. **63:** prepárese para lo totalmente inesperado. Saldrá fortalecido. **64:** el éxito se deriva de la prudencia; se halla sobre una capa de hielo muy delgada.*

Me relajo de nuevo. Relleno la taza de café. Me levanto y paseo entre las plantas que decoran el mirador pensando en lo que Damián Ruiz dice: *"Como oráculo, el Libro, simplemente guía al consultante sobre cuál es el mejor camino a seguir en cada momento, en función del estado de conciencia en que se encuentre y del buen o mal momento temporal macro y microcósmico, augurándole ventura, desventura u otras aseveraciones. Pero el I Ching no adivina el futuro,*

110

básicamente porque este no está escrito, y porque se puede llegar a cambiar..." En realidad el I Ching no es más que una guía para reflexionar acerca de las consecuencias de nuestros actos. Es decir de la relación entre los opuestos y de «acción y reacción» según tomemos una decisión u otra en cada momento que consultamos. Otro punto de vista de qué es el I Ching, puede ser un código binario de pares y nones. Pero también un código áureo a la vez geométrico y aritmético. Lo que siempre más me ha llamado la atención de este invento es los 64 hexagramas. Recuerdo que por aquel entonces estudiaba genética y tenía que aprenderme los 64 codones o códigos del ADN. Si hay 64 codones en el ADN y hay 64 hexagramas en el I Ching... Intenté hacer una regla nemotécnica que me recordase ambos métodos. Así el ADN es una doble hélice y el I Ching una doble triada. El ADN está compuesto de cuatro nucleótidos agrupados de tres en tres y el I Ching de cuatro posibles sumas agrupadas de tres en tres. En el ADN cada codón se relaciona con un aminoácido y en el I Ching cada suma de la tirada se relaciona con un tipo de línea y sólo cuatro permutaciones básicas de ying y yang, y también se arreglan en grupos de tres. Entonces, cualquiera deducirá que si el ADN tiene escrito nuestro código genético... ¿Será el I Ching donde está escrito el destino? Al menos los egipcios y Napoleón usaban el "libro del destino" que es muy similar al I Ching. Para responder, solo me queda concluir con las palabras que decía Jung: *"El I Ching no ofrece pruebas ni resultados; no hace alarde de sí, ni es de fácil abordaje. Como si fuera una parte de la naturaleza, espera hasta que lo descubramos. Aquellos a quienes no agrade no tienen por qué usarlo, y quien a él se oponga no es obligado a considerarlo verdadero. Déjenlo tan sólo ir por el mundo en beneficio de otros"*

Despedida

Querido Maese: ¡Buenos días amor mío¡, lo primero que quiero hacer al despertarme es decírtelo dándote un beso. Sería maravilloso que estuvieras junto a mi cada mañana, pero como marinero, te debes a tú libertad. Recuerda que me has llamado "querida", dándote cuenta de los que decías. Recuerda que me necesitas o por lo menos me necesitaste cuando encontré como náufrago tú corazón en el tren de la playa. Recuerda que estuviste insoportable hasta que recobraste tú barco y aún así sigo aquí compartiendo contigo todas esas cosas. Recuerda que me has dicho que tu amor crece cada día más en tu interior y por ello sigo aquí. Recuerda que me has dicho que sin mí, no podrías volver a navegar y por eso sigo aquí. Recuerda que tú mismo me has dicho que busque en tu interior los trozos de tu corazón y que los recomponga, por eso sigo aquí. Recuerda que he llorado por ti. Recuerda que sentiste miedo al pensar que me podías perder, como el que yo por ti sentí ayer cuando botábamos de nuevo tú barco y por eso sigo aquí. Recuerda que me dijiste que era la base de tu futuro y con un nudo en el corazón te vi partir, por eso sigo aquí. Si sigo aquí es porque me has vuelto a llamar "querida". Recuerda que te he ayudado a recobrar la confianza y te he dado fuerzas para volver a amar, por eso sigo aquí. Si sigo aquí es porque me has abierto tu corazón. Quizás haya sido la única persona en el mundo, la única mujer que ha visto tus debilidades, y tus resurgimientos, por eso sigo aquí. Recuerda siempre que a pesar de todo te quiero, que me acostumbraste a despertarme sonriendo, mirándome en silencio y haciéndome sentir la mujer más feliz de la tierra y la más soñadora, por eso sigo aquí. Recuerda que has soñado poder preguntarme algo a lo que no te contesté, porque has soñado no separarnos jamás, porque has soñado enseñarme lo mucho que sabes. Porque ahora te toca a ti ayudarme, darme ánimos para soportar tu ausencia. Porque has soñado poder disfrutar cada día con la persona que más querías, por eso sigo aquí. Recuerda que eres mi felicidad. Recuerda que cueste lo que cueste, aunque sea mi vida, mi futuro y mi porvenir, por todo eso y mucho más estoy aquí. Recuerda que si quieres hacerme feliz, ya sabes lo que tienes que hacer. Ya sabes donde siempre a las siete de la tarde estaré. Recuerda que el temblor que empezó la primera noche que te vi continúa ahora. No puedo matar mi corazón sin matarme a mí misma. Una vez más te tiendo mis manos por si piensas volver a mi lado, por eso sigo aquí. Besos.

¡Vaya con el destino¡ ¿no? Me quedo reflexionando con lo que decía Ramón María del Valle-Inclán en "Tirano Banderas": "— ¡Mucho le intriga esa lectura! ¿Sueña usted con evadirse? — ¡Pues quién sabe! — ¡Ya estaría bueno podérsela jugar al Coronelito Pata de Palo! Cerró el libro con un suspiro el que leía: — No hay que pensarlo. Posiblemente, a usted y a mí nos fusilan esta tarde. Denegó con ardiente convicción Don Roque: — A usted, no sé... Pero yo estoy seguro de ver el triunfo de la Revolución. Acaso más tarde me cueste la vida. Acaso. Se cumple siempre el Destino. — Indudablemente. ¿Pero usted conoce su destino? —Mi fin no está en Santa Mónica. Tengo encima el medio siglo, aún no hice nada, he sido un soñador, y forzosamente debo regenerarme actuando en la vida del pueblo, y moriré después de haberle regenerado. Hablaba con esa luz fervorosa de los agonizantes, confortados por la fé de una vida futura, cuando reciben la Eucaristía. Su cabeza tostada de santo campesino erguíase sobre la almohada como en una resurrección, y todo el bulto de su figura exprimíase bajo el sabanil como bajo un sudario. El otro prisionero le miró con amistosa expresión de burla y duda: — ¡Quisiera tener su fé, Don Roque! Pero me temo que nos fusilen juntos en Foso- Palmitos. — Mi destino es *otro. Y usted déjese de cavilaciones lúgubres y siga soñando con evadirse. — Somos muy opuestos. Usted, pasivamente, espera que una fuerza desconocida le abra las rejas. Yo hago planes para fugarme y trabajo en ello sin echar de la imaginación el presentimiento de mi fin próximo. A lo más hondo esta idea me trabaja, y solamente por no capitular sigo al acecho de una ocasión que no espero. — El Destino se vence, si para combatirle sabemos reunir nuestras fuerzas espirituales. En nosotros existen fuerzas latentes, potencialidades que desconocemos. Para el estado de conciencia en que usted se halla, yo le recomendaría otra lectura más espiritual que esas Evasiones Célebres. Voy a procurarle El Sendero Teosófico: Le abrirá horizontes desconocidos. — Recién le platicaba que somos muy opuestos. Las complejidades de sus autores me dejan frío. Será que no tengo espíritu religioso. Eso debe ser. Para mí todo acaba en Foso- Palmitos. — Pues reconociéndose tan carente de espíritu religioso, usted será siempre un revolucionario muy mediocre. Hay que considerar la vida como una simiente sagrada que se nos da para que la hagamos fructificar en beneficio de todos los hombres. El revolucionario es un vidente".*

RELIGIONES Y CRENCIAS

"Mientras la muerte decida el destino, no hay nada que hacer." (Anónimo.)

Decía Platón en "Critón": *"De manera que, como digo, por temor a esto no vaciles en salvarte; y que tampoco sea para ti dificultad lo que dijiste en el tribunal, que si salías de Atenas, no sabrías cómo valerte. En muchas partes, adonde quiera que tú llegues, te acogerán con cariño. Si quieres ir a Tesalia, tengo allí huéspedes que te tendrán en gran estimación y que te ofrecerán seguridad, de manera que nadie te moleste en Tesalia. Además, Sócrates, tampoco me parece justo que intentes traicionarte a ti mismo, cuando te es posible salvarte. Te esfuerzas porque te suceda aquello por lo que trabajarían con afán y, de hecho, han trabajado tus enemigos deseando destruirte. Además, me parece a mí que traicionas también a tus hijos; cuando te es posible criarlos y educarlos, los abandonas y te vas, y, por tu parte, tendrán la suerte que el destino les depare, que será, como es probable, la habitual de los huérfanos durante la orfandad. Pues, o no se debe tener hijos, o hay que fatigarse para criarlos y educarlos. Me parece que tú eliges lo más cómodo. Se debe elegir lo que elegiría un hombre bueno y decidido, sobre todo cuanto se ha dicho durante toda la vida que se ocupa uno de la virtud. Así que yo siento vergüenza, por ti y por nosotros tus amigos, de que parezca que todo este asunto tuyo se ha producido por cierta cobardía nuestra: la instrucción del proceso para el tribunal, siendo posible evitar el proceso, el mismo desarrollo del juicio tal como sucedió, y finalmente esto, como desenlace ridículo del asunto, y que parezca que nosotros nos hemos quedado al margen de la cuestión por incapacidad y cobardía, así como que no te hemos salvado ni tú te has salvado a ti mismo, cuando era realizable y posible, por pequeña que fuera nuestra ayuda".*

Hola Cariño:

Hoy he madurado este comentario en mis circunvoluciones cerebrales y no he dudado en enviártelo a ver si nos aclara esto del destino. A veces entregamos nuestras vidas por alguien que no sabe siquiera qué es lo que quiere. Nos vaciamos con esa persona en cuerpo, alma y conocimientos. Dejamos el yo, para intentar formar un nosotros que la mayoría de las veces se queda en un tú. Pocas veces se valora, agradece o siquiera lo reconoce. Se transforma en hábito y costumbre. Da la impresión de amar por esclavitud y con locura. Se nos rompe el corazón mil veces y lo pegamos otras mil. El cielo es oscuro de noche y gris de día. Se pierden los colores y la música deja de sonar, pero seguimos intentándolo una y otra vez hasta que los dedos se rompen de tanto llamar. ¿Por qué nos utilizan y nos echan a un lado si amamos con el alma y damos lo mejor que podemos dar? No queremos ni un gracias, ni una recompensa, solo una sonrisa y de vez en cuando un beso. Nos sentimos usados para cuando se nos necesita. Entonces, si que nos dedican el tiempo suficiente para que curemos sus males, sus heridas, sus depresiones e incluso su economía. Piensa que un día no estaré a tu lado, ni tú al mío. Piensa que un gran amor no se consigue todos los días. Es muy difícil encontrar a alguien que te acepte tal cual eres, te dé libertad y confianza. Todos los que te rodean te aconsejan en contra porque no tienen la suerte que nosotros tenemos. Ellos son egoístas y tú haces por ellos lo mismo que yo hago por ti, pero no lo haces tú por mí. Pienso y recuerdo lo que hemos vivido, lo que compartimos para que la herida sea ignorada, porque no se cierra nunca. Estoy más que seguro que muchas veces te has preguntado igual que yo ¿hasta cuándo? Me enamoré de una mujer maravillosa que eres tú. Dulce, atenta, compañera y complemento, del mismo modo que

116

yo intenté corresponder. Éramos un nosotros. Al principio me costó creérmelo como siempre. Sabes que los principios muchas veces me impulsaban a terminar esta relación. Tú insistías y aguantabas hasta que me rendí a la evidencia. Entonces las tornas cambiaron, eras tú la que te alejabas y sin darme cuenta, el tiempo fue pasando. Intenté formar parte de tu familia y nunca era aceptado. No sé en qué momento acepté esta situación, porque si te pones a pensar, ésta incluye no poder salir juntos a ningún lugar público, a no estar juntos en mi cumpleaños ni en el tuyo, a no celebrar los aniversarios, ni tener a nadie conmigo cuando a veces sólo quieres que te abracen. Dejaba pasar oportunidades de relaciones por amarte a ti, hasta el punto que olvide amarme a mí mismo. Cariño, hoy cuando me he levantado, me preguntado otra vez como cada mañana desde hace diez años ¿Hasta cuándo? ¿Cuánto tiempo más permitiré que me hagas creer que soy importante y cuando voy a acercarme de nuevo, me dices que te duele verme o que a mi lado no puedes pasear, estar y menos vivir, pero que me quieres. ¿Estoy loco? ¿Te ríes de mí? ¿Juegas conmigo?. Como tonto enamorado, espero las migajas de un whatsapp, de un sms, o de un mail. Recibo lo que sea y doy todo por hacerte feliz, sin conseguirlo. Si salgo con alguien te entran los celos y cuando la dejo y voy a buscarte me rechazas alegando que soy yo quien no te quiere. ¿Hasta cuándo voy a amarte si no me amas? ¿Hasta cuándo voy a entregarme totalmente sin recibir ninguna atención? ¿Hasta cuándo voy a aceptar andar oculto como si amarte fuera un delito? No es el destino, ni Dios el que decide cada día seguir esperándote, ni seguir enamorado de ti anhelando, un futuro juntos como tuvimos en el pasado. Soy yo y mi libre albedrío el que decide. Sé que te quiero y por eso mismo acepto tus decisiones también libres. Tú decides juntos, tú decides separados y yo acepto, son decisiones personales, que ni Dios, ni el destino manejan. Cariño, te diré que esto no es fácil, pero ¿Hay algo que lo sea?

Cuando empezamos a profundizar en las diferentes religiones y creencias, vemos muchas coincidencias y al mismo tiempo, infinidad de digresiones. Es algo que nunca he entendido del todo y espero aclarar esta vez. Tampoco se ponen de acuerdo en el tema que nos ocupa del destino, si está o no escrito, pero en lo que todos coinciden a su modo, es que ese ser superior que cada uno denomina de una manera, ayuda en el camino, pone pruebas y al final quiere que todos estén con él para adorarle durante la eternidad. ¿Qué es el Karma? Por alguno he de comenzar, digo yo. ¿Qué es el Karma? Repito para mí mismo, porque tampoco hoy vinieron los contertulios, pues según parece son fiestas. Para responder a la pregunta, debo quitar la desviación manipulada que la palabra Karma ha sufrido, haciéndola sinónima de destino. Tener un buen o mal karma, parece que algunos lo han identificado con el hecho de tener buena o mala suerte, o buen o mal destino. Karma significa literalmente acción, causa y efecto. ¿Cómo funciona? Pensemos que el cerebro fuese una placa de plastilina en la que cualquier actividad, positiva o negativa, deja allí sus improntas (impresiones). Es decir, la mente nos hace vivir lo experimentado de manera personalizada a cada uno. Desde otra perspectiva podríamos verlo como un campo de cultivo en el que nuestros pensamientos, palabras y acciones siembran las semillas, las cuales germinarán proporcionándonos un futuro. De lo que se deduce de entrada que los karmistas, creen que el destino es modificable y está en nosotros cambiarlo con nuestras decisiones diarias. En resumen, yo diría que karma es sinónimo de libertad, más que de suerte o destino. A través de la meditación budista, podemos vencer el proceso completo de causa y efecto. Esta es la parte fundamental de esta creencia, la meditación. Eso quiere decir que si no usamos el cerebro, ni potenciamos nuestra mente, ni reflexionamos, ni meditamos, no tendremos el control de nosotros mismos y seremos la víctima de nuestras propias acciones. El karma está en contraposición con las doctrinas abrahámicas, tales como el judaísmo, el cristianismo y el islamismo. Hecha esta introducción de mis propias conclusiones, avancemos en el estudio de las religiones khármicas, tales como el budismo, el hinduismo, el yainismo, el ayyavazhi y el ocultismo. Para ellas, el karma es una energía que va creciendo hasta la perfección, dependiendo de lo que hagamos. Por eso se necesitan varias vidas. ¿Cuáles son los matices diferenciadores? En el hinduismo hay un dios controlador, mientras que en el budismo y el yainismo quien rige es la naturaleza. En el hinduismo, lo que hacemos se ve como experiencia, mientras en las otras la experiencia va por dentro. Un denominador común sería que todo depende de los actos, de las palabras y de los pensamientos. Si se cumple bien, se libera de ese estado de karma y por tanto de lo que denominan *cuatro sufrimientos* (Nacimiento, enfermedad, vejez y muerte). El hinduismo mantiene la creencia del alma como los cristianos, mientras que los budistas creen en la pureza y en la sabiduría. Creen en varias vidas terrenales, y solo cuando el recuerdo de todas esas vidas no haga daño al propio ser humano, entonces será cuando esté en disposición de evolucionar. Alguien podría decirme que los cristianos creen en algo similar, con la resurrección de los muertos y la vida eterna, pero resurrección y reencarnación son cosas diferentes. El nirvana es el destino final, es el fin de la existencia condicionada por el karma, que se consigue al alcanzar un estado de paz y felicidad absoluta, pero en la misma vida, no entre todas. Para el hinduismo, tanto los premios, como los castigos pueden recibirse, o bien durante esta misma vida, o en los próximos nacimientos.

Pregunto de nuevo ¿Qué es el destino para estas creencias y religiones? Hay un proverbio que dice *"Una vez el destino ha sido determinado no puede ser cambiado"*. Aún no he encontrado razones que demuestren que no se pueda cambiar, de modo que seguiré profundizando en el budismo a ver qué me cuentan. A medida que iba entrevistándome con diferentes personas, monjes etc., notaba que cuanto más comprendían el *Karma*, y el poder que una causa conlleva (causa-efecto), más miedo les infunde. ¿Por eso imitan los orientales y no toman decisiones? Podría ser un planteamiento. Pero me interesa avanzar y no desviarme. La respuesta que solía recibir es que este *Karma* es el que permite que exista el destino de la humanidad. ¡Ufff¡ de modo que es el karma el que crea de alguna manera el destino y el destino es el que nos controla. La verdad es que hay divergencias con lo que me contaron al principio. Porque si alguien tiene un mal karma, nunca hará cosas buenas, tendrá infinitas vidas y nunca evolucionará. Y eso va en contra de los principios budistas. Otra respuesta que obtengo es la siguiente *"La naturaleza del agua cambia según quien la bebe. Si la bebe una serpiente se convertirá en veneno y si la bebe un ciervo, se convertirá en antídoto. Si le damos el agua a la serpiente y le pedimos que forme un antídoto, le será imposible"*. No estoy de acuerdo porque la serpiente no se envenena, es inmune a su veneno, luego ya crea un antídoto de alguna manera. Siguen planteándome diatribas, diciendo que la envidia es la que crea más karma, de tal manera que si tienes mucha envidia, tendrás mucho apego a lo material y por tanto no nacerás como ser humano y si como planta o animal. Tampoco estoy de acuerdo, porque se contradice con la teoría de que los monjes se reencarnan en cobras, perros y monos. Lo que me lleva a tener un mejunje mental de no comprender cómo una evolución a mejor es capaz de pasar de hombre a cobra sin pestañear. ¿No es un retroceso? ¡En fin¡ sigamos con las respuestas de las entrevistas y veamos qué hay. Alguien me lo explica diciendo que *"El Karma se forma a través de tu conducta. Si formas karma a través del apego o envidia es como si te atases con tus propias manos. No puedes moverte por ti mismo y quedas anclado en esta situación"*. La siguiente explicación es más coherente, ya que plantea que *las cosas que pasan*, (es decir "lo que es"), son el resultado de *las cosas que había*. Bueno esto ya tiene relación con el ejemplo que yo ponía al principio del campo de cultivo y las semillas. Este tertuliano, me sigue contestando por mail *"Por lo tanto la esencia del destino es la actividad que existe en la naturaleza básica cuando ha revivido. Esta actividad se forma con lo que te pasó y se convierte en el origen que influirá en todas las actividades de tu consciencia que te harán aceptar, juzgar o pensar algo"*. Entonces, le contesto, el karma produce consciencia que permanece en las cosas que había en la otra vida. La verdad es que como guía, consejo o explicación está muy bien porque si todos lo cumpliéramos, iríamos por el buen camino. Sam-Kang y O-Ryun dicen, *"los súbditos deben ser leales al rey, los hijos deben obedecer a sus padres, Debería haber confianza entre amigos"*. Y estoy de acuerdo con ellos, pero no encuentro, ni método, ni respuestas a mis preguntas, solo hay buenos consejos, que implican obediencia. Toda la gente con la que planteo la cuestión del destino, coinciden, sin importar creencias ni procedencias, en decir que: *"Me piden que consiga un resultado de algo que ni siquiera me plantean. No me dan el camino a seguir, sino que lo tengo que encontrar yo. Me ponen pruebas en medio y ciertas ayudas que yo debo superar y admitir, y solo me dejan llevar lo que yo soy, entonces, ¿Cuál es la pregunta? ¿Cómo acierto? ¿Como entonces puedo conseguir el resultado?"* La gente siempre ve las cosas a través de su pensamiento y trata de obtener resultados. La gente no trata de obtener resultados después de encontrar el problema, en vez de mirar hacia el cielo en busca de un milagro, o pensar que alguien vendrá y lo solucionará. Recuerdo en este momento la frase que decía: *"No basta con arrepentirse del mal que se ha causado, sino también del bien que se ha dejado de hacer"*. No vivimos aislados, sino que formamos parte de muchas comunidades que se agrupan en pueblos, naciones, civilizaciones y lo que queramos nombrar. De tal modo que el Karma aconseja ser bueno y seguir la frase con la que acabo de resumir esta parte de las entrevistas. El destino y la consciencia se forman con *lo que es*. ¡Vale¡ entonces, si lo que es, está deteriorado, es corrupto o defectuoso, ¿entonces crearemos sociedades y personas en esos estados?. Creo que lo mejor será compartir las experiencias que tuve con el Maestro Sheng Yen y basarme en la conferencia que dio por el aniversario de Buda en 1987, hablando del destino, según los budistas (Transcripción literal de la conferencia).

Maese: Antes de nada agradecerle el recibimiento. Maestro Sheng Yen, siendo nuestra intención tratar aquí de cosas pertenecientes al destino, lo primero que tenemos que hacer es averiguar exactamente de qué ciencia forma parte. ¿No le parece? Para ello comentaremos su opinión sobre la adivinación del futuro más concretamente, le pregunto ¿Qué es el destino?

Maestro Sheng Yen: Me gustaría decir unas palabras acerca de decir la buenaventura. En realidad, me he encontrado con algunos adivinos bastante talentosos. Por desgracia, nadie de ellos tenía especialmente buenas suertes. Cualquier persona que crea que su destino está predeterminado no tendrá una vida feliz. Pero si uno cree en el karma y comprende que su vida no está predeterminada, efectivamente puede tener una vida muy feliz.

Maese: Comprendo que hace un ataque soslayado al cristianismo unido al pensamiento habitual de las personas que creen en tener un fin o un destino en la vida. Ahora bien predeterminación se asemeja más a esta última acepción, ya que el cristiano defiende la predestinación.

Maestro Sheng Yen: Los budistas no creen en la predeterminación. El Buda no cree en el destino. Cree que todas las cosas, todos los fenómenos se originan en la mente. La cosa más importante es desarrollar la visión correcta de acuerdo con el Budadharma, vivir correctamente y practicar diligentemente. Por la visión correcta, medio de vida correcto, y práctica correcta podemos progresar espiritualmente. La creencia en el destino te hace dar vueltas y vueltas en círculos, pero en el Budadharma con cada día nuevo existe un nuevo comienzo.

Maese: Es decir, que nos solo hay varias reencarnaciones, sino que cada día se nace. ¿No?

Maestro Sheng Yen: Hoy es el cumpleaños de Buda y es el comienzo de una vida nueva. Como budistas, nosotros creemos que no estamos controlados por el destino; creemos que nuestro futuro depende de lo que estamos haciendo ahora. Si actuamos adecuadamente, podemos cambiar nuestro propio destino.

Maese: Entonces ¿admite que hay un destino, pero se puede modificar?

Maestro Sheng Yen: Hace muchos años me encontré con alguien que intentaba predecir mi futuro a través de la fecha y hora de mi nacimiento. Él predijo que yo tendría dos esposas y tres hijos. Bueno, todavía no he tenido ni una esposa, tampoco lo espero en el resto de mi vida.

Maese: No deja de ser un buen ataque a los astrólogos. ¿Hay algún método para adivinar el futuro?

Maestro Sheng Yen: Una vez, un maestro viejo en Taiwan oyó que había un hombre ciego que podía decir la buenaventura a través de tocar los huesos de la gente. Sus manos iban pasando a lo largo de la columna, brazos y piernas del sujeto y luego hacía una predicción. Por lo tanto, el maestro viejo decidió probarlo. El adivino ciego le dijo que tendría una vida maravillosa: muchas esposas, concubinas e hijos. El maestro viejo le pagó al adivino, y salió. Después, hizo un comentario. "Es un hombre ciego que habla con palabras ciegas."

Maese: Luego los budistas, ni creen en la astrología, ni en los adivinos. ¿En qué creen ustedes?

Maestro Sheng Yen: Puedo creer en la astrología, pero yo tengo una creencia mucho más fuerte en el Karma. Si aceptas el Karma, entonces tu destino no manifestará de una manera predecible. Pero si no vives según el Karma, entonces se puede predecir tu futuro de un modo bastante exacto. Tu destino estará fijo. Si practicas y prestas atención al Karma, tu vida no va a ser dictada por el destino.

Maese: Habla del destino como un ente o ser superior manipulador, o como algo controlable, pero que puede tomar vida en algún momento.

Maestro Sheng Yen: En la astrología se comprende que el preciso momento en que naciste determina lo que te va a pasar a ti a lo largo de tu vida. Por consiguiente, los astrólogos orientales han utilizado cuatro condiciones para interpretar el destino de cada uno: el año, mes, día y hora de nacimiento. Así es cómo los astrólogos se ganan la vida. Los demás adivinos podrían usar los rasgos faciales, palmas, forma de cuerpo, huesos, y voz para descubrir tu destino.

Maese: Sin embargo, recuerdo que los padres de Buda, recurrieron a los astrólogos conforme a las costumbres de entonces. Quiere decirse ¿que antes de Buda, no existía el karma y el destino estaba en las estrellas?

Maestro Sheng Yen: Cuando nació el Shakyamuni Buda, sus padres convocaron a los más famosos astrólogos en el mundo. A ellos se les consideraba casi como deidades. Dijeron que el niño pequeño era muy especial, y que cuando se hiciera mayor, él podría convertirse en el rey del mundo, o hacerse monje y alcanzar la Suprema Iluminación.

Maese: ¡Vaya¡ usted mismo lo ratifica. ¿No se está contradiciendo?

Maestro Sheng Yen: Si nosotros leemos las biografías de los monjes destacados, podemos ver que sus nacimientos se acompañaban con los acontecimientos extraordinarios y raros. Tenían extraordinarias características personales, rasgos físicos poco comunes, u ocurrieron raros fenómenos cuando nacieron. Incluso cuando eran bebés, ya se conocía que esos hombres estaban destinados a convertirse en grandes maestros.

Maese: ¿vuelve a ratificar que la astrología, los presagios y las señales determinan el destino de los hombres?.

Maestro Sheng Yen: Entonces, aquí hay una pregunta. ¿Si dos personas nacen exactamente al mismo tiempo, tienen exactamente el mismo destino? Estoy muy seguro de que en el exacto día y minuto que nació el presidente Reagan también nacieron muchas otras personas. ¿Eso quiere decir que todas estas personas están destinadas a convertirse en presidentes?

Maese: Eso es precisamente una de las cosas que he aclarado al estudiar la astrología, pero ya que usted mismo parece insistir, explíquemelo desde el punto de vista kármico.

Maestro Sheng Yen: Los sutras nos dicen que antes de que naciera el Shakyamuni Buda, muchos vinieron de los demás mundos para hacer que la gente del mundo Saha estuviera preparada para la llegada del Buda. Había quienes vinieron específicamente al mundo Saha después del nacimiento del Shakyamuni Buda para ser sus discípulos, así que podían continuar la enseñanza. Había personas que nacieron exactamente al mismo tiempo que el Shakyamuni Buda, pero sólo él ha alcanzado la Budeidad.

Maese: Un escéptico podría decir que es una copia de la historia de Cristo, pero adaptada.

Maestro Sheng Yen: ¿Te has encontrado alguna vez con alguien que nació exactamente en la misma fecha y hora que tú? Si la respuesta es "sí", te darás cuenta de que ambos de vosotros lleváis una vida completamente diferente.

Maese: Naturalmente, porque somos distintos, con distintos genes y cultura.

Maestro Sheng Yen: Una vez me encontré con un hombre rico que nació en el año del Caballo, el mismo año que nací. Él me preguntó la estación y el lugar de mi nacimiento. Yo le dije que nací en invierno en una región fría de China. Él dijo que era lógico que yo estuviera muy pobre ahora: porque nací bajo tales condiciones estériles, no había ni una hierba para servirle de comida al pobre caballo; naturalmente, yo no prosperaba económicamente. Estoy seguro de que si yo hubiera nacido en una región templada, un astrólogo encontraría otra explicación para decir cómo yo llegué a mis circunstancias presentes.

Maese: A lo largo de mis entrevistas, indagaciones y experimentos he llegado siempre a la misma conclusión que usted acaba de decir.

Maestro Sheng Yen: Es verdad que en el momento del nacimiento de una persona, una gran cantidad de cosas ya ha sido determinada. Nosotros tenemos un cuerpo particular como una consecuencia del karma creado en las innumerables vidas pasadas. Todo esto karma converge en nosotros en el día en que nacimos. No obstante, si tenemos la oportunidad de aprender el Budadharma, y lo aceptamos y practicamos, entonces se puede cambiar nuestro destino. Incluso nuestros rasgos faciales cambiarán.

Maese: Es más parecido a la predestinación cristiana de lo que me imaginaba. Y es cierto, que los rasgos faciales y hasta las rayas de las manos pueden ser modificados en función de muchos factores.

Maestro Sheng Yen: Un famoso astrólogo de Taiwan tomó los Tres Refugios conmigo. Él me confiaba que ahora está en los Estados Unidos y se siente un poco molesto trabajar como astrólogo. Comprendió que estaba practicando un Sendero Exterior, no el verdadero Karma. Pero yo le dije que estaba bien ser un astrólogo, porque hay quienes necesitan su ayuda y consejo.

Maese: Me alegro que ratifique mis conclusiones pues ya es una opinión de más peso que la mía. Bueno, siga contando lo de su amigo.

Maestro Sheng Yen: Yo le pregunté si podía predecir su propio futuro. Él me replicó que estaba teniendo problemas con eso. En el pasado él se sentía que tenía una precisión del 100%. Antes de que aceptara el Karma, estaba acostumbrado a levantarse temprano todos los días para predecir su futuro. Pero ahora él no puede ver el futuro muy claramente. Yo le pregunté si podía investigar mi futuro, pero él me rechazó.

Maese: ¿Y dejó de acertar por aceptar el karma? ¡Ufff¡ entonces de los cartomantes y videntes, ni le pregunto.

Maestro Sheng Yen: Avy tiene una amiga que es extraordinariamente talentosa en leer la bola de cristal – ella puede ver las vidas pasadas. Pero cuando yo le pedí que examinara mi pasado, ella no veía nada. ¡Es una pena que yo no tenga ni siquiera una vida pasada! ¿Cuántos de vosotros queréis saber acerca de vuestras vidas pasadas? Los sutras dicen que si quieres saber respecto a tu pasado, sólo miras a ti mismo ahora. Mira lo que te está pasando a ti, con qué te encuentras ahora. Eso te dice todo lo que necesitas saber acerca de tus vidas previas. Y si quieres saber lo que te espera en tus vidas futuras, simplemente miras a ti mismo ahora. Lo que estás haciendo en el momento presente producirá tu futuro.

Maese: Lo de conocer las vidas pasadas, me llama muchísimo la atención, más que nada por curiosidad de saber qué habré sido, si habré amado a las mismas mujeres que ahora, porque alguna es como si nos conociéramos de toda la vida. Respecto a qué futuro me espera, no tengo la menor idea, pues tampoco sé a dónde voy. Solo sé que quiero ser mejor cada día y ayudar a más gente, aunque eso suponga reprimir los instintos propios del ser humano. De modo que si le soy sincero, ni soy feliz ahora ni sé si lo seré en el futuro. Eso si, como tenga que repetir otra vida, me siento en un mojón del camino y paso olímpicamente de todos vosotros, salvo que ella me diga que sí definitivamente.

Maestro Sheng Yen: Cualquier persona que tengan grandes problemas en esta vida está experimentando estas dificultades como un resultado de lo que había hecho en una o varias vidas previas. Si realmente supieras qué fue lo que hiciste en el pasado para merecer lo que te está pasando a ti ahora, quizás no te sentirías tan feliz acerca de eso. El conocimiento sería complicado, disgustado, y de poco uso.

Maese: ¿Por ejemplo?

Maestro Sheng Yen: Por ejemplo, si supieras que tu hijo hubiera sido tu abuelo en una vida previa, ¿cómo tratarías le a él?– ¿como un hijo o como un abuelo? Si supieras que tu esposa hubiera sido tu abuela, ¿cómo te sentirías?

Maese: Anda que no son ustedes los místicos retorcidos y luego me dicen que yo hago preguntas difíciles. ¡Vale¡ le contestaría diciendo que si me entero de que usted ha sido hijo mío en el pasado y yo podría serlo suyo dentro de tres vidas, deberíamos plantearnos el parar el tiempo y analizar el problema de la consanguinidad.

Maestro Sheng Yen: Según los sutras, en un periodo de unos cientos a mil años, normalmente tenemos íntimas relaciones sólo con un pequeño número de las mismas personas. En cada vida sucesiva la gente en este pequeño grupo intercambia papeles. Durante un largo lapso de tiempo, el círculo de las personas con las que nosotros relacionamos se hace cada vez más grande. Familia, primos y amigos continuamos estableciendo innumerables relaciones de tal manera que el noventa y nueve por ciento de las personas con las que nos encontramos en esta vida, nos las encontraremos en otras, debido a nuestro karma previo.

Maese: ¡Vaya tela¡ ¿Con miles de millones de personas y tenemos que rotar en un puñadito? ¡Anda que no son ustedes raritos ni nada¡ ¡y yo quejándome de cartomantes, astrólogos y pitonisas¡

Maestro Sheng Yen: Los seres humanos son raros. Algunos nacen con buenos aspectos e inteligencia substancial, pero tienen imprudencia temeraria o emociones incontrolables, y consecuentemente transforman las condiciones favorables en desastres. Para tales personas parece una cosa simple controlarse a sí mismos, y de hecho, estarían de acuerdo, pero de alguna manera son incapaces de controlar sus emociones, y traen desorden y confusión a sus vidas y las vidas de la gente que les rodea. Es como una persona que está caminando hacia un río, consciente que está a punto de ahogarse, y aunque su mente le dice volver atrás, continúa y de todas maneras se ahoga.

Maese: Primero me llama pariente, luego que si soy raro ¿qué será lo siguiente?

Maestro Sheng Yen: Debes aprender a controlarte a ti mismo. Debes tener el poder sobre tu mente, y tienes que meditar. Si odias a alguien por algo que ha hecho, entonces debes considerar a él o a ella como un Buda o Bodhisattva.

Debes comprender que los Budas y Bodhisattvas pueden manifestarse en dos formas diferentes. Ellos toman una forma cuando nos ayudan, y toman la otra cuando se manifiestan para oponerse a nosotros. El ayudar es la mejor manera a quienes les falta la fuerza y coraje pero el oponer es el mejor modo para las personas quienes tienen fuertes personalidades. Si comprendes el Budadharma y la consecuencia kármica, entonces serás capaz de convertir una situación desfavorable en la favorable.

Maese: Esto lo comprendo porque en el cristianismo, espiritismo y budismo, se ven apariciones. ¡Ok¡ y esa manera de aconsejarme es muy buena y deberíamos practicarla todos.

Maestro Sheng Yen: ¿Cómo cambiar tu destino? Debes entender que cuando hay una causa, hay un efecto. Las acciones tienen consecuencias. Sin embargo, antes de que suframos o nos beneficiemos de estas consecuencias, hay otras condiciones que se presentan, entonces se pueden cambiar las características particulares de las consecuencias. Si actuamos y hablamos según el Budadharma en esta vida, nosotros añadimos continuamente condiciones meritorias y favorables a nuestro karma, por lo que cuando se manifiesta nuestro karma previo. Incluso lo que nos pasa a nosotros ahora será cambiado debido a las nuevas condiciones que se presentan de nuestras conductas meritorias. Por el otro lado, si sólo hacemos lo que nos da la gana y no de acuerdo con el Karma, nosotros seremos como una barca que da vueltas en las oleadas del océano, menos poderosa para determinar nuestro propio rumbo.

Maese: A parte de estar de acuerdo con usted en el fondo, veo que también son deterministas en lo que se refiere a causa-efecto. Pero es lógico ya que admiten que el destino, se puede modificar con nuestras decisiones.

Maestro Sheng Yen: Un budista debería tener grande poder de voluntad para cambiar su destino. Pero si nosotros vemos las cosas positivamente y actuamos hacia fines buenos, podemos fortalecer nuestro poder de voluntad. Si nosotros pensamos, hablamos, y actuamos de acuerdo con el Karma, podemos gradualmente producir un cambio en nuestras vidas. En Taiwan yo tengo algunos discípulos monásticos quienes casi son imposibles de llevarse con los demás, y tengo algunos practicantes laicos quienes apenas escuchan las palabras que digo yo. Pensarías que los echo a patadas del templo. Pero debido a que yo soy un monje no puedo hacerles salir. Yo estaría privando a ellos de su oportunidad de ponerse en contacto con el Karma. Eso es algo que nunca haría yo. Yo hablé de algunas de estas personas con un amigo mío. Él escuchó y dijo, "No hay problema." Yo le pedí explicar más detalladamente – ¿Por qué piensas que tales personas difíciles eran muy fáciles de tratar? Él dijo: Si estas personas fueran realmente tan "perjudiciales", son pícaros o Bodhisattvas." No puedo imaginarme que tales malcontentos se hagan monjes y monjas. Entonces si están practicando como budistas, la única conclusión que puedo hacer es que ellos son Bodhisattvas, y están aquí por alguna razón especial. Por consiguiente, no hay necesidad de preocuparse."

Maese: Con esa filosofía aplicada al resto del mundo, estaríamos en manos de mangantes, corruptos, manipuladores…. ¡Claro ahora entiendo por qué lo estamos¡ porque a fin de cuentas cristianos y budistas hacemos lo mismo, dejándoles hacer y destruir a su antojo.

Maestro Sheng Yen: Otro monje en Taiwan quien también es mi discípulo es una persona muy peculiar. Le traje a él una docena de pares de calcetines. Lleva un par de calcetines por un periodo de tiempo muy largo, y cuando empiezan a oler mal se los quita, los tira en un rincón de la casa, y agarra un par nuevo. Cuando ha agotado la docena entera, voltea los calcetines al revés y repite nuevamente el ciclo. No ha lavado nunca ninguno de sus calcetines. Me encontraba muy molesto. Otra vez, mi amigo dijo, "No hay problema. Este monje debería ser un gran Arhat – ¿existe otra razón para explicar eso?" ¿Conoces alguno tan afortunado como yo – rodeado por grandes Arhats y Budhisattvas?

Maese: Yo tenía un socio que en su mesa del despacho tenía tres bandejas. Allí iba depositando los asuntos pendientes y cada diez días decía. ¿Han preguntado por esto? ¡No¡ entonces la paso a la bandeja siguiente y de esta manera los documentos pendientes llegaban a final de mes a la ultima bandeja. En ese momento se giraba y me decía. ¿Ves cómo se hace una buena gestión? Si no han preguntado por ello en un mes para qué tenía que haberme preocupado y menos estresado en resolverlo e intentar llevarlo todo al día como haces tú. De modo que la empresa quebró por su forma de gestionar y ahora me entero que él podría ser un monje supremo budista encubierto y yo un Arhats o un Budhisattvas. . ¡Lo que me queda por aprender¡

Maestro Sheng Yen: Una vez una pareja vino a verme. Cada uno de ellos se quejaba de los hábitos malos del otro. Yo les pregunté si se consideraban a sí mismos como buenas personas. Ambos de esta pareja dijeron que sí, por lo tanto, les dije que era más probable que cada uno de ellos hubiera elegido a una buena persona para vivir juntos. Si ellos hubieran elegido a una persona mala, reflejaría mal en ellos. Por consiguiente, cada uno es una buena y virtuosa persona, viviendo con la otra buena y virtuosa persona. No hay problema – ellos pueden vivir juntos armoniosamente.

Maese: ¿No hay problema – ellos pueden vivir juntos armoniosamente? Hasta que se divorcien por incompatibles, claro.

Maestro Sheng Yen: En un instante de pensamiento cambiamos la manera que miramos las cosas. Con la visión correcta, puedes cambiar completamente la situación. Si eres un prisionero que tiene una perspectiva estrecha, siempre estarás en la misericordia del destino. Si actúas de esta manera, nunca estarás libre de aflicciones, y continuarás manteniendo malas relaciones con las personas que siempre has mantenido malas relaciones. Nunca escaparemos de la sucesión interminable de situaciones predeterminadas a condición de que cambiemos nuestras mentes y la manera que miramos las cosas. Si cambiamos cómo percibimos, entonces no seremos vencidos por lo que nos pasa a nosotros, y no nos sentiremos oprimidos por lo que nos rodea. El mundo será como la Tierra Pura.

Maese: Mucha utopía, pero cierta. ¿Tiene más ejemplos?

Maestro Sheng Yen: Una vez un hombre vino a verme y me dijo que él había sido sentenciado a prisión. Él me preguntó cómo podría enfrentarse a su castigo. Yo le dije, "Como budista, deberías intentar quedarse fuera de la cárcel, pero debido a que tienes que salir, debes tratar de sobrevivirlo con felicidad y alegría." Él me miró, y me hizo una pregunta, "¿Cómo debo sentirme alegre en prisión? " Yo le dije que una vez estaba en cárcel, y me gustó.

Maese: ¡Ufff¡ entiendo la metáfora, pero no la realidad. Pues supongo que como monje sería respetado en la cárcel, pero la inmensa mayoría sufren humillaciones.

Maestro Sheng Yen: Del año 1961 al 1967 yo estuve en un retiro solitario en las montañas. Estuve encerrado en un área de 60 pies cuadrados. Los presos en la cárcel deben de tener más espacio que eso. Yo también conozco a un hombre quien escribió mucho durante el tiempo que pasó en prisión. Él fue un escritor prolífico, y hasta escribió algunos libros de gran mérito literario. Obviamente, hizo el mejor uso de su tiempo en cárcel. Nosotros debemos comprender que lo que nos está pasando a nosotros en esta vida es la consecuencia de las cosas que hicimos en nuestras vidas pasadas, y debemos tratar de actuar de acuerdo con el Budadharma para romper el molde establecido por nuestro karma previo. De esta manera, podemos progresar espiritualmente. Si no fuéramos capaces de cambiar nuestro propio destino, entonces los seres sensibles ordinarios no serían capaces de convertirse en Budas. Nosotros producimos el futuro de nuestras propias mentes. Si hay virtud en nuestros pensamientos, entonces nuestro futuro será virtuoso. Si hay malos en nuestros pensamientos, entonces nuestro futuro estará lleno de desgracia. Si el Buda está en nuestras mentes, entonces algún día nos convertiremos en Budas.

Maese: Finalmente le agradezco sus explicaciones y dedicación. Ya quedaremos otro día para que me explique sus teorías de por qué el "Yo" se rebela contra ese Karma.

Me relajo con las vistas de Toledo desde el mirador de casa. Recompongo mi cuerpo con un trozo de bizcocho y mi mente con lo que decía Pedro Calderón de la Barca en "La vida es sueño": *"Rosaura: Hipogrifo violento que corriste parejas con el viento, ¿dónde, rayo sin llama, pájaro sin matiz, pez sin escama, y bruto sin instinto natural, al confuso laberinto de esas desnudas peñas te desbocas, te arrastras y despeñas? Quédate en este monte, donde tengan los brutos su Faetonte; que yo, sin más camino que el que me dan las leyes del destino, ciega y desesperada bajaré la cabeza enmarañada de este monte eminente, que arruga al sol el ceño de su frente. Mal, Polonia, recibes a un extranjero, pues con sangre escribes su entrada en tus arenas, y apenas llega, cuando llega a penas; bien mi suerte lo dice; más ¿dónde halló piedad un infelice?"..." Clarín: Soy un hombre desdichado, que por quererme guardar de la muerte, la busqué. Huyendo de ella, topé con ella, pues no hay lugar para la muerte secreto; de donde claro se arguye que quien más su efecto huye, es quien se llega a su efecto. Por eso tornad, tornad a la lid sangrienta luego; que entre las armas y el fuego hay mayor seguridad que en el monte más guardado; que no hay seguro camino a la fuerza del destino y a la inclemencia del hado; y así, aunque a libraros vais de la muerte con huir. ¡Mirad que vais a morir, si está de Dios que muráis!"*

Cariño:

Según el hinduismo, *"Dios es neutral, y ha dejado a los semidioses la ejecución de la ley del karma, con sus premios y sus castigos. En cambio, según Yogananda, no habría ministros para ejecutar la ley del karma, sino que ésta se ejecutaría a sí misma como ley cósmica, astral o espiritual de forma automática. Lo bueno o malo que le sucede a un ser humano no sería algo debido a la voluntad de Dios o las deidades (que es siempre amorosa), sino el resultado de los propios actos".* Dejo el budismo para entrar en el hinduismo con el que tenía algunas diferencias a ver si me aclara algo más, pero creo que es un retroceso en el karma. El hinduismo actual se basa en las escrituras conocidas en conjunto como Veda. De mis viajes a la India y de los estudios que me han propuesto, resumo que parte de un embrión antiguo de la época de 1700 a.C. En aquel entonces hubo la migración aria que partiendo desde Europa se dividió en dos, yendo una parte a Iberia y otra hacia India, pasando anteriormente por Israel. ¿Quién o qué es Veda? Me preguntan por mail mis tertulianos. Veda es la forma corpórea de la Revelación (Shruti, del sánscrito Shruti, escuchar). Les contesto. Formulada por un dios a los sabios videntes o rishi. Es decir, que se asemeja mucho a los cristianos en la personificación del Hijo del Hombre, pero luego ya cambia mucho. Otros textos de gran importancia en el hinduismo son los grandes poemas épicos Mahabharata y Ramayana y las recopilaciones de mitos religiosos de los Purana, que constituyen la Tradición (Smríti, del sánscrito smiri, recordar). Si nos atenemos a lo tangible, los Veda son cuatro libros en verso, llamados samhita (o recopilación). El Rig Veda, recopilación de himnos, transmitidos oralmente por los arios. El Yajur Veda, recopilación de fórmulas sacrificiales. El Sama Veda, recopilación de melodías litúrgicas. Y el Atharva Veda, recopilación de fórmulas mágicas. Para complicarlo un poquito más y empezar a comprender que cuando hay tanto escrito por medio es que hay demasiadas aportaciones, diré que además hay otra serie de libros. Los Brahmana, en prosa, con una casuística de los ritos y sacrificios, desde los siglos VIII-VI a.C. Los Aranyaka ("libros de la selva") indican el lugar de los ritos ascéticos y el apartamiento místico de la sociedad), en verso y prosa. A continuación, los Upanishad ("sentarse al lado"), vienen a ser algo así como la expresión de la íntima relación entre maestro y discípulo. En verso y prosa o exclusivamente en verso. Aquí es donde se encuentra la parte más filosófica y especulativa de los Veda, me refiero al tema de la liberación del alma individual (atman) mediante su toma de conciencia de su identidad con el Absoluto (Brahma). Lo importante de esta fecha es que datan de entre los siglos VII-VI a.C., ¿Por qué son importantes las fechas? En este caso, porque son anteriores a la vida de Buda. ¡Ok¡ ¿Cuál es la visión o misión que tienen los Vedas? Me pregunta un segundo tertuliano. No es fácil de explicar. Le digo anticipándome a lo que viene a continuación. Los Vedas tienen una visión en cuatro partes o cuádruple si se me permite decirlo así. Cada parte corresponde y se identifica con cada una de las correspondientes de la vida de un *dvija*. ¿Qué es un *dvija*? Pregunto yo de manera lógica y contestando antes de que me respondan. La traducción literal es *"un nacido dos veces"*. Es decir: un varón ario perteneciente a una de las tres primeras varna o divisiones jerárquicas de la sociedad. Recordemos que el hinduismo sigue manteniendo las famosas "Castas". Que recordándolas son: La clase superior son los brahmanes, los kshatriya, reyes y guerreros, Los vaishya, comerciantes y agricultores y Los shudra, la clase de los que deben servir a las otras tres. ¿Cómo es posible que un niño sea nacido dos veces? Me pregunta otro contertulio. El proceso es el siguiente, le contesto: A los diez años de edad se presenta el niño al maestro mediante el ritual del upanayana, en el que le ciñen con un cordón sagrado. Este rito de iniciación excluye a las mujeres y los miembros del cuarto Varna (los shudra); es el segundo nacimiento a que alude la palabra dvija. Es como el bautismo de los cristianos o la iniciación en otras creencias.

¿Qué otras figuras existen en el hinduismo? Pregunta otro colaborador. Te los enumero para simplificar. Le contesto. 1. Brahmacharin (discípulo, que estudia los Veda y aprende el control de los sentidos); 2. Grihastha (cabeza de familia, responsable de las ofrendas a los dioses y el culto doméstico); 3. Vanaprastha (ermitaño, retirado al bosque con su esposa para meditar y cumplir con los deberes rituales); y 4. Sannyasín (ermitaño, viviendo en soledad de las limosnas, sin ofrecer sacrificios, dedicado exclusivamente a la meditación). Para que comprendamos los rituales debemos entender que si pusiéramos un eje imaginario de los vedas antiguos, tendríamos que meditar cómo los dioses estaban próximos a los hombres. Tanto, que no se podían negar nunca a las peticiones si se les hacían ofrendas y sacrificios. Se recitaban fórmulas sagradas y ofrendaban leche, mantequilla, cereales y otros alimentos a través del fuego sagrado. La ofrenda cotidiana de sacrificios sobre el altar doméstico y el mantenimiento del fuego sagrado eran obligaciones fundamentales del cabeza de familia. Pensar que estaríamos un milenio antes de Cristo. Pues bien, desde entonces se ha ido evolucionando hacia el brahmanismo. Recordad que es una casta predominante y encontraremos la lógica en esa evolución. ¿Qué se impuso? Me preguntan de nuevo en el mail. Primero: *"la noción de rita (orden cósmico ratificado por el sacrificio, expresión de una relación mecanicista do ut des entre los dioses y el hombre) se sustituye por la dedharma, la ley universal, con una connotación mayormente moral. Al dharma universal le corresponde otro personal (svadharma). El deber del hinduista consiste en asumir su propio destino individual, determinado por la pertenencia a una de las cuatro Varna que constituyen la jerarquía social. Reflejo del orden cósmico y, en consecuencia, absolutamente inmodificable"*. Otros dos conceptos estrechamente relacionados son los de karma y samsara. El primero ya lo conocemos de los budistas, de modo que no voy a insistir. Lo único que quiero puntualizar es el karma hindú. A cada acción del individuo corresponde una modificación de su destino personal: el cumplimiento del svadharma, comportarse según las reglas específicas del propio varna, evitar la ruptura del orden. Luego no hay un destino, no está escrito tampoco en ninguna parte y cada cual es libre de elegir mientras todo y el todo, se mantenga en equilibrio. Si se cumple, habrá un ciclo infinito de vidas (samsara o reencarnaciones) incluidos los dioses. Consideran alkarma lleno de impurezas que hay que limpiar y cuando se consiga, entonces se liberan, para volver a Brahma (el principio indiferenciado). Todo el hinduismo se basa en otra trilogía, como no podía ser de otra manera, ¿Cuál? Me preguntaréis. Los tres conceptos de dharma, karma y samsara son la base de la religión y de la sociedad de Castas. ¿Solo hay una triada o trilogía en el hinduismo? Me preguntan capciosillamente algún tertuliano. ¡No¡ le contesto tajante y tras un ratito de espera, le contesto... La tríada suprema está formada por los dioses Brahma o creador, Vishnu o conservador y Shiva destructor-renovador. ¿De qué? del universo. Omito conscientemente la relación de parentescos y de relaciones con humanos que podrían haber inspirado a griegos y romanos en su mejunje mitológico. Baste recordar los otros dioses. *"Ganesha, el dios con cabeza de elefante que augura el éxito en cualquier empresa; Hanuman, el dios-mono que ayuda a Rama (encarnación de Vishnu) a recuperar a su esposa Sita; Karttikeya, dios guerrero hijo de Shiva, llamado Skanda en el norte y Subrahmanya en el sur. Entre las divinidades femeninas se adora especialmente a Durga, consorte de Shiva, en sus numerosos aspectos benéficos o maléficos como Parvatí, Kali, Annapurna Chamunda y la diosa madre Shakti. Saraswati esposa de Brahma, diosa de la sabiduría. Lakshmi esposa de Vishnú, diosa de la riqueza".* Hoy en día la modernización conlleva que uno de casta superior trabaje en una oficina con uno de casta inferior, aunque el nivel económico esté invertido con respecto a lo que cabría esperar. Si miramos cualquier anuncio en el que se busque esposa, vemos que las castas siguen vigentes y no se mezclan. Y en el mundo rural, ¡ya no digamos¡ Los usureros se frotan las manos cuando han de prestar el dinero de las dotes por las hijas (aún niñas). El nacimiento de una hija se considera una maldición, la mujer debe estar subordinada al hombre y nunca conseguirá la liberación espiritual por mucho que lo intente. El suicidio de la esposa a la muerte del marido se ha cambiado por el ostracismo y la prohibición de disponer de posibles económicos. Mucha prostitución se da entonces y muchos suicidios por desesperación. Las numerosas divinidades de los 3.000 años de historia del hinduismo, no me han convencido de que con ellos se tiene destino, o está escrito, o tenemos predestinación o siquiera sean justos. Por otra parte, aunque tuvieran la verdad absoluta, nos daría igual al resto de la humanidad, porque no es posible hacerse hinduista si no se nace hinduista. Muchos de los occidentales que vemos, se apuntan a sectas colaterales y viven practicantes aunque nunca pertenecerán de verdad y los vemos en los lugares de peregrinación cantando los bhajan y kirtan al son de tambores y címbalos. ¡En fin¡ Tampoco he encontrado el destino, ni el lugar dónde está escrito, de modo que me quedo con lo que contaba Paulo Coelho en el prólogo de su obra "La Quinta Montaña" parte de su propia vida: *"En mi libro el Alquimista, la tesis central está en una frase que el rey Melquisedec dice al pastor Santiago: «Cuando quieres alguna cosa, todo el Universo conspira para que la consigas». Creo absolutamente en esto. No obstante, el acto de vivir el propio destino incluye una serie de etapas que exceden en mucho a nuestra comprensión, y cuyo objetivo es siempre reconducirnos al camino de nuestra Leyenda Personal; o hacer que aprendamos las lecciones necesarias para cumplir el propio destino. Pienso que puedo ilustrar mejor lo que digo contando un episodio de mi vida. El día 12 de agosto de 1979 me fui a dormir con una única certeza: a los treinta años de edad estaba consiguiendo llegar a la cumbre de mí carrera como ejecutivo de una firma discográfica. Trabajaba como director artístico de la CBS de Brasil, acababa de ser invitado a ir a los Estados Unidos a hablar con los dueños de la empresa discográfica y, seguramente, ellos pensaban darme todas las posibilidades para realizar todo lo que deseaba hacer en mi área. Claro que mi gran sueño —ser un escritor— había sido dejado de lado, pero ¿qué importaba eso? Al fin y al cabo, la vida real era muy diferente de lo que yo había imaginado; no había lugar para vivir de la literatura en el Brasil. Aquella noche tomé una decisión, y abandoné mi sueño: era preciso adaptarme a las circunstancias y aprovechar las oportunidades. Si mi corazón protestara, yo podría engañarlo, haciendo letras de canciones siempre que deseara y, de vez en cuando, escribiendo en algún periódico. Por otro lado, estaba convencido de que mi vida había tomado un rumbo diferente, pero no por esto menos excitante: un futuro brillante me esperaba en las multinacionales de la música. Cuando me desperté, recibí una llamada telefónica del presidente de la empresa discográfica: acababa de ser despedido, sin mayores explicaciones. Aunque llamé a varias puertas durante los dos años siguientes, nunca más conseguí un empleo en ese campo. Al terminar de escribir La Quinta Montaña, me acordé de este episodio, así como de otras manifestaciones de lo inevitable en mi vida. Siempre que me sentía absolutamente dueño de la situación, pasaba algo que me derribaba. Yo me preguntaba: ¿por qué? ¿Estaré siempre condenado a acercarme, pero jamás a cruzar la línea de llegada? ¿Será que Dios es tan cruel como para hacerme ver las palmeras en el horizonte, sólo para matarme de sed en medio del desierto? Tardé mucho tiempo en entender que no era exactamente así. Hay cosas que son colocadas en nuestras vidas para reconducirnos al verdadero camino de nuestra Leyenda Personal. Otras surgen para que podamos aplicar todo aquello que aprendimos. Y, finalmente, algunas llegan para enseñarnos. En mi libro "Diario de un mago" procuré mostrar que estas enseñanzas no están necesariamente unidas al dolor ni al sufrimiento; bastan disciplina y atención. Aún cuando esta comprensión ha significado una importante bendición en mi vida, me quedaron sin entender algunos momentos difíciles por los que pasé, incluso con la mayor disciplina y atención. Uno de los ejemplos es el caso antes citado; yo era un buen profesional, me esforzaba al máximo para dar lo mejor de mí, y tenía ideas que hasta hoy considero buenas. Pero lo inevitable sucedió justamente en, el momento en que yo me sentía más seguro y confiado. Pienso que no estoy solo en esta experiencia; lo inevitable ya rozó la vida de todo ser humano en la faz de la Tierra. Algunos se recuperaron, otros cedieron, pero todos nosotros hemos experimentado el roce de las alas de la tragedia. ¿Por qué? Para responderme esta pregunta, dejé que Elías me condujese por los días y noches de Akbar. Y prosiguió: y puedo aseguraros que ningún profeta es bien recibido en su propia tierra. "En verdad os digo que había muchas viudas en Israel en tiempos de Elías, cuando el cielo se cerró por tres años y seis meses, reinando gran hambruna en toda la tierra; y a ninguna de ellas fue Elías enviado, sino a una viuda de Sarepta, de Sidón. Lucas, 4, 24—26'"*

Cariño:

Es frecuente que oigamos la frase "me lo ha dicho un pajarito…" sin saber bien el origen de dicha frase. Si nos vamos a la Sura VII, 128. A la Sura XVII, 14. A la Sura XXVII, 48 o a la Sura XXXVI, 18 del Corán, veremos que nos dicen que todo hombre tiene su pájaro atado al cuello. Es decir, que todo hombre tiene su Destino. ¿Qué función tiene el pájaro? Me pregunta un tertuliano. *"Hemos atado a cada hombre su pájaro al cuello y el día de la resurrección, le mostraremos un libro que se haya abierto. Lee el libro, le diremos entonces, basta que tú mismo hagas hoy tu cuenta."… " Hemos consultado sobre ti y los tuyos el vuelo de los pájaros, vuestra fortuna depende de Dios. Sois un pueblo a quien Dios quiere probar"* Le leo algunos párrafos del Corán. Como vemos, le sigo diciendo a mi tertuliano, el destino en el Islam está a caballo entre que Dios lo impone y que Dios no lo asigna. Pero en todo caso es el hombre el que con sus actos y con la superación de las pruebas que Dios le coloca (éstas sí) se salvará e irá al paraíso o no. Pero el que hace de chivato, o de notario de su vida, es el pájaro que le sitúan al cuello al nacer. Para entender mejor al Islam en este sentido, prefiero transcribir literalmente lo que los imanes nos dicen (*Fuente: transcripción literal de "Varias preguntas con respuestas" de www.webislam.com por Omar Joray*)

Maese: ¿Qué es el destino?

Omar Joray: *En cada uno de nosotros, está escrito un destino, o sea lo que está sucediendo es un guión o una película que ya fue filmada, y la estamos repasando. No existe la reencarnación. Esto no tiene nada que ver con la reencarnación de los hinduistas. Esto es otra cosa, es un mensaje que ya fue escrito por un ángel a los 120 días de nuestra vida intrauterina.*

Maese: ¿El destino es inevitable?

Omar Joray: *Si, es inevitable. ¿Qué se puede hacer? Lo que se puede hacer es descubrir ese destino que si o si se está produciendo. Ese destino se está produciendo en cada momento de nuestra vida y está escrito dentro del cuerpo y está escrito fuera del cuerpo.*

Maese: ¿Dónde está ese destino?

Omar Joray: *Dentro del cuerpo está ese destino, en lo más profundo del corazón, en la sensibilidad más profunda no consciente. Es una zona que está más allá del silencio más profundo, donde no hay ninguna actividad mental. Y está escrito fuera del cuerpo, donde el mundo externo no se cansa de mandarnos señales o pistas a seguir, para que encontremos nuestro destino.*

Maese: ¿Cómo detectarlo, cómo leer lo que está sucediendo?

Omar Joray: *Haciendo silencio, no interfiriendo en su expresión, de forma similar a los juegos de los niños, no interrumpiendo aquello que está sucediendo, a menos que ese suceder provoque algún daño.*

Maese: ¿Cuál es la función de la disciplina espiritual?

Omar Joray: *La disciplina espiritual (rezos, ayunos, hacer el bien, impedir el mal) tiene por función provocar silencio interno, o sea la no acción o no interferencia con lo que se está manifestando en forma espontánea y autónoma de nuestra voluntad.*

Maese: ¿Cómo se expresa ese destino?

Omar Joray: *A través de las circunstancias. Nosotros vemos solo las circunstancias, lo que está pasando, pero no vemos el origen de esas circunstancias, nuestro destino, el cual está escrito dentro y fuera nuestro, a modo de señales.*

Maese: ¿Cómo leer las señales?

Omar Joray: *Haciendo silencio, que es el objetivo de la disciplina espiritual. Una disciplina es un poderoso instrumento para hacer silencio, o para quedar enjaulados en rituales que no llevan al silencio.*

Maese: La responsabilidad y el destino. ¿Cómo interaccionan?

Omar Joray: *Cuento: El juez le pregunta al ladrón ¿por qué robaste? Y el ladrón le responde: porque esa acción estaba ya escrita en mi destino, no hice sino ser obediente a mi destino. El juez pidió un día de cárcel por el robo y diez años de cárcel más por mentiroso.*

Maese: ¿Cuál es la función de una disciplina espiritual?

Omar Joray: *Que hagamos silencio, (ausencia de ruidos). El silencio es un puente que nos conecta con nuestra esencia o naturaleza original, la cual permite la lectura clara de nuestro destino.*

Maese: ¿Por qué es importante conocer nuestro destino?

Omar Joray: *Porque en nuestro destino ya está escrito quienes somos, nuestra identidad real, y el aparentar ser lo que soy y ser lo que aparento ser da una explosión de felicidad.*

Maese: ¿Cómo ser feliz?

Omar Joray: *Para ser feliz hay que hacer lo que a uno le gusta, lo cual está escrito en nuestro destino. A partir de allí hay que ser coherente con eso que está escrito para cada uno de nosotros. El opuesto a ser coherente es ser contradictorio lo cual es ir contra lo que está escrito para cada uno de nosotros. Un guía espiritual nos enseña a leer nuestro destino. Nos lleva hasta la puerta, conduce a su alumno desde lo que está escrito para su alumno. El guía habla a su alumno desde lo que está escrito para el alumno. Lo que le está pasando a su alumno es lo que está escrito para su alumno. El guía esclarece las circunstancias dentro de las cuales están escritas las señales.*

Maese: ¿Qué sucede si uno se opone a su destino?

Omar Joray: Caemos en la contradicción. Esa contradicción es en referencia a nuestro destino. Esa contradicción impide pasar a otra cosa, nos empantana. Por eso los sabios dicen que quien ejecuta su destino se hace fácil su vida, pues va en la misma dirección del plan del destino. Ejecutar el destino permite ir más allá de uno mismo, transcenderse, pasar a otro nivel existencial.

Maese: ¿Se nace ya con el destino escrito?

Omar Joray: Si. Dentro de nuestro cuerpo físico, hay otro cuerpo o cuerpo espiritual, el cual es como una fotocopia del cuerpo físico y tiene la función de una grabadora, graba o registra todo lo que hacemos, a modo similar a la caja negra de un avión, donde quedan registradas todas las conversaciones y operaciones hechas por los pilotos. Todo lo que uno hace se graba o registra allí y todo lo que uno hace ya está también grabado allí. Nacemos marcados o grabados por nuestro destino, de allí venimos y hacia allí vamos. Por eso, para juzgar a una persona, se lo debe juzgar según lo ya escrito para ella. Los griegos ya decían que uno ya viene con el Daimon o fuerza que siempre se impone, o compulsión que empuja a la persona hacia compulsivas direcciones que no se controlan. Conocerse a uno mismo es conocer nuestro Daimon y ser coherente con él, no traicionarlo. El destino viene de un plan superior. En las religiones se dice que viene de Dios, y se agrega que todo lo que viene de Dios es bueno. Ser coherente con nuestro destino, es alinear la dirección de nuestros actos de conducta con nuestro destino, allí está el sentido de la vida, lo que justifica a que hemos venido a este mundo. Las religiones hablan de ser sumisos al destino de Dios, e incluso dicen que en el paraíso hay lugares elevados a los cuales solo tienen acceso aquellos que han tenido una gran paciencia frente a la dificultad.

Le agradezco la clase. Me despido. Veo que en el Islam hay corrientes dispersas en lo que se refiere al Destino que estoy investigando. Pues hay diferencias entre lo que Omar explica y lo que dice por ejemplo en una clase traducida al español Sheij Mahmoud Al-Misry sobre el destino. También responde en su Web, a la pregunta: ¿Somos realmente libres? y aclara la creencia errónea de que Dios lo ha decretado todo y ya ha decidido quién irá al infierno y quién irá al Paraíso. Acudo a una tercera fuente que me pide no revelar su identidad. Lo acato y resumo lo que me contó.

Maese: La 'aqîda de los musulmanes es el al-Qadâ wa l-Qádar o Destino. Según eso, todo tiene una predeterminación. Es algo muy parecido al cristianismo. ¿Quién lo predetermina?
Mi amigo: Pues es Allah quien todo lo sabe y lo predetermina.
Maese: ¿Qué función tiene el hombre en todo ésto?
Mi amigo: El hombre elige y cuando lo hace es el jalîfa o soberano
Maese: Al ser soberano, ¿Dónde queda la responsabilidad?
Mi amigo: El hombre es el responsable de sus acciones, él tiene el al-ijtiyâr, o *libre elección*

Maese: Perdona pero me lío un poco. En el Corán unas veces se afirma que el destino existe, y en cambio ahora me hablas de algo similar al libre albedrío cristiano. Puedo comprender que existan cismas y divergencias en una religión. De hecho la cristiana los ha sufrido y de ahí han salido, ortodoxos, protestantes, anglicanos, etc.

Mi amigo: Denominamos qadaríes a los que rechazan la existencia del Destino, y ÿabríes a los defensores de la existencia del destino. La postura más común es la afirmación simultánea del Destino y el libre albedrío. Antes de que me digas que es una contradicción, debo explicarte lo que significa el destino para nosotros.

Maese: ¡Ok¡, dime.

Mi amigo: El Destino es la clave para interpretar la existencia y saber que Allah es Uno y que todo lo demás es circunstancial y secundario. Luego no es un fatalismo, ni un convencionalismo occidental material. Ni implica nada de si es justo o injusto.

Maese: Eso lo puedo comprender porque es muy parecido al cristianismo

Mi amigo: Te equivocas de nuevo, Allah no es Dios, ni es un dios.

Maese: Ahora sí que me he perdido. No entiendo nada.

Mi amigo: Allah, no es como tu Dios. El Tawhîd, o Sentido de la Unidad va mucho más allá. Allah es la Verdad de todo lo que hay. Por eso cristianos y musulmanes somos diferentes. Para vosotros, Dios es consuelo y castigo. Es paz y consejo. Mientras que Allah es la Paz en la Verdad. Vosotros imagináis a Dios de maneras terrenales, y capaz de defraudaros. Vosotros os pasáis le vida elucubrando sobre lo que se supone que os dice y especuláis condenando a unos y salvando a otros. Así es imposible que desarrolléis sanamente un espíritu.

Maese: Como te imaginarás no voy a entrar en dialéctica, porque es una entrevista y en este momento el Islam es el importante.

Mi amigo: Allah se manifiesta a través de sus *signos*, que son el mundo y la Revelación. Eso lo acatamos e intentamos entenderlo. Pero no nos dedicamos a cuestionar todo el día como vosotros, cómo quisiéramos que fuera Dios para que así nos guste.

Maese: Os basáis en la *lâ ilâha illâ llâh*, (*no hay más verdad que Allah*). Nada hay fuera de Él. Es decir, que todo es creado y regido por la Verdad Única. Entonces veo una disyuntiva en la que vosotros tampoco os ponéis de acuerdo. ¿Allah crea también al mal? Porque si es así, tenéis un problema moral, que los cristianos tenemos claro.

Mi amigo: Claro. Allah lo crea todo para que el hombre elija. Si el hombre elije estar fuera, se convierte en dios y eso es idolatría.

Maese: Tengo que hacerte la típica pregunta. ¿Si Allah predetermina y sabe el final de nosotros, por qué juzga? Y ¿Por qué nos crea sabiendo que seremos castigados de todas maneras?

Mi amigo: Tengo que explicarte la segunda base del Islam, es decir el *Muhámmadun rasûlullâh,*

Maese: Mahoma o Muhammad que es el Mensajero de Allah. ¿No?

Mi amigo: Perfecto. El hombre es creado a imagen de Allah, pero cuando vive esta separado de Allah. Si decide unirse a Allah, entonces es verdaderamente libre.

Maese: Me he perdido de nuevo. ¿Cómo se come esto?

Mi amigo: En el Antiguo Testamento concebíais a Dios como creador del bien y del mal, y era temido. En el Nuevo Testamento defendéis la idea de que Dios es amor. Es lógico que para hacer crecer una ideología se atemorice o se atraigan

148

adeptos por la bondad y el consuelo. Pero esto no es Allah. Allah es la Verdad Única, creador de todo. Que predestina pero deja libertad al hombre de seguirle o no. Vuestro Dios decide ayudar o no, y castigar o no ¡vaya Dios¡. Ahora entiendo los conflictos mentales que entre vosotros tenéis. ¿Dios es bueno si hace el bien y es malo e injusto si hace el mal? Para un musulmán, el bien y el mal no son absolutos, sino juicios de Allah.

Maese: Es decir, que todo depende del juicio de Allah y no del hombre.

Mi amigo: Allah no está sometido al bien y al mal, sino que Él los crea y su misericordia los hace coincidir con el beneficio y el daño. ¡Mira, Maese¡ no te embrolles con el tema. No hay que medir las cosas con criterios humanos, sino con los de Allah. El Islam, síntesis de Destino y Libertad.

Terminamos nuestros respectivos tés, el mío clásico de menta y el suyo de jazmín. Nos despedimos agradeciéndole haya puesto la tercera opinión en esta discordia y me haya aclarado la postura del Islam respecto al tema que trato de averiguar. Veo que de alguna manera voy aproximándome a algo común. Me relajo y medito con lo que decía Oscar Wilde en "El retrato de Dorian Grey": *"-No me entiendes, Harry - respondió el artista-. No soy como él, por supuesto. Lo sé perfectamente. De hecho, lamentaría parecerme a él. ¿Te encoges de hombros? Te digo la verdad. Hay un destino adverso ligado a la superioridad corporal o intelectual, el destino adverso que persigue por toda la historia los pasos vacilantes de los reyes. Es mucho mejor no ser diferente de la mayoría. Los feos y los estúpidos son quienes mejor lo pasan en el mundo. Se pueden sentar a sus anchas y ver la función con la boca abierta. Aunque no sepan nada de triunfar, se ahorran al menos los desengaños de la derrota. Viven como todos deberíamos vivir, tranquilos, despreocupados, impasibles. Ni provocan la ruina de otros, ni la reciben de manos ajenas. Tu situación social y tu riqueza, Harry; mi cerebro, el que sea; mi arte, cualquiera que sea su valor; la apostura de Dorian Gray: todos vamos a sufrir por lo que los dioses nos han dado, y a sufrir terriblemente."..." El protagonista mismo de la maravillosa novela que tanto había influido en su vida tuvo aquella curiosa impresión. En el capítulo séptimo cuenta cómo, coronado de laurel para evitar ser herido por el rayo, había sido Tiberio, que leía, en un jardín de Capri, las obras escandalosas de la autora griega Elefantis, mientras enanos y pavos reales se paseaban a su alrededor, y el flautista imitaba el ir y venir del incensario; había sido Calígula, de francachela en los establos con palafreneros de casaca verde antes de cenar en un pesebre de marfil junto a un caballo con la frente cubierta de joyas; y Domiciano, vagabundo por un corredor con espejos de mármol, buscando por todas partes, con ojos enfebrecidos, el reflejo de una daga destinada a poner fin a sus días, y enfermo de ese ennui, de ese terrible taedium vitae, destino común de todos aquellos a quienes la vida no ha negado nada; más adelante, también había presenciado, a través de una transparente esmeralda, las sangrientas carnicerías del Circo para luego, en una litera de perlas y púrpura, tirada por mulas con herraduras de plata, regresar, por la calle de las Granadas, a la Casa Dorada, mientras que, a su paso, los habitantes de Roma aclamaban al César Nerón; había sido Heliogábalo, el rostro pintado de colores, que trabajaba en la rueca entre las mujeres, y que trajo de Cartago a la Luna, para dársela al Sol en matrimonio místico".*

Cariño:

Para comprender el destino desde el punto de vista judío, tengo que recordar a mis tertulianos su historia. Aproximadamente, hace seis mil añitos de nada, Dios creó al hombre conforme se describe en el Génesis. Una vez que el hombre dejó de obedecer a Dios (a través de los profetas) y se desviaba de su camino, entonces le mandaba a los serafines, querubines y ángeles para castigar a los herejes. Los hombres se multiplicaban conforme a su mandato, pero la mayoría dejó de creer en él y solo quedaron unos poquitos, a los cuales se les premió con la tierra prometida. Se pactó que vivirían en ella libres de injusticias. Los judíos y el cumplimiento de pactos con Dios es un tema polémico, que unido a los enfrentamientos con los vecinos, les repercutía en muchos castigos divinos. Podemos situar el 70 a.C. como punto de inflexión en el destino judío con la invasión romana. A partir de ahí, el pueblo judío ha sufrido expulsiones y persecuciones que han llegado hasta la actualidad. Tras el holocausto, se les concedieron tierras en Palestina y se creó el estado de Israel. Cientos de miles de judíos de todo el mundo volvieron a la tierra prometida pero la paz no fue duradera. Todos se creían con los mismos derechos y desde entonces siguen los enfrentamientos. Una vez situada la historia, debo situar a mis contertulios las creencias. Es obvio que para ellos, Dios es el creador de todo lo que hay en el universo. Por lo tanto, de lo bueno y de lo malo. El hombre es la obra maestra de Dios. En la Toráh se encuentran todas las leyes que los judíos deben obedecer en su vida cotidiana para mantenerse fieles al señor. ¿Qué plantea la Toráh? Aparte de lo obvio, tiene normas de comportamiento, de ritual, de convivencia, alimenticias, de sanidad y autodisciplina, que acercan a Dios. Para acercarse a Dios es necesaria la oración, pero tanto más lo es el estudio. De ahí que prácticamente no existan analfabetos judíos. Por las maneras y formas de comportamiento, aparentemente son muy pedantes y soberbios, hasta que los tratas en la intimidad. Entonces te enfrentas a personas por lo general, corteses y amables, eruditos en casi todo lo escrito y que no creen en la predestinación para nada. Dios ha creado al hombre libre de elegir su propio destino. Así, el hombre es la única criatura del universo que goza del libre albedrío, ya que puede elegir sin ningún tipo de coacción seguir el camino de Dios y la vida, o del pecado y la muerte. Una de las preguntas que siempre sale a colación cuando se trata el tema judío y Dios, es la norma de no pronunciar su nombre. La explicación que ellos dan, es que es la primera norma de la Toráh. No obstante intuyo que el nombre de Dios traducido o escrito en el antiguo arameo, debía de ser todo un jeroglífico. Lo digo más que nada porque el arameo no contiene vocales y traducir de un idioma sin vocales a uno con vocales es harto difícil y para evitar que cada cual le llamase de un modo diferente y aquello pareciera más una feria de motes, se decidiera imponer la norma. ¿Cómo consiguen no decir el nombre? Podría preguntarse cualquier tertuliano. Lo sustituyen por Yavé, Jehová o usan circunloquios como Adonai, Tetragramatón, etc. Para profundizar en el tema del destino. Recuerdo la afición de los primeros judíos a la astrología y para conseguir el objetivo de este estudio nada mejor que transcribir lo que nos dicen en Chabad.org (Fuente: *Chabad. org Si ha disfrutado de este artículo lo invitamos a distribuirlo, Chabad. org es parte de Chabad-Lubavitch Media Center, Bajo los auspicios de la sede central mundial del Jabad Lubavitch En la memoria eterna de nuestro fundador, Rabbi Yosef Y. Kazen, pionero de Toráh, Judaísmo y Información judía en la Web © 1993-2013 Chabad-Lubavitch Media Center).*

Maese: ¿Puede la astrología determinar el destino? ¿Hay alguna diferencia a este respecto entre un judío y un no judío?

Respuesta: Hay diferencia de opiniones en el Talmud, sobre cuáles factores determinan el destino del judío. La opinión aceptada es que ein mazal l'Israel, las estrellas no determinan el destino del judío. El Baal Shem Tov explica que se debe leer ain mazal l'Israel, o sea, que el sino de Israel es el estado Divino de "Nulidad". El del resto de los seres humanos es un estado de "existencia", por lo que cada no judío está determinado según su destino. Si está escrito en las estrellas o en alguna otra dimensión, no es significativo, hay cierto nivel de predestinamiento que es verdaderamente imposible de superar para el gentil. El judío, por el contrario, puede triunfar sobre su mazal. Esto es porque el origen de su sino es la "Nada Divina" misma, que es algo no bien definido, como tampoco lo es la esencia de Di-s. Así como Di-s no puede ser definido, tampoco puede serlo el destino del judío. Esto es lo que se quiere significar con Ain, "la Nada" es el mazal de Israel. En el día del cumpleaños, el mazal de la persona se vuelve más fuerte, y brilla desde el nivel supraconsciente de la raíz de su alma, en el nivel consciente de su alma. El mazal le otorga fuerza para usar al máximo su poder de libre albedrío, al contrario de lo que se piensa que el mazal no es libre albedrío. El Arizal explica en su libro Etz Jaim, que la astrología no judía sólo llega a cierto nivel de las doce constelaciones o signos zodiacales, pero hay muchos niveles por encima de estos. El más alto de todos son las 12 permutaciones del Nombre de Di-s, Havaia; sólo el pueblo judío está conectado a este nivel. Al conectarse con él, tiene el poder de recrear (el Nombre Havaia significa "creación continua"). La Astrología es muy limitada. La Torá y el pueblo judío trascienden esta limitación de la astrología no judía. Cuando algo es trascendente, no anula su fuente abstracta, por el contrario, la trascendencia se produce al llegar a esa fuente. Esto es lo que trató de decir el Baal Shem Tov cuando dijo que el mazal de Israel es ain. Yo pienso que Hashem si ha hecho diferencia de personas, pero no creo que sea para excluir a alguien, solo que al pueblo de Israel le dio con algún propósito más responsabilidad que a nosotros los gentiles, y no me cabe la menor duda que nos ama tanto como a su pueblo Israel, a veces nos suena muy duro que esto o lo otro es solo para el judío, pero no debemos tomarlo mal sino que orar para que el pueblo de Israel se vuelva completamente a Hashem. Si D-os no amase a los gentiles es simple no estaríamos aquí.

A los judíos y musulmanes siempre que hablan con no creyentes les pasa lo mismo que a los cristianos. ¿El qué? pues la retahíla de preguntas, sobre la existencia de Dios, del infierno, sus naturalezas, los por qués y dóndes, etc. Habitualmente la actitud del no creyente variará en función de su respeto por el creyente que le va a contestar y por los miedos y temores reales que tenga en su interior. En el caso especial de los musulmanes, siempre sale el tema de la interpretación y realidad de los sueños, debido al nacimiento de la religión con el sueño de Mahoma. En el caso de los judíos, la mística se combina inmediatamente con ciencias ocultistas. De este modo se mezcla el Talmud con la Cábala. Es decir, en lo que es Dios quiere del hombre, se mezcla con la manera de pensar. La palabra cábala proviene de la raíz hebrea Qof-Beit-Lamed, o también Kof-Beit-Lamed, o incluso Cof-Beit-Lamed, pues de cualquiera de las tres maneras se puede escribir. En todo caso significa *"recibir, a aceptar."* El hecho de que se pueda escribir de tres maneras diferentes, ya nos da una idea de la cantidad de posibilidades de interpretaciones diferentes que podemos tener. ¿Qué hace la cábala? La cábala hace comprender al hombre, espiritualmente y con su pensamiento, la grandeza de Dios y por tanto el mecanismo íntimo de todo. ¿De dónde procede? La mayoría dice que desde Moisés en el Monte Sinaí. Los más ortodoxos dicen que fue proporcionada por los ángeles a Adán como un medio de volver a la gracia. Los tradicionales cabalísticos dicen que la cábala se dio junto con la Toráh directamente por Dios al pueblo judío. El hecho es que la cábala toma auge a partir del siglo II d.C. para aprender a meditar, tomar decisiones y explorar las verdades internas. La obra más famosa de la Kabbalah, el Zohar, fue revelado al mundo judío en el siglo XIII por Moisés de León. ¿En qué consiste? Moisés de León dice que es un sistema de símbolos que revela el secreto de las leyes del universo, por ello, se hace este libro a modo de comentarios de los cinco libros de la Toráh. La posibilidad de que la cábala se expandiera fuera de los límites judíos y el riesgo de caer en oscurantismos alejados de Dios, les llevó a los rabinos a prohibir su estudio. Las historias de personas locas y desequilibradas tras alcanzar gran profundidad de entendimiento de la Cábala, son cientos. ¿Verdades o mentiras? Pudieran ser ambas, el caso es alejar a la gente de su estudio. Cuentan que cuatro grandes sabios llegaron a lo más profundo del entendimiento cabalístico y se juntaron a meditar. Al final uno enloqueció, otro murió, otro renunció a su fé y solo uno sobrevivió. Queda en cada uno el intentarlo o dejarlo ¿No es eso la libertad del destino? ¡Ufff¡ de modo que ¿según se sea o no judío se puede salvar o no y no se está predeterminado o sí?. Lo que parece claro es que Dios es el destino al que hay que llegar. La persona tiene libertad de seguir o no sus enseñanzas y en su vida tendrá avatares que nada tienen que ver con la casualidad, pues es Dios quien lo controla. Lo que no deja de ser una paradoja. ¿Qué paradoja? Independientemente de la obviedad de que pueda manipular algo que él mismo ha creado y conoce el destino final, dando la impresión de un Dios que juega a los títeres, la paradoja que me preocupa es resolver ¿cómo con un Dios omnipotente, hay dos cosas necesarias?. ¿Cuáles? Por un lado un Dios todopoderoso y por otro la libertad de elegir. Aparentemente es simple de entender, pero cuando los mezclas ves que hay una paradoja. Para terminar este capítulo de repaso, miro al calendario y veo que el hebreo es muy diferente. Los meses son: Nisan del 20 Marzo al 21 Abril. Iyar deI 22 Abril al 20 Mayo. Sivan del 21 Mayo al 21 Junio. Tamus del 22 Junio al 23 Julio. Ab del 24 Julio al 23 Agosto. Ellul deI 24 Agosto al 23 Septiembre. Tishri del 24 Septiembre al 23 Octubre. Marchesvan deI 24 Octubre al 22 Noviembre. Kislev del 23 Noviembre al 21 Diciembre. Tebeth del 22 Diciembre al 20 Enero. Shebat del 21 Enero al 19 Febrero. Adar del 20 Febrero a 19 Marzo.

Despedida

Querido Maese: Me pediste que te dejara impreso mis sentimientos. Puedo decirte que todavía me tiemblan las piernas de anoche. ¡No sé cuántas veces lo haríamos¡ Mis manos, aún contienen mis sentimientos a flor de piel. Hace unas horas que nos presentaron en ese bar de la esquina. ¿Te diste cuenta de que en el local tocaron nuestra música preferida? Recuerdo aún cómo separaste unas mesas, cómo me cogiste del brazo y bailando ante las miradas de la gente quedaron envidiándonos. Recuerdo cuando el maître se acercó para disuadirnos de seguir bailando, cómo sacaste ese billete del bolsillo e invitaste a Moët&Chandon a la gente. ¿Recuerdas cuándo tus amigos se nos unieron y cuándo algunos clientes les siguieron? Aún siento el escalofrío por la espalda. Después te llevé a ese local de la rivera del Manzanares, tocaban a Sabina. Mirando tú cara vi que a otro sitio pertenecías, tú mi rey, ¿en el barrio del Atlético y con Sabina de fondo?. Casi me muero de espanto del error que cometí. Pero tú, viajero de los mares te repusiste de inmediato, me asiste de nuevo por el brazo y a un palacio me transferiste. Las notas de Sabina a tango sonaban y a todos con la boca abierta dejamos. Ayer el universo conspiró a nuestro favor. Me pregunto ¿si no estuve demasiado tonta?, ¿demasiado retraída?, ¿si no abusé de mi risa nerviosa?, ¿si no te miré lo suficiente a los ojos?, ¿si me vestí apropiada para la ocasión?, ¿si ahora estoy en tus sueños?. Marinero de los piélagos, esas horas que estuvimos juntos las tendré grabadas en la mente. Mi rey, nuestras almas estaban vinculados desde hace mucho tiempo y hoy frente a frente, no hicieron más que consolidar lo que el destino tenía previsto. ¡Partes, marineroi como me advertiste que harías. Que de una sola mujer no eres, más que de ella, de la imposible. Ahora no veo el momento de que llegue de nuevo tu barco a este puerto. No veo el día de nuestra próxima cita para la cual, amor mío, si que te prometo mirarte y tocarte más, aún de lo que hoy te he dado, si aquello es posible. Intentaré que cada minuto que pasemos juntos sea un colapso en tu reloj. Recogeré cada una de las mariposas de mi estómago para guardarlas en una hucha cada vez que un correo llegue. Las guardaré en mi corazón ¿Qué es esto que siento, que ningún hombre me hizo sentir? Una noche contigo, un máster fue en el amor. ¡Marineroi Alto has puesto a los demás el listón, vuelve un día que quiero doctorarme contigo en el amor. Besos

Me quedo reflexionando con lo que decía Nicolás Maquiavelo en "El príncipe": "*Y aunque juzgo esta obra indigna de Vuestra Magnificencia, no por eso confío menos en*

157

que sabréis aceptarla, considerando que no puedo haceros mejor regalo que poneros en condición de poder entender, en brevísimo tiempo, todo cuanto he aprendido en muchos años y a costa de tantos sinsabores y peligros. No he adornado ni hinchado esta obra con cláusulas interminables, ni con palabras ampulosas y magníficas, ni con cualesquier atractivos o adornos extrínsecos, cual muchos suelen hacer con sus cosas; porque he querido, o que nada la honre, o que sólo la variedad de la materia y la gravedad del tema la hagan grata. No quiero que se mire como presunción el que un hombre de humilde cuna se atreva a examinar y criticar el gobierno de los príncipes. Porque así como aquellos que dibujan un paisaje se colocan en el llano para apreciar mejor los montes y los lugares altos, y para apreciar mejor el llano escalan los montes, así para conocer bien la naturaleza de los pueblos hay que ser príncipe, y para conocer la de los príncipes hay que pertenecer al pueblo. Acoja, pues, Vuestra Magnificencia este modesto obsequio con el mismo ánimo con que yo lo hago; si lo lee y medita con atención, descubrirá en él un vivísimo deseo mío: el de que Vuestra Magnificencia llegue a la grandeza que el destino y sus virtudes le auguran. Y si Vuestra Magnificencia, desde la cúspide de su altura, vuelve alguna vez la vista hacia este llano, comprenderá cuán inmerecidamente soporto una grande y constante malignidad de la suerte".

PREDICCIONES Y PRESAGIOS

"Un hombre no es otra cosa que lo que hace de sí mismo".
Jean Paul Sartre.

Decía Fedor Dostoiewski en "Los hermanos Karamazov": *"Dmitri Fiodorovitch, al que Gruchegnka había enviado su último adiós cuando partió para una nueva vida, con el deseo de que se acordara siempre de una hora de amor, estaba en aquellos momentos luchando con graves dificultades. Como él mismo dijo más tarde, pasó dos días bajo la amenaza de una congestión cerebral. Aliocha no había conseguido verle el día anterior, y Dmitri no había acudido a la cita que tenía con Iván en la taberna. Cumpliendo sus instrucciones, los dueños del piso donde se hospedaba guardaron silencio. Durante los dos días que precedieron a la catástrofe, su estado fue francamente crítico. Según sus propias palabras, «luchó con su destino por su salvación». Incluso estuvo ausente de la ciudad varias horas para resolver un asunto inaplazable, a pesar de su temor a dejar a Gruchegnka sin vigilancia. Las investigaciones posteriores determinaron con exactitud cómo había empleado el tiempo"...»* En fin, respetable señor Samsonov, que estoy dispuesto a cederle todos mis derechos sobre ese monstruo sólo por tres mil rublos. ¿Acepta? Piense que no arriesga usted nada, nada absolutamente: se lo juro por mi honor. Usted percibirá seis mil o siete mil rublos por los tres mil desembolsados... Lo que más me interesa es terminar este asunto hoy mismo. Iremos a la notaría, o... En fin estoy dispuesto a todo. Le puedo entregar cuantos documentos desee, firmaré todo lo que usted quiera. Esta misma mañana formalizamos el convenio y usted me entrega los tres mil rublos. Bien puede hacerlo, ya que es uno de los hombres más acaudalados de la localidad. Así me salvará y, a la vez, me *permitirá realizar un acto sublime..., pues abrigo los más nobles sentimientos acerca de una persona que usted conoce perfectamente y a la que usted rodea de una solicitud paternal. De lo contrario, no habría venido. Podemos decir que se han encontrado tres frentes, pues el destino es algo terrible, señor Samsonov. Pero como usted está fuera de combate desde hace tiempo, quedamos sólo dos frentes. Acaso no me expreso bien, pero tenga en cuenta que no soy literato. Los dos frentes son el mío y el de ese monstruo. Por lo tanto, escoja usted: el monstruo o yo. Todo está ahora en sus manos: tres destinos, dos frentes... Perdóneme: me he armado un lío. Pero usted me entiende..., leo en sus ojos que me ha comprendido... De lo contrario, ahora mismo me marcharía. Esto es todo".*

Hola Cariño:

Hoy he madurado este comentario en mis sinapsis neuronales y no he dudado en enviártelo a ver si nos aclara esto del destino. ¿Cómo nace el amor? ¿Es el destino, la casualidad, Dios o quién lo hace florecer? Unos dirán que viene de Dios porque algo de milagroso sí que es. Otros dirán que el destino tejió los hilos a modo de hilandera, inspirándose en las Moiras. El caso es que esos hilos te envuelven como trampas y no ves, que tan sólo sientes, pero que nunca quieres salir de ese encarcelamiento. Esa prisión te da calor, te llena, no te deja espacios, te envuelve por completo. Eres consciente que un día termina, pero tienes la sensación de infinidad. Es hermoso sentirse feliz, adoptar esa postura, que el mundo lo sepa sin que lo digas, donde todos notan el brillo de los ojos, la sonrisa permanente y las ganas de bailar que perfuman el ambiente. Decía el poeta *"Pensé que nunca llegaría a compartir mi vida junto a ti, solo te veía y mi corazón exclamaba un suave suspiro de dolor, al no poder besar nunca esos labios que con una sonrisa me dabas el mar entero"*. Pensé cien veces al día en decidir no pensar en ti más. En olvidarte poco a poco. Son decisiones libres dentro del mar de ataduras que el amor nos hace esclavos. Recuerdo ese día, que me preguntaste si me animaría a andar contigo. Si había alguien más en mi vida y donde te contesté que a partir de entonces esperaba que estuvieses tú. ¡Casémonos¡ ¿Quieres ser mi marido? Me preguntaste a bocajarro, sin darme opción a cumplir tradiciones que por historia nos pertenecen a los hombres. Aunque me moría de felicidad no lo demostré, pues pensé que si decía ¡sí¡, podrías pensar que había otros fines ocultos y si decía ¡no¡, entonces te perdería para siempre. Desde entonces es una pesadilla, cada vez que me acerco y te digo ¡si¡ me rechazas y cada vez que me alejo te entristeces porque tienes celos. Las decisiones son libres, las tomamos libremente y yo debí haber respondido inmediatamente ¡si¡ en lugar de intentar que no creyeses que había algo oculto en mí. Esta decisión libre y sana, se ha vuelto siempre en mi contra, pues ahora siempre dudas de que te quiera. Eres el sentimiento más grande que alguien puede sentir y del que salen los hijos por ello. Te entregué todo lo que pude dar. De ti dependía mi felicidad y de mí, la tuya. Lo que uno tenía, le faltaba al otro. Nos complementábamos y por fin había un ¡nosotros¡. Con todo este juego, ya no confiaba en ti. Creía en ti. Pero tus reflejos de "ahora sí… ahora no", me apalearon de tal modo que creo que has jugado conmigo. También son decisiones libres. Ni Dios, ni ningún destino tejen tanta inseguridad. Me dijeron que andabas con otro y tú lo negabas. Dentro de mí sabía que algo no funcionaba y te vi con él. Con una persona a la cual abrazabas con tanto amor como antaño lo hacías conmigo. Con tantas ganas que decidí no acercarme. Otra decisión en libertad. Quise tu felicidad y al fin lo conseguí. Espero que ahora creas lo que te he querido.

¿Qué de cierto hay en las profecías y presagios? Esto es a lo que me enfrento en este momento. Dicen que todo lo que pasa en la vida es consecuencia de algo y le llaman causalidad. Me detengo. Reflexiono y veo que no todo es así, sino que necesita que la causa sea antes de la consecuencia. Pero que siempre ocurra de este modo y además con poco intervalo de tiempo entre ambos. En caso contrario, estaremos ante hechos aislados que nada nos aportan. Cuando ocurren las mismas circunstancias y pasan los mismos hechos durante varias veces, entonces y solo entonces, es cuando esta ley de los deterministas (causa-efecto) puede establecerse como ley. Aristóteles defendía la Teleología. Es decir: *"la doctrina que considera indispensable para la comprensión de la realidad la referencia a los fines o motivos por los que ocurre algo"*. Teleología o finalismo: de logos (teoría, explicación) y telos (fin). ¿Por qué ocurren las cosas? Se preguntaron los filósofos y entonces aparecieron dos corrientes opuestas. Los finalistas o teleológicos y los mecanicistas. Los primeros decían que para determinar un hecho, había que saber dos causas, la que lo origina y la causa final. Según Aristóteles, estas cusas podrían ser de tres tipos, bien por naturaleza, bien por el arte, o técnica, o bien por azar. Él lo explica con el ejemplo de un juguete. *"Éste es un objeto construido para algo, luego tiene un fin o una función que cumplir"*. Muchas personas confunden el destino con la función en la vida. En el caso de los seres animados (naturales) Santo Tomás coincide con Aristóteles al decir que los hombres hacemos lo que hacemos por algo *"la defensa de la existencia de finalidad en todo objeto natural y en los cambios o movimientos naturales: así, el fin de la semilla es convertirse en árbol, como el fin del niño es ser hombre; cada ser natural tiene una finalidad que está determinada por su forma o esencia y a la cual aspira y de la que se dice que está en potencia"*. Dice Aristóteles en

"*Física,* Libro Segundo, VIII (Planeta de Agostini, Editorial Gredos, S.A. (1995), Biblioteca Clásica Gredos. Traducción: Guillermo R. de Echandía)": "*Porque las cosas mencionadas, y todas las que son por naturaleza, llegan a ser siempre o en la mayoría de los casos, lo que no sucede en los hechos debidos a la suerte o a la casualidad. Pues no parece un resultado de la suerte ni de una mera coincidencia el hecho de que llueva a menudo durante el invierno, pero sí durante el verano; ni que haga calor en verano, pero sí en invierno. Así pues, ya que se piensa que las cosas suceden o por coincidencia o por un fin, y puesto que no es posible que sucedan por coincidencia ni que se deban a la casualidad, sucederán entonces por un fin. Ahora bien, todas estas cosas y otras similares son por naturaleza, como lo admitirían los que mantienen la anterior argumentación. Luego en las cosas que llegan a ser y son por naturaleza hay una causa final. Además, en todo lo que hay un fin, cuanto se hace en las etapas sucesivamente anteriores se cumple en función de tal fin. Pues las cosas están hechas de la manera en que su naturaleza dispuso que fuesen hechas, y su naturaleza dispuso que fuesen hechas de la manera en que están hechas, si nada lo impide. Pero están hechas para algo. Luego han sido hechas por la naturaleza para ser tales como son. Por ejemplo, si una casa hubiese sido generada por la naturaleza, habría sido generada tal como lo está ahora por el arte. Y si las cosas por naturaleza fuesen generadas no sólo por la naturaleza sino también por el arte, serían generadas tales como lo están ahora por la naturaleza. Así, cada una espera la otra. En general, en algunos casos el arte completa lo que la naturaleza no puede llevar a término, en otros imita a la naturaleza. Por lo tanto, si las cosas producidas por el arte están hechas con vistas a un fin, es evidente que también lo están las producidas por la naturaleza; pues lo anterior se encuentra referido a lo que es posterior tanto en las cosas artificiales como en las cosas naturales".* Aristóteles concluye el libro de los Segundos analíticos con el modo en que la mente humana llega a conocer las verdades básicas *"Afirma que los primeros principios se derivan por inducción, de la percepción sensorial, que implanta los verdaderos universales en la mente humana.* De esta idea proviene la máxima escolástica *"nada hay en el intelecto que no haya estado antes en los sentidos"* (Nihil est in intellectu, quod prius non fuerit in sensu). Al mantener que *"conocer la naturaleza de una cosa es conocer por qué es"* y que *"poseemos conocimiento científico de una cosa solo cuando conocemos su causa",* Aristóteles postuló cuatro tipos mayores de causa como los términos medios: *la forma definible; un antecedente que necesita un consecuente; la causa eficiente; la causa final.* Posteriormente aparece Kant y cambia radicalmente. Le apoya Hume y sacan la teoría del determinismo en la que lo primero es el *entendimiento* y de ahí sale la *costumbre.* Dice un proverbio Afgano: *"Una carga inclinada no va a llegar a su destino".* Y pienso en cuantas cargas inclinadas llegan a su destino. Hablamos de destino como sinónimo de "suerte". ¿Qué es la suerte? Me dirijo al diccionario. Lo extraigo de su posición, lo hojeo hasta llegar a la ubicación y leo. *"Suerte, es el encadenamiento de los sucesos considerado como necesario y fatal: destino inevitable. Meta, punto de llegada: parte el vuelo destino a España. Uso o aplicación de una cosa para determinado fin: destino de las piezas. Circunstancia de serle favorable o adversa esta supuesta manera de ocurrir los sucesos a alguien o a algo: tu destino no está escrito".* Me detengo. Pierdo la mirada en el horizonte del mirador de casa y recuerdo la siguiente cuestión… ¿Para qué sirvo? Se preguntaba una de las finalistas del Premio Planeta. Y contestaba así a los medios de comunicación: *"No sé si os habrá ocurrido, pero me pasé media vida deseando que se me apareciese alguien y me dijese para que servía yo. Estaba tan desesperada que me daba igual si quien lo hacía era Dios, Bill Gates o Alan Greenspan. Es la maldición de los multidisciplinares, que hacemos bien 30 cosas pero ninguna sobresaliente. Así cual Martha Steward latina, yo era capaz de cocinar, pintar o hacer chufos, pero no era la mejor en algo. Quería que alguien dijese «tu sirves para poner tornillos del 4» o «tu sirves para hacer robots» (esto último complicado, soy una negada para las matemáticas). Al final conduje mi vida hacia más o menos lo que me gustaba, aunque la vida se empeñaba en llevarme por otros cauces más áridos. Todo cambió hace una semana cuando estaba comprándome un bocata de tortilla de patata, y recibí un sms de un amigo felicitándome. Le llamé sin entender nada, y él me conto que había sido elegida finalista del Premio Planeta. A partir de ahí se montó un follón estupendo del que todavía no me he recuperado, gracias al que adelgacé varios kilos y me subió la tensión (perfecto para una hipertensa) y del que he extraído una gran respuesta: ya sé para qué sirvo. Me gusta escribir desde pequeña y aunque mi familia y amigos digan «que bien lo haces», no es lo mismo que te lo confirme José Manuel Lara (lo siento, vosotros aportáis cariño, él conocimiento del medio como en el cole). Siempre había pensado que me gustaría ser escritora, una como Murakami, Mc Cullough o Quevedo, y no sé si conseguiré ver un libro mío publicado. Pero supe con aquel sms exactamente para lo que yo servía en la vida, y ese descubrimiento apasionante y feliz marco un punto de inflexión maravilloso".*

Continío meditando ahora con Santo Tomas. (Fuente: http://www.feyrazon.org/responde.htm) Decía Santo Tomás de Aquino *"Omne verum, a quocumque dicatur, a Spiritu Sancto est"*. Lo que viene a decir: *"Toda verdad, dígala quien la diga, viene del Espíritu Santo".* En la "summa Teologica" y en "El Compendium Theologie" Santo Tomas plantea a su amigo Fray Reginaldo de Piperno un resumen de la doctrina cristiana (CT; Cap 1, Nos 1-2) *"Como se sabe, la salvación del hombre consiste y se funda en el conocimiento de la verdad, para que el entendimiento humano no se oscurezca con los diversos errores; también consiste en la búsqueda del fin debido, para que no se extravíe de la verdadera felicidad buscando fines indebidos; e igualmente se funda en el cumplimiento de la justicia, para que no se mancille con los vicios. Por consiguiente, Dios ha compendiado en pocos y sucintos artículos de fé la enseñanza de la verdad necesaria para la salvación del hombre, tal como dice el Apóstol a los romanos: "Palabra abreviada hará el Señor sobre la tierra" (Rom 9,28)"* en el capítulo (CT; Cap.3, N°4) habla de la existencia de Dios: *"Lo primero que debemos creer sobre la unidad divina es que existe Dios, verdad que la misma razón humana percibe con la mayor evidencia. En efecto, vemos que todas las cosas que se mueven son movidas por otras: las inferiores por las superiores, como los elementos por los cuerpos celestes. Entre los mismos elementos, el que más fuerte mueve al que es más débil; y, en los cuerpos celestes, los inferiores son movidos por los superiores. Esta comunicación de movimientos no puede prolongarse hasta el infinito porque, como todo lo que es movido por otro es como un instrumento del primer motor, no habiendo primer motor, sería instrumento todo lo que comunica el movimiento. Si la comunicación del movimiento fuera infinita no existiría el primer motor; y si así fuera, no habría más que instrumentos en esa serie infinita de seres que mueven y son movidos. No hay hombre, por ignorante y sencillo que sea, que no conozca cuán absurdo y ridículo sería suponer que un instrumento tiene actividad propia para moverse, sin haberla recibido de un agente principal. Esto*

166

equivaldría al intento de aquel que se propusiera construir un arca o un lecho, dejando que obraran solas las sierras y demás instrumentos, sin la acción del carpintero. Es, por consiguiente, absolutamente necesario que exista un primer motor, principio de todo movimiento. Y a ese primer motor es al que llamamos Dios." En el (CT; Cap.114, Nº 223) nos comenta lo que hay que entender por bien y mal. *"Debemos considerar que, así como entendemos por bien la perfección del ser, por mal se entiende la privación de esta perfección. Pero, como la privación propiamente dicha es la privación de un bien debido, que le pertenece en un tiempo y de un modo determinado, es evidente que una cosa es llamada mala porque carece de una perfección que debe tener. Por ejemplo, el que el hombre esté privado del sentido de la vista es un mal para él, pero no lo es para la piedra, porque no es propio de esta ver".* Para hablar del destino hay que pasar al capítulo (CT; Cap.138, Nº 279) cuando dice: *"Algunos (Cicerón) no quieren referir a una causa que los ordena los muchos efectos que proceden de la consideración de las causas segundas. Y así todo lo atribuyen a la casualidad. Polemizando con ellos, habremos de negar la casualidad. Otros, en cambio, han querido referir estos efectos, que parecen casuales y fortuitos, a una causa superior que los ordena, y sin salir del orden de las cosas corporales, atribuyeron esta acción ordenadora a los primeros cuerpos, es decir, a los cuerpos celestes. Los que esto afirmaban decían que le destino dependía de la posición de los astros, de la que provenía los efectos de este género. Pero, como ya hemos demostrado antes, el entendimiento y la voluntad, que son los principios propios de los actos humanos, no están sometidos a los cuerpos celestes; luego no se puede decir que lo que parece acontecer en las cosas humanas de una manera casual y fortuita, se refiera a los cuerpos celestes como a su causa ordenadora. Solo hay destino y hado en aquellas cosas humanas que se da la fortuna. Pues, en efecto, sobre*

167

estas cosas se pregunta cuando se quiere conocer el porvenir, y sobre ellas dan sus respuestas los adivinos. Por esta razón el destino es llamado hado, y, por consiguiente, esta noción del destino -como lo absolutamente fortuito- es ajena o contraria a la Fe. Pero como no solamente las cosas naturales, sino también las cosas humanas que parecen casuales, están sometidas a la Providencia divina, es necesario referirlas todas a la acción ordenadora de ésta. Hablar de destino, por tanto, equivale también a sostener que todo está sometido a la divina Providencia. El destino entendido en este sentido es un efecto de la Providencia divina". ¿Cuál es el fin último del hombre? Para responder debemos ir al capítulo (CT; Cap.149, Nª 298) *"La consumación del hombre consiste en la posesión del último fin, que es la bienaventuranza o felicidad perfecta, la cual consiste en la visión de Dios, según se demostró antes. La inmutabilidad de la inteligencia y de la voluntad se alcanza por la visión de Dios. La inmutabilidad de la inteligencia, porque cuando se ha llegado a la primera causa en que pueden ser conocidas todas las cosas, cesa la investigación de la inteligencia. La movilidad de la voluntad cesa también, porque una vez conseguido el fin último, que encierra la plenitud de toda la bondad, no queda ya nada que desear, pues la voluntad se muda porque desea alguna cosa que no tiene todavía. Luego es evidente que la consumación última del hombre consiste en un reposo perfecto o inmovilidad del entendimiento y de la voluntad."*

Me planteo ahora ¿Qué son los presagios? y ¿Para qué sirven? A fin de cuentas un presagio es una manera de adivinar el futuro. Me llama la atención que cualquier adivinación que se haga implique un cambio. Hasta ahora, he presenciado cientos de maneras diferentes de adivinar el futuro y nadie dice

168

que seguiré como estoy. Absolutamente todos me dicen que habrá cambios en mi vida e incluso hay quien solo me da un año de vida. Supongo que los que van a allí es porque desean precisamente un cambio. Compruebo que *presagio* tiene un cariz diferenciador cuando lo comparo con *augurio*. Otra cuestión que compruebo es que cuando hablas con alguien de presagios, todos lo plantean como sinónimo de *fatalidad*, de cosa mala que va a ocurrir. Supongo que todo es cuestión de interpretación y de qué persona se trate. Por ejemplo, si dicen que va a llover, el turista lo verá como fatalidad, mientras que el agricultor lo verá como beneficio. Por ello, no entiendo el miedo al presagio, ni el halo de misterio y ceremonia que todos los augures plantean en el momento de la interpretación. Presagio es sinónimo de *anuncio, predicción y vaticinio* que se diferenciaban de los augurios en que éstos se practicaban y percibían conforme los signos buscados y prevenidos por las reglas del arte augural. En tanto que los presagios, como dimanados de la casualidad, eran interpretados por cada persona de un modo más vago, o al capricho. En época de los griegos y romanos, había siete tipos de presagios. ¡Ufff¡ ¡como para no acertar aunque sea por probabilidades¡. La primera: Antes de comenzar cualquier trabajo o cometer cualquiera empresa, era costumbre salir de casa para recoger las palabras que pronunciara (al caso) la primera persona que se encontrase en la calle y con eso se tomaban decisiones. Hoy en día hay jugadores de ruleta que se fijan en las matrículas de los coches haciendo algo similar. Segunda: Los estremecimientos o agitaciones súbitas de alguna parte del cuerpo. De tal modo que según qué parte, así era bueno o malo. Tercera: Los zumbidos de los oídos. Permanecen hasta hoy en día y se dice que "están hablando de mí..." y similares. Cuarta: Los estornudos. Se creía que era mal augurio. Después, (con los cristianos) cada vez que se estornudaba, se consideraba que salía del cuerpo un demonio. Así se contestaba "salud" o "Jesús" para contrarrestar el mal fario. Quinta: Las caídas imprevistas y tropiezos. Hoy en día los supersticiosos siguen creyendo en ello como signo de mal agüero. Séptima: Los nombres. Evitaban poner nombre desagradables que implicasen fatalismo. ¡En fin¡ el caso es que la cantidad de cosas que hay que hacer hoy en día para salir de casa y tener buena suerte, siendo un supersticioso, es preferible dejar de serlo porque no se puede vivir. Por esta razón se abrevió en una especie de fórmula mágica y en todas las ceremonias religiosas y en los actos públicos precedía la fórmula: *Quod felix, faustum, fortunatumque sit.* De momento ni augurios, ni presagios tienen el destino escrito, ni se le aproxima. De modo que sigo con las profecías a ver si aquí encuentro lo que busco. A fin de cuentas, las profecías son otro denominador común de todas las religiones y credos ocultistas, aunque prefieren llamarlas augurios. Me tomo un café de descanso. Paseo por el ventanal comprobando que conejos y abejas siguen en su sitio. Evado mi mente reflexionando en lo que decía Aristóteles en "Poética": *"Otro ejemplo es la "voz de la lanzadera" en el Tereo de Sófocles. Una tercera clase es el reconocimiento a través de la memoria, que despierta la conciencia de un hombre por algo visto. Así en el drama Los Ciprios de Diciógenes 1455 a la visión del cuadro lleva al hombre a estallar en lágrimas, y en el Apólogo de Alcino, Ulises al oír la cítara recuerda el pasado y también llora. Una cuarta clase de reconocimiento se produce a través del razonamiento, por ejemplo en Las coéforas: "Alguien que se me parece está aquí; no existe otro como yo, excepto Orestes; por tanto, él debe estar aquí". Otro ejemplo es el que el sofista Poleidos sugiere para Ifigenia, pues es probable que si su hermana fue sacrificada, su destino debe ser el mismo. O el episodio del Tideo de Teodectes: "Yo vine a buscar un hijo, y yo mismo he de morir." O también en Las Finidas: al ver el lugar la mujer infirió su destino, es decir, que morirían allí, desde que se trataba del lugar en que habían sido expuestas al nacer. Existe, asimismo un reconocimiento incorrecto que surge de un razonamiento erróneo de parte del público. Un ejemplo de ello se advierte en Ulises, el falso mensajero: él asegura que reconocería el arco, que no ha visto. El mejor de los reconocimientos, empero, es aquel que surge de los incidentes mismos, cuando la gran sorpresa aparece a través de un hecho probable, como es el caso en Edipo de Sófocles, y también en Ifigenia, pues es muy probable que ella quisiera enviar una carta a su hogar. Estos últimos son los únicos reconocimientos independientes del artificio de los signos y collares. Los mejores después de éstos son los reconocimientos que dependen del raciocinio".*

Cariño:

Profecía en griego se traduce como "aparición" y el Diccionario de la RAE lo define como «*don sobrenatural que consiste en conocer por inspiración divina las cosas distantes o futuras*». De modo que erradica cualquier otra posibilidad de origen que no sea el religioso. Podría preguntar cualquier tertuliano ¿Qué diferencia hay entre profecía y predicción?. Siquiera las definiciones oficiales lo distinguen con claridad. *Predecir* significa «*anunciar por revelación, ciencia o conjetura algo que ha de suceder*». Le quita el cariz exclusivo religioso, ampliándolo a la ciencia o a la causalidad. En ambos casos sigue admitiendo de soslayo la idea de que lo mostrado estaba predicho. En las religiones, a los profetas no se les considera adivinos, sino mensajeros o transmitentes, que además todo lo que está escrito se ha cumplido, independientemente de que se trate de musulmanes, judíos o cristianos. Son ejemplos de profetas Elías, Eliseo, Isaías,

Jeremías, Ezequiel, Amós, Oseas, Miqueas, Sofonías, Nahúm, Habacuc, Ageo, Zacarías, Malaquías, Abdías, Joel, etc. Decía Pablo de Tarso en (I Corintios 14, 3-4):"«*El que profetiza habla a los hombres para edificarlos, exhortarlos y reconfortarlos... El que profetiza edifica a la comunidad.*" La profecía se lanza en determinado momento y tiene la característica de que se puede cumplir miles de años más tarde. Dice el escritor Giuseppe Ricciotti al respecto de la "profecía de María" (Lucas I): "*¿Cabría imaginar profecía más inverosímil que ésta?... Una muchacha de quince años escasos, desprovista de bienes de fortuna y de toda posición social, desconocida a sus compatriotas y habitante de una aldea no menos desconocida, proclamaba confiadamente que la llamarían bienaventurada todas las generaciones. ¡Fácil parecía coger la palabra a aquella muchacha profetizante con la certeza absoluta de verla desmentir antes de la primera generación! Hoy han pasado veinte siglos y puede hacerse el cotejo entre la predicción y la realidad. Ahora puede ver la historia sin trabajo si María previó con justeza y si la humanidad hoy la exalta más que a Herodes el Grande, entonces árbitro de Palestina, y que a Cayo Julio César Octaviano Augusto, entonces árbitro del mundo*".

¿Qué nos dice el Catecismo sobre los profetas? Lo mejor será leerlo directamente y sin interpretaciones ¿no?:

64 Por los profetas, Dios forma a su pueblo en la esperanza de la salvación, en la espera de una Alianza nueva y eterna destinada a todos los hombres,26 y que será grabada en los corazones.27 Los profetas anuncian una redención radical del pueblo de Dios, la purificación de todas sus infidelidades,28 una salvación que incluirá a todas las naciones.2< Serán sobre todo los pobres y los humildes del

201 A Israel, su elegido, Dios se reveló como el Único: «Escucha Israel: el Señor nuestro Dios es el único Señor. Amarás al Señor tu Dios con todo tu corazón, con toda tu alma y con toda tu fuerza» (Df 6, 4-5). Por los profetas, Dios llama a Israel y a todas las naciones a volverse a El, el Único: «Volveos a mí y seréis salvados, confines todos de la tierra, porque yo soy Dios, no existe ningún otro [1 ante mí se doblará toda rodilla y toda lengua jurará diciendo: ¡Sólo en Dios hay victoria y fuerza!» (Is 45, 22-24).

218 A lo largo de su historia, Israel pudo descubrir que Dios sólo tenía una razón para revelársele y escogerlo entre todos los pueblos como pueblo suyo: so. Amor gratuito.'9 E Israel comprendió, gracias a sus profetas, que también por amor Dios no cesó de salvarlo20 y de perdonarle su infidelidad y sus pecados.

243 Antes de su Pascua, Jesús anuncia el envío de «otro Paráclito» (Defensor), el Espíritu Santo. Este, que actuó ya en la Creación4< y «por los profetas»,47 estará ahora junto a los discípulos y en ellos,48 para enseñarles y conducirlos «hasta la verdad completa> (Jn 16, 13). El Espíritu Santo es revelado así como otra persona divina con relación a Jesús y al Padre.

522 La venida del Hijo de Dios a la tierra es un acontecimiento tan inmenso que Dios quiso prepararlo durante siglos. Ritos y sacrificios, figuras y símbolos de la «Primera Alianza»,210 todo lo hace converger hacia Cristo; anuncia esta venida por boca de los profetas que se suceden en Israel. Además, despierta en el corazón de los paganos una espera, aún confusa, de esta venida.

2100 El sacrificio exterior, para ser auténtico, debe ser expresión del sacrificio espiritual. «Mi sacrificio es un espíritu contrito...» (Sal 51, 19). Los profetas de la Antigua Alianza denunciaron con frecuencia los sacrificios hechos sin participación interior'2 o sin relación con el amor al prójimo.'> Jesús recuerda las palabras del profeta Oseas: «Misericordia quiero, que no sacrificio» (Mt 9, 13; 12, 7)14 El único sacrificio perfecto es el que ofreció Cristo en la cruz en ofrenda total al amor del Padre y por nuestra salvación.'> Uniéndonos a su sacrificio, podemos hacer de nuestra vida un sacrificio para Dios.

2543 «Pero ahora, independientemente de la ley, la justicia de Dios se ha manifestado, atestiguada por la ley y los profetas, justicia de Dios por la fé en Jesucristo, para todos los que creen» (Rm 3, 21- 22). Por eso, los fieles de Cristo «han crucificado la carne con sus pasiones y sus apetencias» (Ga 5, 24); «son guiados por el Espíritu» 279 y siguen los deseos del Espíritu.

2581 Para el pueblo de Dios, el Templo debía ser el lugar donde aprender a orar: las peregrinaciones, las fiestas, los sacrificios, la ofrenda de la tarde, el incienso, los panes de «la proposición», todos estos signos de la santidad y de la gloria de Dios, Altísimo pero muy cercano, eran llamamientos y caminos para la oración. Sin embargo, el ritualismo arrastraba al pueblo con frecuencia hacia un culto demasiado exterior. Era necesaria la educación de la fé, la conversión del corazón. Esta fue la misión de los profetas, antes y después del destierro.

2582 Elías es el padre de los profetas, de la raza de los que buscan a Dios, los que van tras su rostro. Su nombre, «el Señor es mi Dios», anuncia el grito del pueblo en respuesta a su

174

oración sobre el monte Carmelo. Santiago nos remite a él para incitarnos a orar: «La oración ferviente del justo tiene mucho poder».29 (St 5, 16)

2584 A solas con Dios, los profetas extraen luz y fuerza para su misión. Su oración no es una huida del mundo infiel, sino una escucha de la palabra de Dios, es, a veces, un debatirse o una queja, y siempre, una intercesión que espera y prepara la intervención del Dios salvador, Señor de la historia.

2595 Los profetas llaman a la conversión del corazón y, al buscar ardientemente el rostro de Dios, como hizo Elías, interceden por el pueblo.

¿Cuáles eran esos profetas? Los principales eran los siguiente: (Fuente: Formación de Cofradías Santa Justa y Rufina de Toledo, por parte del Consiliario de las mismas y párroco.)

Natán: Este profeta no ha dejado nada escrito. Desempeñó un papel muy importante al lado del rey David. Para situarlo en el contexto histórico tenemos que leer 2 S 7,1-11. Sus intervenciones se encuentran en 2 S 12 (pecado de David) y en 1 R 1. Los títulos que tenía David era de *siervo, pastor, rey,*...Si comparamos 2 S 7,14 con 1 Cr 17,13, donde no se imagina que ese hijo de David pueda pecar, y 2 S 7,16 con 1 Cr 17,14, los adjetivos posesivos han cambiado; todo ello quiere decir que la figura del *hijo de David* ha cobrado gran importancia.

Isaías: Isaías predica en Jerusalén entre el 740 y el 700. Gran profeta, político avispado. Ejerció gran influencia en su época; era un aristócrata. Dos siglos más tarde, algunos discípulos apelaron a su recuerdo y añadieron sus obras a la suya. Así pues: de Isaías es Is 1-39, del discípulo del destierro (Deuteroisaías) es Is 40-55, y de un discípulo posterior (Trito-Isaías) es Is 56-66. La situación política es compleja: los dos reinos gozan de prosperidad, pero Asiria comienza a amenazarles. Hacia el a. 734, los reyes de Damasco y Sumaría querían obligar a Jerusalén a entrar en coalición contra Asiria (guerra siro-efraimita): Isaías pronuncia sus principales oráculos. La vocación de Isaías (Is 6) explica su mensaje. Él tiene la experiencia de Dios en el Templo; allí toma conciencia de que no es más que un hombre pecador; Dios le sostiene y le purifica. Isaías se da cuenta que el mayor pecado es el orgullo y que la salvación es la fé. Su misión es que el pueblo realice también esta experiencia: el orgullo es estrellarse contra la piedra, la fé es apoyarse en ella o sobre la piedra que es le mesías, pero solo logrará el endurecimiento de la mayoría, quedando un *pequeño resto de fieles*. Para Isaías, el rey es hijo de David, hijo de Dios, garantía de la fé del pueblo y su representante ante Dios. Por eso le endurece la falta de fé del rey Acaz; pero Dios mantiene su promesa que ya está en camino: otro niño de una joven, el pequeño Ezequías, el Enmanuel. Así, él canta la paz mesiánica.

Miqueas: Miqueas es un campesino; sufre en su propia piel la política de los magnates que lleva a la guerra y a la injusticia. Un día sube a Jerusalén para gritar allí la indignación de Dios. Si pudiéramos conservar sólo versículo sería Miq 6,8: síntesis de los tres profetas de aquella época. Otros gritos son 2,1-5, el anuncio de un mesías hijo de David, pastorcillo de Belén (5,1-5) o la esperanza (7,1-10).

Elias: Elías tampoco dejó nada escrito, sin embargo, es con Moisés la gran figura de la ley judía (acordarse de la Transfiguración en el Tabor). Lucas presentará a Jesús como el nuevo Elías. Su nombre es ya un programa: Elías es abreviación de *Eli-Yahu*: ¡mi Dios es Yahvé!. Aparece en el reinado de Ajab (s. IX), casado con Jezabel, hija del rey de Tiro, que trajo su religión y sus dioses Baales con sus profetas. El pueblo adora a Dios pero también sirve a Baal. Elías lo denunciará. Sus rasgos son: *-El hombre ante Dios*: expresiones como «el Señor a quien sirvo», «ante el que estoy» *-Llevado por el Espíritu*: respuesta a Abdías en 1 R 18,12. *-Una fé sin divisiones*: episodio del Monte Carmelo en 1 R 18 *-Su intimidad con Dios*: es modelo de vida mística, es tímido y humilde como Mosiés. Episodio del Sinaí (1 R 19). *-Defensor de los pobres*: ante el rey y los poderosos siempre defiende al pobre, en 1 R 21 *-Su universalismo*: se deja conducir por el Espíritu, trata con los paganos, en 1 R 17 *-Las florecillas de Elías*: en 2 R 1, es un relato popular que hace de él un personaje justiciero que pide fuego del cielo. *-La ascensión del Elías*: en 2 R 2. No se conocía su tumba, por lo que se llegó a pensar que fue llevado al cielo junto a Dios. Lucas se inspira en este relato para narrar la Ascensión.

Amós: Era pastor, natural de Tecoa, cerca de Belén. Dios le envió al norte en tiempos del esplendor de Samaría bajo el rey Jeroboán II. Predicador popular, de lenguaje suelto; impresionado por las casas de lujo pero sobre todo por las injusticias de los ricos (Am 3,13-4,3; 2,6-16). Amós es *profeta*; nos habla de su vocación en dos ocasiones: 7,10-17 y 3,3-8: él ha entrado en el proyecto de Dios y ve todo bajo esa luz. Su enseñanza social se basa en la alianza, apelando a la responsabilidad. Si Dios castiga es para llevarnos a la conversión. Él prevé que quedará un pequeño resto.

Oseas: Es natural del norte y predica en la misma época que Amós. Él descubre el carió de Dios a través de un suceso personal: Oseas ama a su esposa que se porta mal; con su amor logra devolverle su corazón de virgen. Así es como Dios nos ama: no *porque seamos* buenos, sino *para que seamos* buenos. Dios nos ama como un esposo ama a su esposa. La alianza del Sinaí la presenta como un contrato amoroso, alianza entre esposos; el pecado es adulterio, una prostitución. Recomiendo el texto Os 2,4-25.

Cariño:

Modernamente, las profecías cristianas más de moda son las de San Malaquías, porque hacen referencia a los Papas y sobretodo que terminan en el 112 (correspondiente al actual Francisco I) donde supuestamente Roma desaparecerá. San Malaquías de Armagh escribió su obra en su peregrinar hacia Roma entre los años 1139 y 1140, cuando visitaba al Papa Inocencio II para reportarle los asuntos de su diócesis. (Cucherat, "Proph. de la succession des papes", ch. xv). Onofrio Panvinio, revisor de la Biblioteca Vaticana, aceptó completamente en 1556 la autenticidad de las profecías de Malaquías. La «Profecía de los papas» de San Malaquías apareció en el *Lignum vitæ, ornamentum, & decus Ecclesiae* ('El árbol de la vida, el ornamento y la gloria de la Iglesia'), en 1595, publicado por el monje benedictino belga Arnoldo Wion (quien era historiador de su orden). Wion dedicó este libro al rey de España Felipe II. La obra fue publicada a fines del siglo XVIII por el monje benedictino Dom Mabillón (1632-1707). Según él, esta obra era un «antiguo manuscrito preservado en Claraval». Lo curioso es que en el camino, San Malaquías iba teniendo visiones que escribía, sin tener muy claro el significado. De hecho él estaba convencido que eran predicciones de lo que sucedería en Irlanda cuando Inglaterra la conquistase. Cuando llego a Roma entendió que su escrito hacía referencia a la sucesión de Papas. Con el tiempo se ha demostrado que lo que Malaquías escribió de Irlanda se cumplió en parte, pues Inglaterra la conquistó, pasaron calamidades y la aparición del anglicanismo en Inglaterra. Las profecías son frases en latín hasta un total de 112 lemas, que parten de Celestino II (1143-1144) hasta un supuesto último Pedro: A continuación te expongo la relación entre los papas y sus lemas para que tu misma juzgues: 101: "Crux de cruce" (Cruz de cruz). Pío IX (1846-1878). 102: "Lumen in caelo" (Luz en el cielo). León XIII (1878-1903). 103: "Ignis ardens" (Fucgo Ardicntc). Pío X (1903-1914). 104: "Religio depopulata" (Religión devastada). Benedicto XV (1914-1922). 105: "Fides intrepida" (Fe intrépida). Pío XI (1922 –1939). 106: "Pastor angelicus" (Pastor angélico). Pío XII (1939-1958). 107: "Pastor y nauta" (Pastor y navegante). Juan XXIII (1958-1963), fue el Patriarca de Venecia, ciudad de navegantes. 108: "Flos florum" (Flor de las flores). Pablo VI (1963-1978). Su escudo contiene la flor de lis (la flor de las flores). 109: "De medietate lunae" (De la media luna). Juan Pablo I (1978). Albino Luciani (del italiano, luz blanca). Nació en la diócesis de Belluno (del latín 'bella luna'). Fue elegido el 26 de agosto del 1978 y falleció un mes después, el 28 de septiembre de 1978. 110: "De labore solis" (De la fatiga o trabajo del sol). Juan Pablo II (1978-2005). Ha sido capaz de un trabajo extraordinario y extenso. 111: "Gloria olivae" (La gloria del olivo). Benedicto XVI (2005-2013), nació en y fue bautizado en Sábado de Gloria. 112: "Petrus Romanus" (Pedro el Romano). ¿Francisco I?: *"In psecutione extrema S.R.E. sedebit Petrus Romanus, qui pascet oues in multis tribulationibus: quibus transactis ciuitas septicollis diruetur, et Judex tremendus iudicabit populum suum. Finis".* Traducido significa: *"En persecución extrema, en la Santa Romana Iglesia reinará Pedro el Romano, quien pacerá a su rebaño entre muchas tribulaciones; tras lo cual la ciudad de las siete colinas [Roma] será destruida y el Juez Terrible juzgará al pueblo suyo. Fin".*

En todo caso las profecías, aunque se cumplan, son revelaciones momentáneas. De lo que se deduce que alguien (Dios) si que conoce el destino de los hombres. Es decir, que finalmente tenemos un destino. Aunque en la religión católica, se nos dice que no; que estamos predestinados. Esto nos lleva a un callejón sin salida. En el caso de María, se le dio la opción de elegir si aceptaba ser la Madre de Dios o no, pero nada se sabe si ocurrió lo mismo con su prima Isabel. El resto del relato de Lucas (I) se ha cumplido. Lo que nos lleva de nuevo a un callejón de ¿hasta qué punto tenemos destino y hasta qué punto estamos predestinados y podemos elegir? ¿Hay cosas que podemos elegir y cosas con las que impepinablemente tenemos que enfrentarnos? Cuando estudiemos el cristianismo, deberemos aclarar este aspecto. Hasta entonces dejemos la duda. ¡Ufff¡ me relajo tumbándome con un café en la mano y poniendo los pies en alto. Relajo mi mente con loque decía Aleksandre Pushkin en "La Tempestad de Nieve": *"Tras encomendar a la señorita al cuidado del destino y al arte del cochero Terioshka, prestemos atención ahora a nuestro joven enamorado"..." La mujer consultó con su marido, con algunos vecinos, y, finalmente, todos llegaron a la unánime conclusión de que, al parecer, aquel era el sino de María Gavrílovna, que contra el destino todo es inútil, que la pobreza no es pecado, que no se vive con el dinero sino con el compañero, y así sucesivamente. Los proverbios morales son asombrosamente útiles en los casos en que, por mucho que lo intentemos, no se nos ocurre nada para justificarnos"..." —La amo—dijo Burmín—, la quiero con pasión... —María Gavrílovna enrojeció y dejó caer aún más la cabeza—. He sido un imprudente al entregarme a una dulce costumbre, al hábito de*

180

verla y escucharla cada día... —María Gavrílovna recordó la primera carta de St.-Preux—. Ahora ya es tarde para luchar contra mi destino; el recuerdo de usted, su imagen querida e incomparable será a partir de ahora un tormento y una dicha para mi existencia; pero aún me queda un duro deber, descubrirle un horrible secreto y levantar así entre nosotros un insalvable abismo..."

Cariño:

Hay un personaje muy famoso que fue un médico durante la época de las grandes pestes europeas. Defendía el lavado como profilaxis para la contaminación de las operaciones. Su padre le enseñó la astrología y él se introdujo en los libros árabes y sobretodo persas. Al no ser religioso, no se le puede calificar de profeta, a pesar de que sus Centurias se las conozcan como profecías de Nostradamus. Sin duda, se tratan de supuestas indicaciones de hechos futuros, escritas con un lenguaje ambiguo que pudiera aplicarse a cualquier momento y situación. Dicen que no son suyas, sino de los libros persas que posteriormente quemó para apropiárselas. Al menos en Occidente, fue él quien las escribió. En todos los casos, existirían diferencias en el nivel de claridad y precisión respecto de una profecía bíblica en el sentido estricto de la palabra, como fue la de María. Casi todas las religiones coinciden a la hora de decir que están fuera de contexto. Y una vez sucedidos los hechos históricos hay quienes las aplican haciéndolas coincidir a empujones. A Nostradamus le ocurre como le pasaba a las profecías Mayas de carácter apocalíptico, situando el fin del mundo en el 2012. Ríos de tinta, de viajeros, de conferenciantes pasaron su vida interpretando los calendarios Mayas y las centurias de este médico Nostradamus, hasta el extremo de quedarse como leyendas urbanas. Como por ejemplo la leyenda correspondiente a los eventos del 11 de septiembre de 2001 que se hizo popular y circuló masivamente en la Internet luego de producido el ataque a las Torres Gemelas. Michel de Nostredame (Nostradamus) fue médico y vidente, astrólogo y filósofo, matemático y alquimista. ¿Por qué se hizo famoso como vidente y profetizador? Podría preguntarse cualquiera. Porque pocos profetas, esotéricos, videntes etc. han sido capaces de predecir exactamente la hora y día de su muerte, y éste lo hizo. Desde entonces, sus Centurias corrieron como la pólvora. Tanto es así que el epitafio de su tumba reza *«Aquí descansan los restos mortales del ilustrísimo Michel Nostradamus, el único hombre digno, a juicio de todos los mortales, de escribir con pluma casi divina, bajo la influencia de los astros, el futuro del mundo.»* La mayoría de las personas desean conocer su destino. Tener una explicación coherente a por qués, cuándos, cómos y dóndes. ¿Por qué entonces, el lenguaje profético no es claro y directo nunca? Me pregunto siempre. ¿Quizás porque todos los mensajes sean apocalípticos o desagradables? Me respondo a mi mismo también. Lo comparo por ejemplo cuando vamos al médico. Nos hace los análisis y pruebas del mismo modo que cuando acudo a estos videntes, profetas o adivinadores usando sus cartas, bolas o estrellas. En el primer caso, el médico nos dice a las claras el diagnóstico, pronóstico y tratamiento. En cambio, en el segundo caso, se nos habla con tono misterioso, lenguaje ambiguo y se quedan en un simple diagnóstico y pronóstico, careciendo después del tratamiento. Llegados a esta encrucijada, se mezclan de nuevo todas las ideas y se forma otra vez el nudo y la pregunta. ¿El destino está escrito y es ineludible, o por el contrario está predestinado y se puede cambiar? Sondear imprudente y ambiguamente el destino del mundo para obtener el certificado de vidente o profeta, para que se pueda comprender lo que decimos varios siglos después, merece también un momento de reflexión sobre las influencias nefastas en los que tengan la mente débil. ¿Cómo actuaríamos con libertad si conociéramos ya nuestro futuro? Puede preguntarse cualquiera ¿Por eso se emplean lenguajes sibilinos? Pregunto yo. Fijémonos, en Julio Verne. ¿Escritor o profeta? ¿Tenía la visión del futuro y por no querer ser apartado a un rincón se expresó en forma de novelas? No lo sabremos nunca. ¿Influyó en la humanidad haciendo que la tecnología fuera en esa dirección, o realmente vio el futuro? Según la respuesta que demos, George Lucas (productor y director de cine de la Guerra de las Galaxias) podría ser un Julio Verne, o un Nostradamus de nuestro tiempo ¿no? Otro factor es la influencia de todos ellos en el lenguaje. La aportación de neologismos es impresionante: "submarino, nave espacial, etc.". La explicación del uso de un lenguaje ambiguo, la dio el propio Nostradamus en carta al rey francés Enrique II, al decirle: *«para conservar el secreto de estos acontecimientos, conviene emplear frases y palabras enigmáticas en sí mismas, aunque cada una responda a un significado concreto. Son visiones que Dios me ha dado a conocer a través de una revolución cósmica producto de continuas vigilias nocturnos. Todo está regido y gobernado por el inestimable poder de Dios que se manifiesta no en medio de furores báquicos, sino en las relaciones astrológicas».* En este escrito, no solo dice que su iluminación es divina, sino que también es astrológica y por la importancia que tiene, debe emplear este lenguaje ambiguo. Para ejemplo de las interpretaciones y centurias equivalentes, dejo unos ejemplos que son media aritmética de las interpretaciones actuales y donde casi todos los estudiosos coinciden: *"Centuria I: La muerte de Enrique II: Centuria I, 35 El león joven superará al viejo, En campo bélico por singular duelo, En jaula de oro los ojos le travesará, Dos choque uno después morir de muerte cruel. El 29 de junio de 1559, durante los festejos por la boda del rey de España con*

Isabel, la hija del rey de Francia, Enrique II participó de los torneos que allí se celebraban. En el primero resultó victorioso, pero en el segundo, el joven conde de Montgomery le clavó una enorme astilla de la lanza que le atravesó un ojo. Murió luego de sufrir más de 10 días. *Centuria I, 60 Napoleón Bonaparte: Un emperador nacerá cerca de Italia, Que será vendido muy caro al imperio Dirán con qué gente se alía, Que les parecerá menos príncipe que carnicero.* Napoleón nació cerca de Italia, en Córcega, el día después que esta isla fuera anexada a Francia. *Centuria I, 70 Derrocamiento del Sha de Persia (1979) Lluvia, hambre, guerra en Persia no termina. La fé demasiado grande traicionará al monarca. Por el fin en la Galia iniciada. Secreto augurio para una corta existencia.* La fé de los chiitas movió la revolución (lluvia) persa. Esa fé tenía su origen en un exiliado iraní residente en Francia (la Galia) llamado Jomeini. El fanatismo religioso derrocó (traicionó) al monarca persa que tuvo que abandonar precipitadamente Irán y en aquella zona aún siguen en guerras. *Centuria II, 75: La caída del avión en los Andes: La voz oída del insólito pájaro, Sobre el cañón del respiral suelo. Tan alto se elevará del grano la tarifa. Que el hombre del hombre será antropófago.* El 13 de octubre de 1972 un avión con 40 jugadores de rugby desde Uruguay iban en un avión para jugar un partido amistoso en Chile. El avión se estrelló en la Cordillera de los Andes, más precisamente en el Monte Hilario. Los sobrevivientes se alimentaron, con los cuerpos de sus compañeros ya muertos. *Centuria II, 6 La bomba atómica de Hiroshima y Nagasaki: Cerca de las puertas y dentro de dos ciudades, habrá dos azotes como nunca vio nada igual. Hambre, dentro la peste, por el hierro fuera arrojados. Pedir socorro al gran Dios inmortal. Centuria II, 32 La Guerra en Yugoslavia. Leche, sangre, ranas escurrirá en Dalmacia, Dado el conflicto, peste cerca de Balennes, El grito será*

184

grande en toda Esclavonia, Nacerá monstruo cerca y dentro de Ravena. Leche, sangre, ranas escurrirá en Dalmacia: Dalmacia es una región que comprende la zona costera de Croacia y parte de Bosnia.

Este tema me cansa y atrae al mismo tiempo, pero hacerlo tan corto para que quepa en este epítome me desespera aún más. Por ello decido relajarme otro rato con lo que decía Antón Chejov en "La historia de mi vida": *"Con motivo de la pérdida de mi último destino tuve, como es natural, una explicación enojosa con el autor de mis días. Cuando entré en su despacho, estaba hundido en su profundo sillón y tenía los ojos cerrados. En su rostro enjuto, de mejillas rasuradas y azules, parecido al de un viejo organista católico, se pintaba la sumisión al destino. Sin contestar a mi saludo, me dijo: -Si tu madre, mi querida esposa, viviera todavía, serías para ella origen constante de disgustos y de bochornos. Dios, en su infinita sabiduría, ha cortado el hilo de su existencia para evitarle terribles decepciones. Calló un instante y añadió: -Dime, desgraciado, ¿qué voy a hacer contigo?"..." Según el contrato, a la señora Cheprakov le asistía el derecho de vivir allí dos años. Su hijo, Iván Cheprakov, estaba empleado como conductor en el camino de hierro. Durante el invierno había enflaquecido tanto y se había debilitado hasta tal punto que con una copa de «vodka» se emborrachaba, Le avergonzaba ser conductor, lo que le parecía humillante para un noble; pero al mismo tiempo consideraba aquel destino muy ventajoso, pues le proporcicnaba ocasión de robar bujías pertenecientes al camino de hierro y venderlas. Mi matrimonio con Macha le asombró, le enceló y le hizo concebir la esperanza de hacer cualquier día un matrimonio parecido. Miraba a Macha con entusiasmo, me preguntaba qué comía y no me ocultaba su envidia"..." »Me encuentro en excelente estado de salud, gasto sin medida, hago muchas tonterías, y a cada instante doy gracias a Dios de no haber tenido hijos: una mala mujer como yo no es digna de tenerlos.»Canto en los conciertos y soy acogida con entusiasmo. Es mi vocación, mi destino, mi camino, y yo lo sigo. El rey David tenía un anillo con la inscripción: «Todo pasa.» Cuando se está triste, estas palabras consuelan; cuando se está alegre, producen melancolía. Yo también me he mandado hacer una sortija parecida, con una inscripción judaica, y ella no me permite extralimitarme ni en las alegrías ni en las tristezas. Sí, todo pasará; la vida misma acabará, ¿por qué entonces atribuir tanta importancia a nuestras pequeñas alegrías y dolores? Lo único que importa es ser libre, porque, entonces solamente, el hombre no tiene necesidad de nada, absolutamente de nada".*

Cariño:

Si hablamos de Julio Verne, también deberíamos incluir a Orson Wells. Podríamos calificarles a ambos como profetas. El primero como tecnológico y el segundo como crítico. Pero no es hora de complicar el tema, sino de aclararlo centrando el asunto en Verne. Verne tomó el sistema de novelas de aventuras para explicar sus visiones. A nadie le pilla por sorpresa lo que digo, pues desde la navegación aérea, a los viajes interplanetarios, pasando por la conquista del Polo y de los océanos, Verne incluyó escenas de política internacional que ponen los pelos de punta por el acierto de hasta los nombres. Verne imaginaba tres grandes potencias: Estados Unidos, Rusia y China. Ficción entonces, realidad hoy. Cada vez más, el francés esta mistificándose. No poseía cultura científica, ni dotes astrológicas y sin embargo era un Da Vinci literario, con mezclas de Nostradamus y San Pablo. Verne atisbó el porvenir y ¡qué pocos mortales tienen o han tenido semejantes dones¡. Intuyó el submarino, la aviación, el cine sonoro, los plásticos, los carros de combate, las armas automáticas, los satélites artificiales, los viajes interplanetarios, la bomba atómica, etc. Acertó en política, economía e historia futuras (pasadas para nosotros). Cientos de augures vaticinan cada año el final del mundo. La Biblia lo interpreta en las cercanías del año 3.000d.C. y curiosamente Verne plantea el siglo XXIX (año 2889) como en foco de observación. Me fijo en su cortísima pero intensa obra *"La journée d'un journaliste américain en 2889"*, situada exactamente mil años después de la fecha en que fue escrita. Es un relato que no tiene desperdicio, un verdadero arsenal de premoniciones, al que ya no cabe más que aplicarle el calificativo de asombroso. Dice el relato: *"Los hombres de este vigesimonoveno siglo viven inmersos en una pura maravilla, sin darse cuenta de ello. Permanecen fríos ante los milagros que el progreso les aporta cotidianamente. Todo les parece natural. Pero si mirasen hacia el pasado apreciarían mejor nuestra civilización y setenta y cinco estrellas en la bandera"..."* O quizá fuera la *darían cuenta del camino recorrido... ¡Cuán admirables les parecerían nuestras modernas ciudades, con calles anchas de cien metros y casas altas de trescientos metros, dotadas de temperatura uniforme, bajo un cielo surcado por aerotaxis y aeroómnibus. Ante estas poblaciones de diez millones de habitantes, qué eran aquellos 'humildes poblachos de 'hace diez siglos, los París, Berlín, Londres, Nueva York, mal acondicionados y llenos de barro..."* Juntando varias lecturas de diferentes novelas, vemos cómo habla del desarrollo de la publicidad, de la meteorología controlada, de la televisión y de la fotografía en blanco y negro, de la fotografía en color, de la telefoto, de los noticiarios radiados y televisados diciendo *"Los abonados obtienen, por lo tanto, no sólo el relato, sino la visión de los acontecimientos. Cuando se trata de un hecho ya sucedido en el momento en que es narrado, se transmiten sus*

187

fases principales obtenidas mediante la fotografía intensiva...". Continúa narrando la proliferación de las revistas de prensa rosa, la hibernación, el trasplante de órganos humanos y hasta del control de la natalidad. En política, dice que *"En Marte se ha producido «una revolución de los reaccionarios liberales contra los republicanos conservadores... Más o menos lo mismo que sucede entre nosotros"... "El sistema penal había llegado a ser tan perfecto que el asesino Chapman pudo ser ejecutado antes de ser condenado, para evitar pérdidas de tiempo".* Curiosamente, las guerras entre republicanos y conservadores, el sistema de juicios rápidos pueden ser obvios. Ahora bien ¿Qué me dicen del asesino Chapman? A simple viste era el nombre de un personaje normal, pero años más tarde Chapman se haría famoso en por ser el asesino de John Lennon. La lista de profecías se hace interminable. El aprovechamiento de la energía solar; el aire acondicionado; las escaleras y calles movientes, que ahorran el esfuerzo de andar (véanse las actuales cintas transportadoras de los aeropuertos y las escaleras mecánicas de cualquier centro comercial); la alimentación distribuida por una gran trust comercial (véase el Mc Donald, por ejemplo). El descubrimiento de nuevas galaxias, que Verne llama un nuevo sistema solar, y le llama planeta Gandini, con una órbita alrededor del Sol de quinientos setenta y dos años. Lo más sorprendente es que todo este mejunje se haya escrito en tan solo veintidós páginas. ¿Hablamos de repartos del mundo en Verne? Ningún historiador, profeta, o vidente podría vaticinar semejantes aciertos. En su época, cualquiera hubiera mencionado a Inglaterra y Alemania como los mandamases del siglo XX, en cambio, él ya puso a los Estados Unidos y a Rusia como a las dos únicas superpotencias del futuro en su obra "Voyages extraordinaires". Me llama la atención el hecho de que todas las profecías de Verne sean optimistas, a diferencia de lo que venimos observando con las fatalistas de sus homólogos proféticos y videntes. Todo bien hasta las obras finales. Quizás la neuralgia facial le volviera insoportable y esto afectase a sus obras o fuesen sus visiones las que le produjesen la neurosis y la depresión, ¿quién sabe? El futuro fatalista lo encuentro en su obra "El eterno Adán". Donde nos cuenta una especie de apocalipsis catastrófico que arrasa el mundo y nos regresa al embrutecimiento. Relato pleno de simbolismos y tristeza. Se percibe en sus líneas una enorme decepción del ser humano y del futuro que nos espera. ¡Ufff¡ ¡espero que solo sea una novela¡.

Despedida

Querido Maese: Hola cariño, llevo todo el día esperando este momento de tranquilidad en que pensaba escribirte una carta de amor, pero no sabía por dónde empezar. Primero tengo que buscar un espacio y un clima adecuado. Luego, quiero visualizar al destinatario, ¡si¡ aquí tengo la foto que nos hicimos en aquel fotomatón como dos quinceañeros. Ahora también quiero lograr un clima romántico con nuestra música y con las velas que me recuerdan esos días que pasamos juntos. La verdad es que después de esos diez días que he pasado compartiéndolo todo contigo, ahora todo se me hace cuesta arriba. Contigo todo es suave, es fácil y sencillo. Tu fuerza hace simple los problemas. Son las once de la noche, estoy en mi habitación escribiéndote en la mesa camilla. No tengo la suerte de contemplar el paisaje que se ve desde tu terraza, pero no importa, porque la veo desde mi interior. La tengo dentro de mí, no solo por lo que significó, si no por lo que en ella vivimos. Los días contigo fueron los mejores de mi vida y solo ruego a Dios que me permita compartir muchos más. Me he acostumbrado tanto a ti, a tu manera de ser, de moverte, que ya no puedo estar sin ti y me siento sola. En cambio, cuando estoy contigo me siento más fuerte. Trato de buscar ocupaciones cada día para compensar esa soledad que tengo. Los días pasan tan lento que doy vueltas a mi cabeza y termino creyendo que no soy nadie y que sin ti no sirvo para nada. Hoy me he dedicado a dar vueltas a la plaza, entrelazando mis manos como cuando abrazándome paseábamos. Me gustaría tenerte a mi lado, aquí y ahora. Corrijo, ¡aquí para siempre¡ para darte un montón de besos, para ponerte "morritos". ¡Tengo tanto que darte¡ que me es imposible expresarme. Muchas veces recuerdo y me imagino estar juntos paseando por la playa, o contigo al timón de tu barco, tranquilos, disfrutando del paisaje, perdiéndonos del mundo. Tengo ganas de que llegue el día en que tú y yo seamos solo uno, te quiero solo para mí, para acariciarte y para amarte. Tú en cambio, marinero, tendrás otros pensamientos, otros proyectos pero quiero estar contigo cuando tu barco enfrente la tormenta, porque no habrá lugar más seguro en el mundo. Paso el día imaginándote al timón, dando órdenes a la marinería, ¡soltad el foque¡, ¡a toda vela¡, ¡fijad la mayor¡, salpicado por la espuma. Escucho esas órdenes en mi interior junto a los susurros que me dedicas cuando te acuestas y pienso una y otra vez en aquellas cosas que hicimos juntos y la ilusión que pusimos. Me imagino acurrucada a tú lado en la terraza, mientras me indicas con tu dedo, la Osa Mayor, Júpiter y Orión. Cuando elevas tú mano y agarras la luna trayéndomela hasta mi. Cuando señalas nuestra estrella para que nunca estemos solos. Que cuando la miras sabes que brilla más y nunca, ¡jamás dejes de mirarla¡ porque se extinguirá. Me imagino a tu lado descalzándome y metiendo mis pies en tu chaqueta, sintiendo cómo tus manos se van deslizando por mi pierna mientras clavas tus negros ojos en los míos, transmitiéndome el calor que me faltaba. Recuerdo tus silencios, que te gusta mantener pensando en los mil viajes que al día siguiente emprenderás conmigo. Después de un rato, me coges en tus brazos y me dejas en la cama, con una pícara sonrisa me dices "¡a dormir¡… ¡hasta mañana¡". Me acuesto en silencio, despierta escucho y espero. Al rato siento cómo te deslizas entre las sábanas, después de un beso la acaricia y tras ella ¡tu entrega¡ viendo cómo repites tú y cómo me haces repetir a mí, dando la sensación que deseas más y más y que esa será tu última vez. Después, rendidos y abrazados esperamos al día siguiente. Vemos amanecer, me despiertas con el desayuno y una flor, con un beso y una sonrisa. Te digo que te quiero mientras desato el nudo de tu toalla y recordamos las veces que repetimos anoche. Besos.

¿Será el destino? Me quedo reflexionando con lo que decía Apiano de Alejandría en "Historia de Roma sobre Iberia": *"Como no llevaron a cabo ninguna empresa destacada, el poderío cartaginés se incrementó notablemente y casi llegaron a dominar la totalidad de Iberia, quedando encerrados los romanos en una pequeña franja de terreno en los montes Pirineos. Al enterarse de esto los de Roma, cundió, de nuevo, el pánico. Existía el temor de que mientras Aníbal devastaba la zona norte de Italia estos africanos invadieran el otro extremo. Por este motivo no le era posible evacuar Iberia como era su deseo, por miedo a que esta guerra fuera transferida a Italia. 18-. Fijaron, por consiguiente, con antelación el día en el que se elegiría un general para Iberia. Al no presentarse nadie como candidato, el miedo se acentuó y un silencio sombrío atenazó a la asamblea. Finalmente Cornelio Escipión, el hijo de Publio Cornelio muerto en Iberia, hombre muy joven tenía veinticuatro años, pero con fama de prudente y noble, avanzando hasta el centro de la asamblea pronunció un solemne discurso acerca de su padre y su tío, y después de lamentar su aciago destino proclamó que, por encima de todo,*

191

él era el vengador familiar de su padre, de su tío y de su patria. Expuso otras muchas razones sin pausa y con vehemencia, como un inspirado, prometiendo apoderarse no sólo de Iberia, sino, tras ella, de África y Cartago también. A algunos les pareció que hablaba a la ligera, como cosa propia de su juventud, pero al pueblo, encogido por el miedo, le valió a influir ánimos, ya que los que están asustados se alegran con las promesas, y fue elegido general para Iberia en la convicción de que iba a llevar a cabo algo digno de su coraje".

CATOLICISMO

"El destino es el puente que construyes hacia lo que quieres." (Anónimo.)

Decía Pablo Neruda en "100 Sonetos de Amor": *"Sabrás que no te amo y que te amo puesto que de dos modos es la vida, la palabra es un ala del silencio, el fuego tiene una mitad de frío. Yo te amo para comenzar a amarte, para recomenzar el infinito y para no dejar de amarte nunca: por eso no te amo todavía. Te amo y no te amo como si tuviera en mis manos las llaves de la dicha y un incierto destino desdichado. Mi amor tiene dos vidas para armarte. Por eso te amo cuando no te amo y por eso te amo cuando te amo"....*
"Cuando yo muera quiero tus manos en mis ojos: quiero la luz y el trigo de tus manos amadas pasar una vez más sobre mí su frescura: sentir la suavidad que cambió mi destino. Quiero que vivas mientras yo, dormido, te espero, quiero que tus oídos sigan oyendo el viento, que huelas el aroma del mar que amamos juntos y que sigas pisando la arena que pisamos. Quiero que lo que amo siga vivo y a ti te amé y canté sobre todas las cosas, por eso sigue tú floreciendo, florida, para que alcances todo lo que mi amor te ordena, para que se pasee mi sombra por tu pelo, para que así conozcan la razón de mi canto."

Hola Cariño:
Hoy he madurado este comentario en mis noches de insomnio y no he dudado en enviártelo a ver si nos aclara esto del destino. Aunque estés en otro espacio lejano, sé que el viento me traerá tu compañía. Contigo me di la oportunidad de volver a amar, de ilusionarme, de esperar que al llegar a casa estuvieses de nuevo allí. Me acostumbré a estar pendiente. A

organizarme el tiempo, y cada día te sentía a mi lado. La familia decía que si no escarmentaba contigo. Soy cabezota y contra el corazón solo cabe perseverar hasta darse cuenta que conocerte fue precioso, pero decidir tener un futuro contigo fue el error más grande de mi vida, no valió la pena. Me di cuenta de que hacía tiempo buscaba las palabras para terminar con lo nuestro. El libre albedrio tiene esas cosas, no terminas de decidir nunca porque no sabes cómo acertar sin herir. ¡No hay libertad plena de decisión¡. Cada una que tomamos afecta a otras personas. ¡Cómo duelen las despedidas¡ solo sé que me di cuenta después de tantos años de que no eras el amor verdadero. Que solo había entre nosotros costumbre y responsabilidades. El verdadero amor no muere, solo mueren las ilusiones y los caprichos. Ayer sonaban más fuertes los trinos de los pájaros en los pinos del jardín. Todo era diferente. ¿Por qué? si antes todo lo llenabas con tu presencia. Me di cuenta que una sola mirada tuya cubría por entero todo mi ser. Me di cuenta de que tu sonrisa me envenenaba. A pesar de todo, te quiero. Te llevas algo más, te llevas mis palabras para describir lo que siento por ti. Te llevas caricias, besos y miradas, lo que sea ya no importa. Duele, pero no importa. Otro color y otro sabor vendrán y quizás este si sea el verdadero. Hoy no pude dormir, pues el miedo y la tristeza me atraparon. Me va a costar mucho recuperar las ilusiones y las esperanzas. Cogeré miedo a decidir la próxima vez y seguramente me hará perder otra oportunidad. Pero al menos lo haré libremente, sin echarle la culpa a Dios, ni al destino, pues al fin y al cabo los únicos que podemos culparnos somos a nosotros mismos y a los demás que interaccionan sus consecuencias con nuestras causas. Sé que el amor verdadero va acompañado de felicidad, gozo y emociones, pero muchas veces va acompañado de dolor, lágrimas, tristeza y heridas para ambos. Por ello me entran las dudas de saber si eres tú el amor verdadero. Disculpa pero no pienso con lucidez pues el corazón está tan encogido que duele. La lucha por un amor verdadero es sabiendo que a tu lado está la otra parte que lo completa y donde dos y dos no son cuatro, sino veintidós. Jamás dejaré de luchar por ese gozo, de un nosotros. ¡Amor¡, ¿alguien puede acaso explicarlo? Lo más hermoso que le puede pasar a alguien, es querer y ser querido. ¿Acaso el resto realmente importa? La depresión se quita. La languidez nos abandona y el color, junto con el calor vuelve a nuestras venas. Los músculos crecen sin saber si es culpa de la testosterona o de la adrenalina. ¿Acaso importa? Escribo horas y horas, tan sólo pensando en tu sonrisa, en tus ojos, en tus caricias, en tus besos. Fluyen las palabras en la pantalla del ordenador esperando que amanezca para que lo leas. Te quiero. Lo espero. Lo deseo, ¿No es suficiente motivo para sentirse afortunado?. Luego relajo la vista del teclado y ahí no estás. Entonces vuelvo a la realidad de la decisión que tomaste, con tu libertad y con el amparo de las leyes, si. Pero afectando al resto y restándonos la libertad de elegir. Luego no es Dios, ni el destino quienes deciden, o escriben nuestro futuro, somos los humanos los que elegimos para lo bueno y para lo malo. Elegimos entre el bien y el mal de Dios y del mundo material. Tu libertad de decisión modifica mi vida y la de otras personas y con ello yo debo tomar decisiones. Antaño, juntos decidíamos y juntos nos ateníamos a las consecuencias. El amor parece salvarnos de las inquietudes que todos tenemos, de esas preguntas que, aunque sabemos que no tienen respuesta, las buscamos hasta el cansancio. El amor lo es todo. El hecho de luchar día tras día por ser felices, implica un cariño inmenso Mi corazón habla, y yo lo escucho. Mi cabeza habla y no siempre la escucho, por eso cometo los errores como el de haber decidido compartir mi vida contigo.

Cuando hablamos con católicos, y nos referimos a términos tales como soberanía, supervisión o intervención, nos referimos a la Divina Providencia que acude en ayuda y socorro de los hombres. Esto no es de ayer, sino que personajes como Platón en su décimo libro de "las leyes" afirma la existencia de la Divina Providencia. San Agustín, le siguió en su libro octavo de "La Ciudad de Dios", en el cual afirma la existencia de la Providencia de la Divinidad. Para evitar estar debatiendo sobre definiciones y significados de la Divina Providencia, me encamino directamente a la definición de Juan Damasceno, en "Exposiciones de la Fe Ortodoxa, 2,29": *"La Providencia consiste en la curación ejercitada de Dios en las comparaciones de eso que existe. Representa, por otra parte, Divina Gracia de esa voluntad a los cuales cada cosa es recta de un justo Mandamiento"*. Antes de Cristo, en Grecia, se hablaba de la Divina Providencia y se la representaba como una mujer que portaba en una mano el Cuerno de la Abundancia y en la otra una Vara con que marcaba un globo que representaba el mundo en el cual tenía fija su vista. Ésta representación ha influido en pensadores, del mismo modo que en artistas para incorporarla a sus obras como un personaje más. Ya tenemos una de las piezas. Bien ahora cogeremos la segunda pieza. ¿Cuál? la Predestinación. La única fé que la defiende sin dudar es la católica cristiana. Nadie que crea en esta religión discute la relación entre el principio de las cosas y el destino de las cosas. Dios predestina al hombre y éste con su libre albedrio toma las decisiones terrenales para acercarse o alejarse de Dios. ¿Cuál es el destino según los cristianos? El destino es la salvación. Todos estamos predestinados a salvarnos y en el camino de la vida, la Divina Providencia nos va ayudando a sortear los obstáculos, pero nosotros decidimos entre cosas materiales. Cada una de ellas puede alejarnos del camino o acercarnos a Dios. El término procede del latín *praedestinatio* y en la Teología cristiana se aplica a la idea de que Dios conoce desde la eternidad, el destino del universo y de cada persona. San Agustín, en la Iglesia católica y Calvino, en el protestantismo son autores especialmente vinculados a esta doctrina. Siempre existe la discusión entre la omnisciencia divina y el libre albedrío del ser humano en relación a la justicia y la misericordia en Dios. ¿En qué creía Calvino? creía en la predestinación, es decir, en que desde el principio de la Creación, Dios había predeterminado ya quién se salvaría y quién se condenaría. Lo que más que predestinación, podría llamarse *predeterminación*. Y además lo explica añadiendo: *"puesto que obrar y vivir en el temor de Dios se interpreta como síntoma de que se es uno de los pocos elegidos, todos desean descubrir en sí mismos los signos de la gracia divina y obran convenientemente"* Dicho de otra forma, Calvino vendría a ser un profeta con una sola profecía que siempre acertaba. Llegados aquí tenemos por un lado, varias piezas de este puzle: Divina Providencia, predestinación, omnisciencia y libre albedrío. Y por otro lado tenemos las preguntas de ¿Dios es omnisciente, o eterno, o atemporal? Según vayamos decidiendo, vemos que Dios cambia de postura. Me explico. Si Dios en algún sentido sabe tempranamente lo que sucederá, entonces los acontecimientos en el universo se predeterminan efectivamente del punto de vista de Dios; lo que implica predeterminismo y no predestinación, con lo cual, esta postura quedaría descartada. Situamos a Dios en un punto maquiavélico en el que los hombres están predestinados irremediablemente a un destino, pero les deja creerse libres para finalmente saber de antemano quién se salva y quién se condena. Sería el equivalente a la paradoja de Newcomb. Para entender el significado de predestinación voy a apoyarme en la frase que decía C. S. Lewis en *Cartas del diablo a su sobrino (The Screwtape*

Letters) *"Contemplar a un hombre haciendo algo no es obligarle a hacerlo"*. Alguien podría en este momento, levantarse y preguntar si ¿la suerte es el factor determinante en la vida, para tener un mejor destino o peor camino?. Siempre oímos e incluso pensamos que hay personas que tienen suerte aún sin buscarlo y nunca les pasa nada, mientras que a nosotros las calamidades se les acumulan. ¿Qué es la suerte? ¿Existe la buena o mala suerte? ¿Es creación de Dios? En cualquier diccionario encontramos que suerte es: *"el estado que resulta de los acontecimientos afortunados o no, que le ocurren a una persona, en un momento dado"*. La suerte se ha convertido en émula de la Divina Providencia y en lugar de oraciones, las personas recurren a supersticiones, amuletos, brujería blanca y negra, e idolatrías de todo tipo. Dios es el único capaz de aportarnos facilidades, ayudas y consuelos. Si nos fiamos de Él y confiamos en Él, el resto de cosas sobran. ¿Es más poderosa una piedra de cuarzo blanca creada por Dios que Dios mismo? Estaríamos cayendo en paradojas sin sentido y absurdos manifiestos. Me río cuando veo incluso sacerdotes comprar un decimo de lotería y ponerlo en el altarcito de su despacho para que el santo de turno le ayude a ganar ese dinero. Este personaje mezcla émulos y opuestos con tanta facilidad que hasta parece normal. En el Libro de Levítico 19:31, Dios ordena a su pueblo no recurrir a los agoreros y adivinos, en Deuteronomio 18:10-11 dice: *"No sea hallado en ti quien haga pasar su hijo o a su hija por el fuego, ni quien practique adivinación, ni agorero, ni sortílego ni hechicero, ni encantador ni adivino, ni mago ni quien consulte a los muertos, lo que ahora se le da a llamar, ciencias ocultas"*. Corre la idea de que la suerte es algo o alguien que va corriendo por todas partes y de repente te toca el hombro y ¡zas¡ Del mismo modo que corre la idea de que si chistas de tal o cual manera, la suerte viene inmediatamente. Si alguien quiere probar, puede construirse un amuleto que se cuelga tras la puerta de la casa hecho con sábila, ajos, listones rojos y una oración escrita. En Isaías 41:10. Se dice: *"Así que si alguien te amenaza con enviarte mala suerte, ora por esa persona y ponlo en manos de Dios y no temas, porque yo estoy contigo; no desmayes porque soy tu Dios, que te esfuerzo; siempre te ayudaré, siempre te sustentaré con la diestra de mi justicia dice el Señor." ..."Y no hay más Dios que yo; Dios Justo y Salvador; ningún otro fuera de mi (Isaías 45:21b)"..."Yo soy Dios y no hay más".(Isaías 45:22b).*

Podríamos estar divagando en un debate sin fin, de modo que he preferido resumir las preguntas que he ido haciendo a altos cargos de mi diócesis a ver si nos aclaran… si el destino existe y está escrito y es o no modificable. Lo primero que pregunto es ¿Tenemos libre albedrío? El mismísimo Rousseau dice: *"L'homme est né libre, et partout il est dans les fers."* Es decir*: "El hombre nace libre, pero encadenado por todos lados".* Es lo que muchos han definido como "La paradoja de la libertad". Es cierto que cuando meditamos los pros y contras de una decisión, aparentemente lo hacemos en libertad. Más tarde nos damos cuenta que nuestra decisión afecta a nuestro entorno, familia, amigos, compañeros, leyes, normas, dinero, etc. y eso ya nos condiciona la libertad. ¿Es cierta la paradoja de la libertad, que demuestra que es imposible decidir plenamente en libertad? Entonces ¿Quién coarta la libertad de decisión, Dios o lo que nos rodea? Este es el dilema. ¿Cuál es el sentido de la vida? Podría ser la siguiente pregunta. Unos dirían que pasarlo lo antes posible porque es muy larga. Otros dirían que pasárselo lo mejor posible porque es corta. Los terceros que triunfar y tener fama, y así podríamos seguir con banalidades materialistas. Seguramente acierten y sean los cristianos unos utópicos. Lo que está claro es que para la inmensa mayoría de los primeros, la vida no tiene sentido sin ello y mucho menos la muerte donde ponen un punto y final fatalista. Otros ven la vida como un camino del destino que impepinablemente hay que pasar. Los cristianos defienden la postura de que Dios predestina al hombre. Es decir, que la predestinación es el instrumento de Dios (de la Divina Providencia), para que el hombre elija en la vida (en el camino) entre cosas materiales o similares de una manera que sea el equivalente a elegir entre el bien y el mal (libre albedrio). Cuando el hombre se atasca o se pierde, la Divina Providencia (Dios) le provee de fuerza o iluminación para que siga el camino del perfeccionamiento hasta su destino final. ¿Cuál es ese destino final al que el hombre está predestinado? La Salvación o el reencuentro en el amor de Dios. ¿Entonces dónde quedan las leyes de causa-efecto? El cristianismo acepta la existencia de esas leyes en cuanto que afectan a la separación o acercamiento a Dios, pero no, en si nos va mejor o peor en la vida, o ganamos más o menos amigos y dinero. Dios usa las causas para sus fines. Dicho de otra manera, lo que nos pasa cada día es causa y efecto de nuestras decisiones. Pensemos en que no estamos solos y todos (dos mil millones de personas) tomamos decisiones a cada segundo que afectan al resto y modifican el entorno. ¿Por qué nacemos y morimos? Sería otra de las cuestiones que cualquiera sacaría a continuación. Nacemos para ser libres de salvarnos o no, y morimos cuando hemos llegado al máximo nivel de humanidad del que somos capaces de desarrollar. Muchos ven en la muerte el fin fatal. Sin embargo, las tres cuartas partes de la población mundial creen en Dios, o en Alah, o en Yavé. Por otra parte, pensemos que el tiempo en Dios y en la tierra es diferente. Dios no inventó el reloj, ni lo necesita. Para explicarme mejor pensemos en cuando en un viaje echamos una cabezada y al despertar preguntamos si hemos llegado al destino (en similitud con el destino del hombre) realmente han pasado unos minutos, pero nos han parecido horas. Eso mismo ocurre en el tiempo de Dios y los hombres. Entonces, con esos parámetros, pensemos que la muerte es una especie de escala, el destino es un equivalente a la vocación y la predestinación vendría a ser la fé. Cuando nos dicen que el destino del hombre es la muerte (la cuarta parte de la población mundial tan solo) implica que ya no se progresa más. Curiosamente muchos de estos fatalistas son videntes o creen en espíritus, con lo que la contradicción les oprime cuando al despedirme se lo pregunto. ¿Cómo definiría el destino un cristiano? Vendría al pelo la pregunta. Para un cristiano, el destino no es el fin sino la capacidad del camino para llegar a Dios. Alguien como yo podría hacer la pregunta por pasiva y preguntar ¿Es el destino un invento humano para que unos pocos manipulen al resto? Entonces si es así, ¿Dónde están los defensores de la libertad real, (no política)? Fijaros qué tan simple es manipular al humano con lo desconocido. ¿Por qué siempre los manipuladores usan lo desconocido e inalcanzable para manipular?. En cambio, el cristianismo no fija el destino más que en Dios (si quieres) nadie te obliga. Platón, Santo Tomás en su "summa Teológica", San Agustín, San Ignacio de Loyola en "ejercicios espirituales", y San Ireneo nos lo explican a la perfección. Antes de entrar en San Agustín que parte de las ideas platónicas, quisiera enfrentar a Platón con Sócrates, para de ahí partir rumbo a la postura de San Agustín. La primera cita dice: *"Pasaremos felizmente el río Leteo y libraremos nuestra alma de toda mancha. Por tanto, si quieres creerme, convencidos de que nuestra alma es inmortal y de que, por su naturaleza, es capaz así de todos los bienes como de todos los males, seguiremos siempre por el camino que lleva a lo alto, y nos dedicaremos con todas nuestras fuerzas a la práctica de la justicia y la sabiduría".* (Platón, *Diálogos*, Porrúa, México,

Libro 13B, p. 245). Es decir, que Sócrates nos advierte sobre el alma inmortal que reencarna, pero antes de tomar su cuerpo, cruza por las aguas del Leteo y olvida todo. Esto lo limpia de toda mancha, y aunque su naturaleza puede tender por igual al bien como al mal, le permite actuar con justicia y sabiduría. Pero, si vemos lo que dice Platón en el *Fedón*, las cosas cambian. *"Pero ¿qué pensáis de lo que os he dicho de que aprender no es más que recordar, y por consiguiente, que es necesario que nuestra alma haya existido en alguna parte antes de haberse unido al cuerpo?"* (Platón, *Diálogos,* Porrúa, México, Libro 13A, p. 578). Estamos ante contrarios en la vida y en las ideas. San Agustín tiene mezclas de ambos y por eso tampoco es de los más claros, por ejemplo en *La ciudad de Dios* dice *"¡Qué prudente deliberación fue encomendar la conservación de Roma a los dioses troyanos, después de haber visto por experiencia lo que pasó con Troya!"* (San Agustín, *La ciudad de Dios,* Porrúa, México, p. 68). Traducido viene a decir que hay predestinación, pero eligiendo dioses. ¡Ufff¡ San Agustín está más cerca de Leibniz, que de Santo Tomás. También se puede leer en otras obras que se puede dividir a los seres humanos, (nos dice San Agustín), en dos grupos: los que aman a Dios, se someten a su Palabra y buscan la paz eterna, y los que quieren los bienes materiales y temporales y se prefieren a sí mismos antes que a Él. Aunque estos grupos están mezclados desde el principio de la historia, en cierto modo pertenecen a dos pueblos o ciudades distintas. Los primeros al territorio místico de la Ciudad de Dios (Jerusalén), y los segundos a la Ciudad temporal o terrena (Babilonia). San Agustín cree que desde el principio del mundo están enfrentadas, pero con el juicio final se separarán definitivamente. Esta división corresponde a la división entre el Estado pagano ("Ciudad de Babilonia") y la Iglesia ("Ciudad de Jerusalén"), y expresa la primacía que debería tener ésta sobre el Estado. Dios nos ha dado la facultad de captar las leyes eternas de la moralidad, que están impresas en el corazón de todo hombre. Dichas leyes no son arbitrarias pues son expresión de la eternidad de Dios; esta capacidad es necesaria para acercarnos a Dios, como también nuestro esfuerzo y elección libre del Bien, pero no es suficiente, principalmente por la fuerza del pecado original; necesitamos también del perfeccionamiento de nuestras facultades mediante la gracia de Dios, que disfrutamos mediante los sacramentos, y de la orientación de la Iglesia. La voluntad busca necesariamente la felicidad, pero es libre de elegir los medios para este propósito, pudiendo acercarse a Dios o elegir los bienes imperfectos del mundo sensible. Mediante la gracia y el albedrío o voluntad, puede dirigirse hacia el Bien Supremo y es realmente libre. La posesión plena de Dios en la vida futura constituye, según San Agustín, la suprema felicidad y el destino final del hombre. En la vida presente, nuestra felicidad consistirá en la unión con Dios por medio de su conocimiento, de la virtud y de la práctica cristiana. Santo Tomás nos dice que el libre albedrío no es elegir entre el bien y el mal, sino elegir entre varios tipos de bienes. ¿Cuál hay que elegir entonces? El que más nos perfeccione y acerque a Dios (tú eliges). Pero si nacemos ya con el pecado original, ¿cómo vamos a salvarnos? ¿No es un plan maquiavélico divino? Este es otro error de concepto. Un bebé no tiene pecados, se apropia del pecado original a través de los suyos. Sé que muchos se echarán las manos a la cabeza con lo que acabo de decir. Ok, les preguntaría si cuando leen en el Apocalipsis que al final de los tiempos solo quedaran 140.000 personas, entienden que ¿realmente solo sobrevivirán 140.000? Hay que entender primero que es un múltiplo de siete. Que el siete tiene mucho simbologismo judío y cristiano y que situado en aquel entonces, era como decir una cifra muy grande y pequeña al mismo tiempo. Si nuestros políticos de ahora, cuando sacan las cifras del paro en lugar de decir que este mes han ido al paro 60.000 personas (que nada dice a la mayoría) dijesen que el equivalente a la población entera de Toledo ha ido al paro este mes, la visión pedagógica alarmaría mucho más ¿no? Hago un alto para el café de costumbre. Estiro laspiernas y evado mi mente con lo que decía Molière en "La escuela de los Maridos": *"Don Enrique.- Sí, pero que no piense que yo pueda olvidarme jamás de su hermosura. Mi destino es amarla mientras me dure la vida; y si no fuese el justo respeto que me inspira su mérito de usted, no habría en el mundo ninguna otra consideración que fuese bastante a detenerme"..." Don Gregorio.- Es increíble la turbación que ha manifestado el hombre, al ver su billete devuelto, y cerrado como él le envió... Asunto concluido. Pierde toda esperanza, y sólo me ha rogado con el mayor encarecimiento que te diga que su amor es honestísimo, que no pensó que te ofendieras de verte amada, que su elección es libre, que aspiraba a poseerte por medio del matrimonio, pero que sabiendo ya el amor que me tienes, sería un temerario en seguir adelante... ¿Qué sé yo cuánto me dijo?... Que nunca te olvidará, que su destino le obliga a morir amándote... Vamos, hipérboles de un hombre apasionado... Pero, que reconoce mi mérito y cede, y no volverá a darnos la menor molestia... No, es cierto que él me ha hablado con mucha cortesía y mucho juicio; eso sí... Compasión me daba el oírle... Conque, y tú, ¿qué dices a esto?"*

Cariño:

¿Cuál es el objetivo de la vida cristiana? Sería lo siguiente. ¡Simple¡ ¡ser cada día mejor¡. Ser mejor que el día anterior implica un paso más hacia la perfección. ¿Puede Dios comunicarnos el futuro? De hecho lo hace en las Escrituras a través de profetas. Pero en la vida real, los profetas son muchos de los Santos, además de las apariciones como las de Lourdes o Fátima. El profeta según el cristianismo, transmite la experiencia de Dios que lo ve en su vida real y sus circunstancias. Muchas veces puede aparecer el "oráculo" en relatos religiosos, pero no es como un objeto de adivinación, sino un recurso literario pedagógico para hacer comprender mejor lo explicado. El mago, por el contrario niega y sustituye a Dios, transformando la fé en superstición. Hay que tener en cuenta lo dicho anteriormente de lo desconocido y su uso para la manipulación. El miedo a lo transcendente es un miedo a lo desconocido, del mismo modo que el miedo al futuro provoca inseguridad y eso produce un intento desesperado por asentarse de nuevo en la seguridad y tranquilidad, recurriendo a cualquier método. Debemos entender el significado profundo de la Canonización. No es un trámite más para santificar a alguien como premio a su trabajo en la vida o como si tuviéramos que darle una medalla al mérito póstumo como en el ejército. Canonización es equivalente a *normalización*, es decir, canon = norma. O de otra manera, que se cumplirá lo que esa persona nos dice. Entendamos que las profecías, los dichos de profetas, y en el caso de la iglesia de los Santos, son cosas que se van a cumplir aunque pasen siglos. ¿Cómo se distinguen los verdaderos hombres y mujeres de Dios del resto de charlatanes y manipuladores? Un verdadero hombre de Dios no tiene por qué ser sacerdote, ni todos los sacerdotes lo son, por mucho título que tengan, ni tienen por qué ser solo católicos. Dios se muestra en cualquier manera y forma comunicándonos mensajes en un libro o en un gesto también, solo hay que saber leer los mensajes de Dios. (Alusión al libro de los mismos autores Saber leer + Saber sumar = Felicidad) Los ortodoxos ya se estarán echando las manos a la cabeza y a punto de

205

excomulgarme. Pero les pregunto antes ¿Son hombres de Dios de verdad los pederastas con sotana? O ¿Los que buscan influencias para ganar poder y riquezas en un cónclave? Cuando estás con un verdadero hombre de Dios, notas confianza de verdad, tranquilidad de espíritu, buenos consejos sin pedir nada a cambio y sin coartarte la libertad de contar con otras opiniones. Pero cuando te enfrentas a alguien en que tu subconsciente te produce cierta angustia, entonces sospecha que no estás ante un hombre o mujer de Dios. En las Escrituras, las profecías y vaticinios se diferencian de las profecías paganas en que las primeras siempre suelen ir unidos a una invitación al esfuerzo y a la conversión. La profecía nos advierte de un peligro, pero nos aporta lo que necesitamos para salvarnos. ¿Qué mayor profecía que saber que nos vamos a morir? Pero también estamos advertidos que habrá además un juicio de Dios, está pues en nosotros, decidir qué hacemos cada día para superar ese examen. ¿Qué sucedería si conociéramos el futuro por completo? Pues que si no nos gusta destrozaríamos el mundo porque ¿qué más da que me castiguen por uno, que por un millón? ¿no?. Y si nos gusta el destino, ¿para qué esforzarse si me van a premiar de todas maneras? ¿no? Si Dios conoce el futuro de cada uno y no lo dice, por algo será, pero al menos nos da la opción de cambiarlo. Sé que si no estudio una asignatura, mi destino es suspender, luego en mí está hacerme chuletas, estudiar o buscar la recomendación del amigo del abuelo. Entonces si Dios sabe el final de cada uno y además sabe lo que vamos a ir decidiendo en el camino de la vida ¿Somos libres de verdad? ¿Dónde queda el libre albedrío? Dios conoce lo que libremente decidiremos realizar, pero esta visión divina no disminuye nuestra libertad. Para entenderlo mejor. ¿Cuántos ven la película, el partido de fútbol o las carreras en diferido a pesar de conocer el resultado? Al menos yo conozco unos cuantos. ¿Por qué lo hacen entonces?

Les suelo preguntar. La realidad es que son los jugadores los que han decidido dar tal o cual pase, los actores los que han decidido saltarse el guión, o el mecánico ha decidido no estar pendiente de su equipo. No es fácil hacerme comprender. La vida que vivimos no es en diferido, es en vivo y en tiempo real, de modo que nosotros podemos elegir. Viene a ser algo similar a preguntar la diferencia entre predestinado, destinado, e inevitable. Predestinado es que tienes una mochila con suministros y un camino que recorrer con libertad, pero puedes elegir cambiar el destino. Destinado es que hagas lo que hagas tienes que llegar al destino pero en el camino eliges por dónde vas. Inevitable es que no puedes elegir ni destino, ni en el camino, todo está marcado y no eres libre en ningún momento. Tengamos en cuenta que destino y coincidencia no son lo mismo. Otra cosa será la desviación de uso de la palabra destino que hacemos como sinónimo de suerte o coincidencia. Ejemplo: "estaba pensando en ti y hemos coincidido en la cafetería" eso es coincidencia para unos y el destino para otros, como personificación de la coincidencia, pero no es el final. En este caso volveríamos a decir Predestinación = Fé, Destino = vocación, e Inevitabilidad = Fatalismo. Una pregunta podría ser ¿Quién murió realmente en la Cruz? La mayoría contesta al pie de la letra lo que dicen las Escrituras y eso está bien. Pero no somos griegos para creer que hay tres dioses. La Santísima Trinidad es un solo Dios. De modo que no había un padre al que le gustasen los sacrificios humanos y menos el de su hijo. La belleza de este momento histórico es que Dios mismo demostró que él hacía éso por nosotros reencarnado en Cristo. Pero teologías aparate que ahora no vienen al caso, admitamos las Escrituras de manera literal y creamos que solo el hijo (Cristo) murió. ¡Ok¡ entonces pregunto ¿Cristo tenía el destino fijado e ineludible? La mayoría de cristianos contestarán que ¡no¡ porque hay predestinación. ¡Ok¡ entonces Cristo estaba predestinado, luego tenía libre albedrío ¿Pudo escoger no ser crucificado? ¿Qué hubiera ocurrido si no hubiera sido crucificado ni resucitara? No existiría el cristianismo entonces y el mundo sería muy diferente, pues estos veintiún siglos, se han basado desde política a arquitectura, pasando por economía, literatura y arte en éso precisamente, junto con sus disidencias, enemigos y contrarios. Esto lo explica muy bien San Ireneo. Pero sigamos con más preguntas. Según Santo Tomás, la muerte de Cristo fue voluntaria (CT; Cap.230, Nª 483-485) *"La muerte de Cristo fue como la nuestra, en lo que es propio de la muerte, es decir, en cuanto a la separación del alma y del cuerpo; pero fue diferente de la nuestra en ciertos aspectos. Nosotros morimos porque estamos sujetos a la muerte, por la necesidad de nuestra naturaleza, o de alguna violencia que se nos ha inferido; Cristo, por el contrario, murió no por necesidad sino por su poder y por su propia voluntad. Por esta razón dice de sí mismo: "Y soy dueño de darla (mi Alma) y dueño de recobrarla" (Io 10,18). (484)La razón de esta diferencia entre la muerte de Cristo y la nuestra consiste en que las cosas de la naturaleza no dependen de nuestra voluntad. La unión del alma y el cuerpo es una cosa neutral, luego no está sometida esta unión a nuestra voluntad, ni respecto a su separación, porque esto debe ser obra de la virtud de otro agente. En Cristo, todo lo que es natural bajo el aspecto de la naturaleza humana, está sometido a su voluntad, a causa del poder de la Divinidad que domina toda la naturaleza. Estaba, pues, en el poder de Cristo hacer que la unión del alma con el cuerpo y su separación se realizara conforme a su voluntad. El Centurión, que presenció la crucifixión de Cristo, intuyó el poder divino cuando al expirar oyó su clamor, con el que manifestaba evidentemente que no moría como los demás hombres, por defecto de la naturaleza. Porque los hombres no pueden expirar dando gritos, puesto que en aquel momento supremo apenas tienen fuerza para mover la lengua. Cristo expiró gritando, y manifestó así su poder divino, y por eso exclamó el Centurión: "Verdaderamente este hombre era Hijo de Dios" (Mt 27,54). (485) No ha de decirse, sin embargo, que los judíos no mataron a Cristo, o que Él mismo se matara, pues se dice que alguien mata a otro cuando lo induce a morir, aunque solo se produce la muerte si la muerte triunfa sobre la naturaleza que se resiste a morir. Y como caía bajo la potestad de Cristo, tanto que la naturaleza cediese a la causa que la combatía, como el resistirla mientras quisiera, está claro que Cristo murió por su voluntad y quien sin embargo, los judíos le dieron muerte".* Admitamos que hay predestinación y que podemos elegir, entonces ¿Judas pudo elegir o no? Este personaje es curioso porque si admitimos que no pudo elegir y tenía ese papel y destino, entonces el plan de Dios vuelve a ser maquiavélico. Hacer una persona, programarla para que sea la pieza fundamental en el sacrificio de Cristo y por ende en la progresión del cristianismo, él va y lo hace perfectamente y encima es castigado ¡Ufff¡… Por el contrario, si admitimos que podría haber elegido y decidiera en el último momento no traicionar a Cristo, ¿hubiera tenido que ocupar otro su puesto? ¿lo habrían hecho libremente para cumplir los deseos de Dios o no? La verdad es que analizando a los apóstoles a veces dudo de si Cristo bajó con la lista hecha desde casa, o lo fue decidiendo al paso, porque ¡vaya tela¡ ni teniéndole delante resucitando muertos se lo creían y nosotros debemos creer más que porque ellos lo cuentan y además ¿Cómo lo cuentan? De tal manera que cuatro lo escriben y a duras penas se ponen de acuerdo. ¡Ufff¡… ser cristiano no solo es duro sino dificilito de narices. La diferencia que me llama la atención de la libertad de elección es entre Pedro y Judas, pues a ambos le traicionan Judas una vez y Pedro tres nada menos, y a ambos se les da la oportunidad de arrepentirse. Pedro lo hace en cinco minutos tras la mirada de Jesús, pero en cambio, Judas se ahorca por la culpa. ¡Ojo¡ que no es lo mismo el arrepentimiento, que la culpa. El arrepentimiento implica culpa, pero la culpa no implica arrepentimiento. Finalmente alguien podría preguntarse ¿Si hay un destino para cada hombre y hay dos mil millones de personas diferentes, es porque hay un destino común como resultado de la unión de los destinos parciales? Según los católicos, no hay destino, si no predestinación, de modo que todos nacemos con el mismo sistema de predestinación para poder conseguir salvarnos. En otras creencias que defienden el destino impepinable, habría que preguntarles o ya las hemos visto.

Despedida

Querido Maese: Hola cariño, nunca me dijiste que fuese la única en tu corazón, y debí imaginármelo, tú que siempre fuiste un marinero. Más que un lobo de mar, un lobo alfa. Cuando me enteré de todo, me pregunté ¿Cuántas mujeres del mundo sucumben ante los encantos de un solo hombre? Y obtuve la respuesta ¡Sí, es posible¡. El hombre en cuestión es amigo, es confidente y es amante de todas ellas. El marinero que nunca cae en la tentación del canto de las sirenas porque son las sirenas las que caen a través de sus palabras, de sus caricias y miradas, de su particular estilo de narrar historias y de su fuerza en los suyos. Pues bien cariño, quise conocer a esas novias, tuyas. Cogí tu agenda el último día que me subiste al barco. Me puse en contacto con ellas con el siguiente mensaje "Hoy, este hombre cumple 27 años y sus sirenas, como nos llamas en tus notas secretas, queremos hacerle un regalo especial en su día"… Pero a mi modo, haciéndote jugar un poco, ya que serás tú el que deba adivinar qué carta de amor corresponde a cada una de nosotras. Y como marinero que eres, te dejo tu instrumento ideal junto con un manual de instrucciones:

1º- Utilice la brújula tan solo de tres a cinco de la tarde.

2º- Coja el instrumento con la mano derecha, en posición horizontal y con el cristal hacia arriba.

3º - Observe hacia dónde se orienta la aguja.

4º- Gire la brújula hasta hacerla coincidir con el norte.

5º- Existe la posibilidad que la aguja se desoriente un poco haciendo rápidas oscilaciones en ambos sentidos, dele un golpe en la cabeza al marinero usuario, hasta conseguir su rápida orientación.

6º- En caso de no encontrar el norte, no se preocupe, busque a la que falte en el dibujo y me encontrará.

Besos.

¡Ufff¡ ¡Vaya tela con lo del destino y la libertad de elección¡ ¿Por cuál me decido si la que amo no me quiere? Me relajo con lo que decía Miguel de Unamuno en "Del Sentimiento Trágico de la Vida": *"Kant reconstruyó con el corazón lo que con la cabeza había abatido. Y es que sabemos, por testimonio de los que le conocieron y por testimonio propio, en sus cartas y manifestaciones privadas, que el hombre Kant, el solterón un sí es no es egoísta, que profesó filosofía en Koenigsberg a fines del siglo de la Enciclopedia y de la diosa Razón, era un hombre muy preocupado del problema. Quiero decir del único verdadero problema vital, del que más a las entrañas nos llega, del problema de nuestro destino individual y personal, de la inmortalidad del alma. El hombre Kant no se resignaba a morir del todo. Y porque no se resignaba a morir del todo, dio el salto aquel, el salto inmortal de una a otra crítica"..." Todo conocimiento tiene una finalidad. Lo de saber para saber, no es, dígase lo que se quiera, sino una tétrica petición de principio. Se aprende algo, o para un fin práctico inmediato, o para completar nuestros demás conocimientos. Hasta la doctrina que nos aparezca más teórica, es decir, de menor aplicación inmediata a las necesidades no intelectuales de la vida, responde a una necesidad -que también lo es- intelectual, a una razón de economía en el pensar, a un principio de unidad y continuidad de la conciencia. Pero así como un conocimiento científico tiene su finalidad en los demás conocimientos, la filosofía extrínseca se refiere a nuestro destino todo, a nuestra actitud frente a la vida y al universo"..." Y esta suprema preocupación no puede ser puramente racional, tiene que ser afectiva. No basta pensar, hay que sentir nuestro destino. Y el que, pretendiendo dirigir a sus semejantes, dice y proclama que le tienen sin cuidado las cosas de tejas arriba, no merece dirigirlos. Sin que esto quiera decir, ¡claro está!, que haya de pedírsele solución alguna determinada. ¡Solución! ¿La hay acaso?"..." Y estoy convencido de que resolveríamos muchas cosas si saliendo todos a la calle, y poniendo a luz nuestras penas, que acaso resultasen una sola pena común, nos pusiéramos en común a llorarlas y a dar gritos al cielo y a llamar a Dios. Aunque no nos oyese, que sí nos oiría. Lo más santo de un templo es que es el lugar a que se va a llorar en común. Un Miserere, cantado en común por una muchedumbre, azotada del destino, vale tanto como una filosofía. No basta curar la peste, hay que saber llorarla. ¡Sí, hay que saber llorar! Y acaso esta es la sabiduría suprema. ¿Para qué? Preguntádselo a Solón"..." Y los racionalistas que no caen en la rabia antiteológica se empeñan en convencer al hombre que hay motivos para vivir y hay consuelo de haber nacido, aunque haya de llegar un tiempo, al cabo de más o menos, decenas, centenas o millones de siglos, en que toda conciencia humana haya desaparecido. Y estos motivos de vivir y obrar, esto que algunos llaman humanismo, son la maravilla de la oquedad afectiva y emocional del racionalismo y de su estupenda hipocresía,*

212

empeñada en sacrificar la sinceridad a la veracidad, y en no confesar que la razón es una potencia desconsoladora y disolvente. ¿He de volver a repetir lo que ya he dicho sobre todo eso de fraguar cultura, de progresar, de realizar el bien, la verdad y la belleza, de traer la justicia a la tierra, de hacer mejor la vida para los que nos sucedan, de servir a no sé qué destino, sin preocuparnos del fin último de cada uno de nosotros? ¿He de volver a hablaros de la suprema vaciedad de la cultura, de la ciencia, del arte, del bien, de la verdad, de la belleza, de la justicia... de todas estas hermosas concepciones, si al fin y al cabo dentro de cuatro días o dentro de cuatro millones de siglos - que para el caso es igual-, no ha de existir conciencia humana que reciba la cultura, la ciencia, el arte, el bien, la verdad, la belleza, la justicia, y todo lo demás así?"

MI REFLEXIÓN FINAL Y DESPEDIDA

"Yo soy el dueño de mi destino; yo soy el capitán de mi alma". (William Ernest Henley)

Decía Miguel de Cervantes Saavedra en "El ingenioso Hidalgo Don Quijote de la Mancha": *"Finalmente, señor caballero, quiero que sepáis que mi destino, o, por mejor decir, mi elección, me trujo a enamorar de la sin par Casildea de Vandalia. Llámola sin par porque no le tiene, así en la grandeza del cuerpo como en el estremo del estado y de la hermosura. Esta tal Casildea, pues, que voy contando, pagó mis buenos pensamientos y comedidos deseos con hacerme ocupar, como su madrina a Hércules, en muchos y diversos peligros, prometiéndome al fin de cada uno que en el fin del otro llegaría el de mi esperanza; pero así se han ido eslabonando mis trabajos, que no tienen cuento, ni yo sé cuál ha de ser el último que dé principio al cumplimiento de mis buenos deseos. Una vez me mandó que fuese a desafiar a aquella famosa giganta de Sevilla llamada la Giralda, que es tan valiente y fuerte como hecha de bronce, y, sin mudarse de un lugar, es la más movible y voltaria mujer del mundo. Llegué, vila, y vencíla, y hícela estar queda y a raya, porque en más de una semana no soplaron sino vientos nortes. Vez también hubo que me mandó fuese a tomar en peso las antiguas piedras de los valientes Toros de Guisando, empresa más para encomendarse a ganapanes que a caballeros. Otra vez me mandó que me precipitase y sumiese en la sima de Cabra, peligro inaudito y temeroso, y que le trujese particular relación de lo que en aquella escura profundidad se encierra.*

Detuve el movimiento a la Giralda, pesé los Toros de Guisando, despeñéme en la sima y saqué a luz lo escondido de su abismo: y mis esperanzas, muertas que muertas, y sus mandamientos y desdenes, vivos que vivos. En resolución, últimamente me ha mandado que discurra por todas las provincias de España y haga confesar a todos los andantes caballeros que por ellas vagaren que ella sola es la más aventajada en hermosura de cuantas hoy viven, y que yo soy el más valiente y el más bien enamorado caballero del orbe; en cuya demanda he andado ya la mayor parte de España, y en ella he vencido muchos caballeros que se han atrevido a contradecirme. Pero de lo que yo más me precio y ufano es de haber vencido, en singular batalla, a aquel tan famoso caballero don Quijote de la Mancha, y héchole confesar que es más hermosa mi Casildea que su Dulcinea; y en solo este vencimiento hago cuenta que he vencido todos los caballeros del mundo, porque el tal don Quijote que digo los ha vencido a todos; y, habiéndole yo vencido a él, su gloria, su fama y su honra se ha transferido y pasado a mi persona; así que, ya corren por mi cuenta y son mías las innumerables hazañas del ya referido don Quijote".

Hola Cariño:

Hoy he desarrollado esta observación en mi teclado y no he dudado en enviártelo, a ver si nos aclara esto del destino. Contigo he descubierto que lo mismo creo en el amor, tanto como dudo de que exista y sea bueno. Ambos construimos paredes de protección con el propósito de no ser dañados y nos aprisionamos. Nadie de los que conocemos nos da la mitad de lo que recibimos juntos y eso nos hace apartarnos de este mundo. Todos nos parecen vulgares, mediocres y superficiales. ¿Nos quedamos aprisionados hasta morir? O ¿Decidimos intentarlo de nuevo pero juntos? Nadie nos hace temblar como nosotros lo hacemos mutuamente. Nos dicen que desperdiciamos oportunidades, pero ¿Qué oportunidad es la que ni llena medio vaso? Intentamos olvidarnos del otro, sin éxito. El sueño se inquieta en las noches. Así que lo siento, disculpa pero... está aquí y es real... no lo puedo negar. Tú tampoco. Entraste en mi vida como un elefante en la cacharrería y yo en la tuya como un tren de mercancías. El razonamiento para sacarte de mi vida es vencido por lo que siento por ti. Y ahora tengo que callar este sentimiento que me enferma. Ahora ya no sé nada, absolutamente nada más que te necesito. Dudo que con este sentimiento pueda elegir mi destino libremente, más bien es coaccionado. Pero si tengo fuerza de voluntad, te sacaré de mi vida o te meteré para siempre. Solo necesito días, meses, o décadas para conseguirlo. ¿Me arrepiento? ¡Definitivamente no¡. Lo acepto como es. Es normal tener miedo ante lo nuevo, el miedo es una reacción natural frente a una situación que nos toma por sorpresa y que obviamente desconocemos. ¿Por qué tenemos miedo? Porque no conocemos y eso nos intranquiliza. Tenemos que tropezar, golpearnos, levantarnos, caernos varias veces, levantarnos y otra vez volver a caer; pero sobre todo vencer el miedo. Eso es vivir y eso es amar, pero también es forjar un destino en libertad. El mundo nos ha enseñado no sin razón a desconfiar, a mirar con cierto prejuicio a la mano que nos tienden en la desgracia. Nos incrustan a fuego la frase "nadie hace nada a cambio de nada". Vivimos en una humanidad de deshonestidad y de desconfianza, lo que nos hace rechazar el amor, las oportunidades y evitar tomar decisiones libremente, dejando que otros más frustrados, las tomen por nosotros. Como resultado de esta represión, muchos se sumen en una profunda miseria, aumentando paradójicamente esa frustración que tanto se quería evitar y echando la culpa al destino o a Dios. Muchas personas creen que es fácil amar y que solo necesitan encontrar a alguien a quien enamorar. Se pasan la vida mirando las caras a ver si alguien lleva escrito en la frente "soy yo". En el trabajo procuramos esforzarnos para que no nos echen, en cambio en el amor, hacemos lo contrario y nos dedicamos a echarlo constantemente de nuestra vida. Para muchos, el destino de su vida es encontrar un gran puesto de trabajo, para otros encontrar el amor de su vida y para los terceros vivir sin trabajar. Confunden destino con objetivos intermedios. Confunden lo urgente con lo importante. ¿Qué es lo importante? Lo importante es lo que aporta algo a nuestro interior, como bien dice su propio nombre. La gente confunde el amor con acostarse y así se manipula a la gente diciendo que el amor es pecado, que todas las mujeres buscan sacar el dinero a los hombres (que lo tengan), o que la mujer que ama es una cualquiera. En el otro extremo hay consecuencias de esa elección libre de acostarse que se llaman "hijos de la vida" como si la vida tomase forma de persona y fuese la culpable. Las frustraciones y faltas de autoestima coaccionan el libre albedrio, obligando a aguantar palizas y malos tratos a cambio de un techo y un plato de comida. En esos momentos, la persona anhela una cucharadita de suerte y pasa de esa dependencia a las supersticiones. Cariño ¡Qué duro es el amor¡ Dicen que Dios es amor, pero si se le parece a este amor que duele tanto, no sé si me va a gustar. Personalmente creo que es el amor que sentimos al enamorarnos, al tocar a nuestros hijos, al recibir un rayo de sol, u oler una flor. En donde no hace frío, ni calor, donde no hay hambre o sed, donde no existe el dolor, ni las lágrimas. Ese es nuestro destino. Para eso Dios nos predestina. Muchos no entienden el sufrimiento por alcanzarlo, del mismo modo que creen que por asistir a clase de piano un día ya pueden dar un concierto en el Madison. Muchas de nuestras parejas que rechazamos por razones superficiales, fueron aceptadas y son felices con otras personas que las ayudaron a superar sus miedos y sacaron música de ellas. El amor tiene que ver con la sintonía de dos almas que se encuentran y se reconocen. El cuerpo es solo un vehículo. Pero ni tú ni yo tenemos otro que nos sustituya. ¿Serás tú el amor de mi vida y yo el tuyo? ¿Tendremos que volver a remangarnos hasta limar las diferencias que nos separaron? Pero no solo depende de nosotros y tampoco nos afecta solo a nosotros cada vez que decidimos en el libre albedrio.

¿Qué otras cosas hay que nos coartan la decisión y cómo lo podríamos resolver? Los conflictos que nos autogeneramos en la vida y cómo resolver el hecho de que las decisiones a la hora de elegir libremente nos afecten menos, es tarea casi imposible. Pensemos en casi dos mil millones de personas tomando decisiones libremente a la vez y proporcionando modificaciones en forma de consecuencia al resto. Las cuales deberán tomar nuevas decisiones y así sucesivamente. A eso, muchos le llaman destino, otros dirían aquello de la causa-efecto y al final la culpa sería de Dios o de la mala suerte. Se me ocurre la solución de encargarle a un superordenador que vaya decidiendo por nosotros en función de esos cambios. ¿Parece ridículo? Pues eso es lo que me parece a mí cuando decimos que el destino está escrito o que somos libres para decidir. ¿Cómo puede un ordenador ser utilizado en el destino del hombre? La respuesta es más lógica que dejar nuestra decisión en manos de unas piedrecitas, o de unas cartas, o de alfileres, ¡digo yo¡. En cualquiera de los casos, la respuesta sería más desorientadora, peligrosa y tonta que si la decidimos por nosotros mismos. La gente pierde el tiempo de manera sobrehumana, del mismo modo que en decidir hacia dónde dirigir sus pasos. En el tiempo que he dedicado al estudio de las diferentes versiones del destino, he podido comprobar que los eruditos pasan más tiempo intentando averiguar cómo funcionan sus instrumentos, que forjando su destino. ¿Acaso perdemos nuestro tiempo escribiéndonos cartas y hablando de cómo las partículas crean microondas a la hora de hacer la comida todos y cada uno de los momentos del día, del mes y del año? Lo que hacemos los adultos con responsabilidades es usar los instrumentos que otros crearon para resolver los problemas a nuestros hijos. Si el computador pudiera ayudar a solucionar centenares de problemas realmente importantes y de decisiones vitales para nuestro destino, sería estupendo. Pero erróneo si no controlase a la vez los problemas y decisiones de los dos mil millones de personas. El asunto se complica a la hora de programar el ordenador. ¿Quién conoce todos y cada uno de los problemas, soluciones y consecuencias, personificándolo para que todos estemos satisfechos? Al final, se crearían estándares de comportamiento para facilitar la resolución y eso haciendo simulaciones como los videojuegos. Este ordenador debería contener todas y cada una de las leyes, internacionales, nacionales, autonómicas, locales, religiosas, asociativas, mercantiles, administrativas, de tráfico, matrimoniales, sociales, tributarias, financieras, sanitarias, penales y deportivas mundiales (que ninguna es igual a otra en los 193 países de este mundo) que los humanos hacemos para poder convivir pero que modifican la libertad de decisión y por ende nuestro libre albedrio, multiplicando por ene las consecuencias y efectos sobre los que hay que volver a decidir. Visto de este modo, si alguien tuviera que escribir nuestro destino y contar con todos y cada uno de estos parámetros, me parecería muy pobre y me daría realmente más lástima que admiración. ¿Por qué? Pues si su destino es escribirnos el nuestro con estas condiciones, yo no me cambiaria por él ni pagando y a continuación me preguntaría, quién le escribió su destino a él y así sucesivamente sin llegar a ningún lugar más alegre que el anterior. Por otra parte, cuando San Agustín y

Santo Tomas o el mismísimo Platón defendieron lo del libre albedrio, también creo que no contaron con las innumerables coacciones de la vida que los propios humanos nos íbamos a autoimponer. Creo más bien que es una metáfora para entender que en esta vida somos nosotros los que forjamos el destino como sinónimo de vocación por un lado y de conflicto por el otro. Pero al final el camino que las tres cuartas partes de la humanidad, que creen en algún tipo de dios defienden, es la de ser cada día mejores y elegir entre los bienes materiales que se nos cruzan, el que más nos acerque a Dios. Aunque hablemos mucho de la complejidad de los problemas y de la complejidad del entorno, estas cartas que te escribo, no son más que simples conjeturas. Mientras afrontemos estos problemas a través de métodos tan alejados del nivel conceptual que encontremos en ellos complejidades insolubles, y mientras no consigamos describir estas complejidades con tanta precisión, no reflejarán más que el deseo de eliminar inseguridades y de creer que estamos ya en grado de comprender esa complejidad del destino. En realidad, no necesitamos resolverla, sino que sólo nos engañamos a nosotros mismos. No consideremos este fenómeno como una posibilidad sin salida, olvidando los problemas realmente acuciantes del comportamiento humano para dedicarnos sólo a aquellos aspectos triviales. Me explico. Si el ansia por conocer nuestro destino supera nuestra habilidad para distinguir y elegir problemas importantes, de los no importantes, o para elegir entre cosas materiales o incluso para vocacionales; tendremos que admitir que esta afición por la adivinación nos ha desviado del auténtico destino. Es decir, la dependencia por las artes adivinatorias y las supersticiones superan al deseo de comprender. Simplemente fijémonos en las casas, ciudades y naciones en que vivimos. Las ciudades comenzaron siendo fortalezas defensivas al lado de ríos. Nadie nos obligó a hacerlo así, más que los intereses materiales de conquista y defensa de la vida y de la propiedad. Ese tipo de ciudades fortificadas y ese tipo de casas con rejas ¿realmente creemos que son lo ideal para darnos la libertad de elegir? ¿No son de por sí una paradoja? Cuando modernamente se diseñan ciudades no fortificadas, definimos las calles en función de los PAUs (Planes de actuación urbanística) sin tener en cuenta más que exclusivamente fenómenos que pueden ser medidos y codificados, tales como la distancia y el volumen de las comunicaciones, en lugar del bienestar de los habitantes para que las decisiones de unos no interfieran en las de los otros y éstos deban elegir de nuevo y así comience el rollo cien mil veces por minuto. Para hacerme entender mejor reflexionemos la diferencia entre vivir en un edificio de pisos y en un hotel. Así veríamos la diferencia por ejemplo en los efectos de unos humanos sobre los otros, la rapidez de conseguir las cosas, el problema de las decisiones y consecuencias sobre los demás, las condiciones de vida o cualquiera de los centenares de problemas realmente importantes que influyen para dar al hotel o al edificio de apartamentos una forma compleja. Parece más ideal el hotel, pero ¿qué ocurre cuando el hotel se queda pequeño y la población de residentes crece? Entonces hay que cambiar las normas de educación por leyes sociales, de tráfico, mercantiles, etc., etc. y el rulo vuelve a empezar. Dios no tiene la culpa. El destino no tiene la culpa. Los humanos la tenemos, pero es más fácil echársela a alguien que no seamos nosotros mismos. Otra de las cuestiones que veo que hacemos los humanos es intentar controlarlo todo. A nosotros mismos, a nuestro entorno, a nuestros familiares, y si las responsabilidades aumentan, entonces trasladamos ese control al trabajo o al orden legislativo, hasta conseguir el absurdo español de tener diez leyes diferentes para los picaportes de las puertas. ¿Quién tiene más culpa de nuestro destino y quién lo escribe? ¿ Dios? ¿El destino propiamente dicho? o ¿el legislador de turno, el jefe del trabajo, el docente del año, o el pariente de turno? Actualmente tenemos la capacidad de elaborar infinitos tipos de alternativas en un elevado número de combinaciones. ¿Vale la pena? Personalmente he llegado a la conclusión de que no vale la pena examinar un gran número de alternativas cuando las diferencias son insignificantes. ¿Por qué? simplemente porque eso mismo ya nos está coartando. Es una limitación de nuestra propia capacidad para concebir en abstracto alternativas significativas que nos valgan de verdad. Con todos los métodos de adivinación que hemos inventado, desde las cartas a las estrellas, pasando por piedras, bolas, alfileres y ordenadores, saco la conclusión de que el objetivo inicial de adivinar el futuro, se ha convertido ahora en el de utilizar como sea el método adivinatorio para conseguir unos resultados que se pueden obtener sin su ayuda. Vivimos en una sociedad compleja, llena de sistemas confusos, que intentan mantener un status quo enredado, cubriendo una serie de necesidades cada vez más ininteligibles. Está claro que en este embrollo enmarañado, cualquiera de las partes se sienta desconcertado a cada instante y recurra a cualquier método para recobrar un instante virtual de seguridad. Es una ironía que el mismo método que ha sido inventado para disminuir las complejidades pueda resolver restricciones más duras que el mismo origen de la complicación. Dicho de otro modo, nos pasamos la vida aprendiendo y superando complejidades que nosotros mismos creamos para hacer más sencilla la vida y recurrimos a métodos adivinatorios para que unas piedras o cristales nos expliquen por qué los creamos y si esto tiene un sentido que nosotros fabricamos y de remate nos ayuden a descífralo. En estos estudios y ensayos he concluido que aquellos que temen al destino en sí, son curiosamente los mismos que consideran al destino como una oportunidad de autorrealización. A medida que vamos entendiendo esto del destino, veo inconcebible considerar el método adivinatorio de otra manera que un simple medio de consejo para estabilizar desequilibrios. La pena es que la mayoría distorsionan el consejo convirtiéndolo en dependencia e idolatría, atrasando la capacidad de avance del humano que lo solicita. Nuestra capacidad para crear conceptos teóricos más profundos también se ve distorsionada con tanta interferencia de rastrillo, pero dañina. Personalmente los considero ingenuos porque cualquier método adivinatorio es inútil si antes no se amplía la comprensión teórica de su objetivo y de la función, lo que impide que veamos los problemas como son y los justifiquemos echándole la culpa a "frutos del destino" o a un Dios maquiavélico. Tan solo nos damos cuenta de lo que nos falta de verdad en la vida cuando nos comparamos con los demás. Así sabemos que aún llenos de cosas materiales, prestigio y poder, son cosas efímeras que las perdemos en un santiamén, entonces nos encontramos vacios por dentro y perdidos por fuera. Desde el punto de vista humano somos un completo fracaso. La mayoría de las personas dedican sus anhelos a conseguir el último iphone y echan la culpa a Dios de que Apple, solo haya puesto a la venta un número limitado de unidades y a un precio equivalente a su sueldo de un mes. En Occidente y ahora en Oriente, nos pasamos la vida intentando estar al día y el hecho de que nos rechacen en un momento, implica la necesidad de algo real en nuestro ser que no sabemos lo que es y nos preguntamos ¿Cuál es mi destino? Como si alguien bajase con un libro de guía, o nos mandasen un mail desde el Más Allá con la contestación. La perspectiva de que podamos estar transformando el mundo en un planeta de hormigón contaminado me entristece. Pues con el planeta se van las posibilidades de ser cada día mejores y finalmente salvarnos. Intentamos captar la misma riqueza de dinero y poder que postes de luz y antenas parabólicas. Conseguimos tal densidad humana y material en cada ciudad que aunque solo una persona tomara una decisión al día, la cadena de efectos y consecuencias multiplicadas en cada uno del resto de habitantes produciría el caos y demostraría la escualidez mortal que se propaga por todas partes como un dominó. Es imprescindible descubrir el carácter que da la vida al ser humano, pero jamás lo lograremos si no entendemos que hay solo predestinación y no hay destino, que nuestro libre albedrio no es para el terreno material, sino para el espiritual y que la culpa de las decisiones, no es más que de nosotros los humanos. Vivimos en ciudades, asociaciones y familias formadas por retículos (redes) que forman parte para lo bueno y para lo malo, de retículos más grandes y todas son al mismo tiempo estructuras de conjuntos diferentes. Los hombres somos los responsables de esas estructuras porque las creamos. Metemos en ellas desde personas a ladrillos, pasando por plantas y animales. Lo que estaría bien, si todos esos elementos cooperasen para establecer un sistema en el que cada decisión no afectara al resto. Pero es imposible. Me explico. Una rotonda modifica la preferencia en la circulación sobre un cruce, del mismo modo que una señal de prohibido aparcar o dirección prohibida. Todo forma parte de un sistema altamente inestable por el simple hecho de cambiar una señal de calle y desencadenando nuevos flujos de circulación peatonal, de mercancías y por ende económicas y con ello de estatus. En estos cambios, dejan de interesar las personas, para ser sustituidas por las diferentes estructuras y sus superposiciones, de tal modo, que es la persona la que termina adaptando sus decisiones al entorno cambiante, más que el entorno le proporcione las condiciones mejores para tomar decisiones sin afectar a los demás. Hilberseimer en su libro "La naturaleza de las ciudades" simboliza el problema a la perfección, concluyendo que el sistema de ciudad fortín era bueno cuando en ella vive un ejército estructurado, pero no cuando viven ciudadanos que toman decisiones al libre albedrío, del mismo modo que el desastre ocurre al contrario. Hilberseimer dice que *"en toda ciudad, hay miles e incluso millones de sistemas en funcionamiento cuyos residuos físicos no aparecen como unidad en las estructuras"* y tiene razón. Nuestro destino no está solo condicionado por las personas y entorno, sino por los residuos, que a su vez son un sistema independiente pero superpuesto y corresponden a realidades sociales. Si hiciésemos una foto fija de varias personas, comprobaríamos que al cabo de su vida se relacionan solo con un puñado de personas. Esto ha funcionado hasta la aparición de chats, blogs y redes sociales en donde se usa la palabra "amigo" como sinónimo de interlocutor. Quiere decirse que los grupos cerrados de antaño, han dado paso a retículos virtuales que se superponen de nuevo a los anteriormente descritos, multiplicando por ene las medidas coercitivas de influencia y toma de decisión. ¡Ufff¡ al final la libertad es complicada de conseguir. No intento tirar por tierra el libre albedrio, sino canalizarlo en el sentido de evitar manipularlo hacia las cosas materiales y enfocarlo a su verdadero destino, en ser mejores cada día para elegir entre los bienes materiales tan cambiantes, el mejor de ellos que nos acerque a nuestra salvación en Dios, pues todo lo demás he visto, ensayado y comprobado que no sirven. Ejemplo de ello son las aceras. A simple vista una acera es un gran invento porque se evitan atropellos sabiendo los coches que no deben subir a ellas y los peatones sabiendo que no deben bajar de ellas. Ahora que se lo pregunten a los repartidores y proveedores de las tiendas a ver si opinan lo mismo de las ventajas de tener que cargar y descargar con una acera por medio y el guardia multando por otro, mientras se desloman cargando y descargando. Entonces a alguien se le ocurre poner y habilitar zonas de carga y descarga, junto con vías rápidas exclusivas para transportes. El conflicto se mantiene trasladándose al resto de personas que quieren dejar a un inválido en casa, a un anciano o a sus hijos sin peligro y sin que les multen. Es decir, el sistema que ordena fluidez en el transporte, coarta al privado, solo porque a algún iluminado político se le ha ocurrido tomar una decisión y su causa-efecto es trasladada a otros, cambiando los flujos de decisiones libres del resto de afectados, para que luego se frustren, acudan a unas bolas de cristal que les adivine el futuro y culpen al destino o a Dios de sus desgracias. Al final el niño que jugaba en la plaza con otros niños, ya no sale de casa, no toma decisiones libremente y se frustra desde pequeño. Entonces otro político creará espacios para que jueguen estos niños, pero afectando a otras personas y volviendo a crear la espiral del supuesto destino escrito. Me relajo con el café, las vistas desde el mirador del cigarral y con lo que decía León Tolstoi en "Guerra y Paz": *"Natacha tenía entre sus manos temblorosas aquella carta apasionada que Dolokhov había escrito para Anatolio y leyéndola encontraba el eco de todo lo que creía sentir. La carta empezaba con estas palabras: «¡Desde ayer mi destino está decidido! Ser amado por usted o morir, no tengo otra salida.» A continuación escribía que sus padres no le daban el consentimiento debido a ciertas causas misteriosas que sólo podía explicar a ella misma, pero que si ella le amaba, si pronunciaba una palabra, ninguna fuerza humana podría impedir su felicidad: el amor lo vencería todo. La raptaría y se la llevaría al otro extremo del mundo.«¡Sí, sí, le quiero!», pensaba Natacha volviendo a leer una y otra vez aquella carta y buscando en cada palabra un sentido particular, profundo. Aquella noche, María Dmitrievna fue a casa de los Arkharov y propuso a las niñas que la acompañaran. Natacha pretextó una jaqueca y se quedó en casa"..."* Pero la tristeza absoluta es tan imposible como la alegría absoluta. *La princesa María fue la primera que se vio arrancada por la vida misma a la tristeza de las dos primeras semanas de duelo, al verse dueña y señora de su destino y convertida en la tutora y educadora de su sobrino. Recibió cartas a las que tuvo que responder; la habitación de Nikoluchka era húmeda, y el niño comenzó a toser; Alpatich llegó a Iaroslav con sus cuentas, y le aconsejó se trasladara a Moscú, a su casa de Vosdvijenka, que se conservaba intacta y necesitaba tan sólo ligeras reparaciones".*

Cariño:

Muchos me plantean que critico y les digo que ¡claro que critico¡, aportando los por qués. Para criticar una obra, un pensamiento, una corriente o un destino supuestamente escrito e invariable que tengo que aceptar sin rechistar, debo al menos cuestionar los por qués, los cómos, los cuándos y sobre todo los para qués, ya que aún nadie me ha dicho, salvo la predestinación cristiana que me da la libertad y yo decido todas esas cuestiones y además si quiero salvarme o condenarme. A fin de cuentas es lo mismo que aguantar a un docente de tebeo para que me examine y apruebe una asignatura. Yo decido hacer o no esa carrera, decido hacerla en ese sitio o en otro y decido estudiar con sus apuntes o los míos, para aprobar salvándome o condenarme a suspender. Para criticar un destino debo estudiar las situaciones recurrentes de un sistema que da lugar a conflictos que no se pueden resolver con decisiones impuestas sino libres. Es decir, necesito saber concreciones del mecanismo interno. El para qué una persona va a dedicar su vida y el por qué va a experimentar esos conflictos. Lo más triste sería averiguar que no sirve para un fin superior y que esos defensores del destino escrito e invariable tienen razón. Bronislaw Malinovski dijo *"que una cultura es un sistema diseñado para satisfacer siete necesidades básicas: Metabolismo, reproducción, confort corporal, seguridad, movimiento, crecimiento y salud".* Erik Erikson identifica diez

228

inclinaciones básicas en el hombre: *Seguridad física, satisfacción sexual, expresión del amor, expresión de la hostilidad, preservación del amor, preservación del reconocimiento (identidad), expresión de la espontaneidad, orientación (lugar que uno ocupa en la sociedad), preservación y durabilidad de la asociación de un determinado grupo humano, sentido de pertenecer a un orden moral y de estar en lo cierto en lo que uno hace.* Así podía continuar con Maslow y similares. El caso es que cuando se llega a un conflicto y las "tendencias hacia..." se detienen por el choque, comienzan en la persona una serie de procesos que los expertos psicólogos plantean en ocho fases a superar: Confianza básica – desconfianza, autonomía - vergüenza/duda, iniciativa- culpa, industria – inferioridad, identidad - confusión de roles, intimidad – aislamiento, generatividad – estancamiento, integridad del ego – desesperación, infante –niño, niño – adolescencia, joven –adulto, adulto- vejez.

¿Es posible crear un sistema de entorno vital que evite esos conflictos anteriores que te he contado? Lo primero es que la propia palabra "Sistema" implica una paradoja en sí misma, pues lo mismo involucra unidad, que creación. Cuando algo genera algo nuevo, destruye la unidad anterior. Y los humanos basamos nuestra existencia en sistemas: de trabajo, de toma de decisiones, de vida, de escritura, de leyes, de comunicaciones, de juegos, de alimentación y hasta sociales y de credo. Al mismo tiempo "sistema" conlleva otra paradoja, pues implica técnica por un lado e imprecisión por otro. Es decir, se permite crear cosas e ideas nuevas, pero siempre terminan siendo imprecisas. Y la tercera paradoja que conlleva es dar la sensación de unidad por un lado y por otro un conjunto de unidades o partes. ¡Ufff¡ Cariño, me va a costar encontrar un sistema que permita evitar cualquier efecto o consecuencia de la toma de decisiones de alguien en los demás y al mismo tiempo único para todos. ¿Entiendes ahora el por qué de las crisis? ¿A qué crisis me refiero? Pues a todas, desde las nuestras de pareja hasta las económicas, pasando por conflictos bélicos y de supervivencia por los recursos naturales. Cuando las consecuencias de las decisiones de miles de millones de personas llegan a una situación insostenible, el sistema explota. Entonces aparecen infinidad de analistas que pasan todo a una ecuación para que todo tenga explicación. Al final, comprobamos que en algunos casos, conducen siempre e irremediablemente a una crisis. ¿Pueden unas estrellas, cartas o piedras adivinar el futuro con este mejunje? ¿Saben los alfileres o palitos la inmisión y la emisión de las decisiones de miles de millones de personas? Para comprender este comportamiento, tenemos que entender la vida, el destino, el sistema o como lo queramos definir, como un todo que continuamente crea nuevos estados internos y nuevas salidas. Por desgracia tienes razón cuando definías en casa que la unidad de nuestra relación se basaba precisamente en la inestabilidad de la misma. En la vida, cuando cambia una parte, cambian también las demás partes. Un terremoto, conduce a un desastre en ese lugar pero un auge en el otro, porque todo se desplaza hacia allí. Es decir, estamos frente a supuestos destinos que se comportan de una manera determinada. Los cuales, sólo podemos entender como consecuencia o producto de una interacción entre partes de los demás destinos y que cuando interaccionan lo llamamos casualidad. Todos buscamos estabilidad en todos los aspectos de nuestra vida y el miedo a lo desconocido (futuro) o a perder esa estabilidad nos lo quita. La estabilidad, en cualquiera de sus formas, solo se puede considerar como consecuencia de las interacciones de las partes y con ello lleva implícita la cualidad de temporal. Una vez se introspeccionan estos conceptos, estamos en disposición de desechar cualquier tipo de método adivinatorio, cualquier creencia en destinos escritos y en que nuestro libre albedrio está descartado para el mundo material, dejándose tan solo para la salvación. Cariño, entonces para responder a tu pregunta y crear un sistema perfecto, debemos contar con tres elementos, las piezas, las interacciones y el método, teniendo en cuanta que un sistema es una abstracción. Me explico, una persona leyendo este libro puede ser considerado un sistema con las tres partes: las piezas, las interacciones y el método. También puede ser considerado un destino y también una consecuencia. Al final todo es una interacción de partes, de hechos y de decisiones. La cuestión es saber o decidir hacia dónde encaminamos este sistema. ¿Hacia el mundo material o hacia al espiritual? La mayoría de la gente ve el destino como algo inmediato que resuelve o perjudica tal o cual cosa. El destino hay que verlo como hay que ver al sistema, ¡como un todo¡ y entenderlo como interacción de sus trozos. Habitualmente hablamos por igual del sistema solar que del sistema vital o del sistema de apuestas. Cuando le pedimos a alguien que critique esta obra (por ejemplo) habrá quien lo vea solo como un "me gusta –no me gusta", otros profundizaran en los sintagmas y predicados, los terceros en el tamaño y en la forma, los cuartos en el mensaje, los quintos en un conjunto de letras combinadas que dan como resultado un libro, los sextos como una gasto – inversión por su compra o venta según de quien se trate, etc. Al final, habrá quienes hablen de su destino identificando la causa - efecto que le ha producido su lectura y la casualidad que el destino les haya puesto estas páginas en sus manos para bien o para mal. Pocos identificarán el sistema abstracto del que estoy hablando. ¿Cuál? Pues empecemos por juntar todo lo anterior para entenderlo. Este es un proceso activo en el que las interacciones dan lugar a decisiones y éstas conllevan comportamientos. Al destino le ocurre lo mismo, primero hay que sentirlo para luego razonarlo. Ejemplo, debemos sentir la importancia del ser humano, antes de aprender a conducir. Por desgracia la corrupción del lenguaje nos lleva a entender cualquier sistema como un conjunto de normas o lo peor, que es considerarlo como un manera de hacer algo. Esto mismo nos ocurre con el destino, que corrompemos la palabra y la hacemos sinónimo de fatalidad. Escribir un destino de manera anticipada implicaría saber a ciencia cierta las características que hay que meterle en la mochila a alguien para cumplirlo, ya que el método lo buscaría la persona. Ahora bien, si alguien nos escribe un destino, y no se cumple, ¿habría que despedirle? Por eso los fanáticos defensores del destino escrito añaden lo de que es siempre acertado "si o si". Por otro lugar, aunque se consigan meter todas las características en la mochila, no hay manera de saber si la persona es la adecuada para cumplirlo, ni que va a saber cumplir un método estricto, o si se va a estropear a mitad del camino porque otra persona decida atropellarle accidentalmente. Ahora entiendo que los defensores del destino escrito añadan lo de fijo e invariable para que se cumpla. Claro que esos mismos argumentan de otra manera sobre el medio ambiente o las inversiones en bolsa. Creo que este punto de vista es erróneo. Ya que es posible definir el método y características, de tal manera que la corrección o incorrección de un destino sea claramente una cuestión de decisión y no una cuestión de hecho. De un destino así definido, de lo que una persona puede hacer, derivarían las consecuencias de cada decisión. Me explico. Considero la posibilidad de que se pueda escribir un destino de manera objetiva si primero se escribe un método y se definen las características de la persona a cumplirlo y no al revés.

Para definir un destino, lo primero que habría que hacer es definir las necesidades de esa persona que lo va a cumplir.

¿Qué es una necesidad? Necesidad para cumplir un destino son las especificaciones de su funcionamiento, es decir, los objetivos, o criterios, o actividades, o requisitos. Cualquier cosa que use la idea de que antes de un destino hay que diseñar el propósito del mismo. ¿Cómo decide el que escribe el destino que algo es realmente una necesidad? ¿Preguntándole u observando a la persona? ¡Evidentemente no¡ porque aún no hay persona ¿o sí? ¿Qué es lo primero el destino, la necesidad, o la persona? En cualquier caso definir una necesidad es tan complicado como escribir el destino. La única solución sería definir la necesidad como un generador de "tendencias hacia...". Me expreso. Si un destino tiene necesidades es algo difícil de entender, pero si se dice que un desino tiene "tendencias hacia..." entonces está más claro. La siguiente cuestión que nos encontraremos a la hora de escribir o llevar a cabo un destino son los conflictos. Para mi es el problema principal a la hora de maquetar un destino. ¿Dónde se le ubica? ¿En qué época, tiempo y posición social? cuando unimos la necesidad inicial con el conflicto, la primera toma un cariz pasivo, mientras que el segundo lo adquiere activo y eso no es lo que queremos, pues la necesidad que definimos para el destino es "tendencia hacia..." (Activo). Si lo dejamos así habrá encontronazo seguro con dos activos. Entonces tomemos el conflicto como oportunidad, de este modo se mantiene el cariz activo en la necesidad y ahora el conflicto pasa a ser pasivo. Así se continúa el avance, pero surge la pregunta. ¿Hasta qué punto se puede esperar que la gente satisfaga sus necesidades por sí misma y hasta qué punto lo debe hacer el programador que escribe el destino por ella? Me revelo con el ejemplo de la persona sentada leyendo este libro. Necesita luz, cambiar de posición, un ambiente templado, seco e hidratarse. Pero es imposible mantener todo eso mucho tiempo. En algún momento debe ir a la cocina a por café y alimento. El programador del destino puede ponerle en una silla de ruedas para mantener la mayoría de las necesidades cubiertas y añadir más ventajas. O puede seguir añadiéndole más aún suministrándole alimentación forzada. En este ejemplo llevado al absurdo, vemos que el programador puede ser visto como un ser superior fantástico que cubre las necesidades perfectamente o puede ser visto desde el punto de vista de la persona como el ser superior más cruel que existe. Si no tuviera tantas ventajas aparentes, él se movería y resolvería por sí mismo sus propias necesidades ¿no? Luego el progreso diario del destino no puede ser escrito invariablemente. El escribano del destino no puede satisfacer las necesidades de esta manera invariable para que la persona pueda evolucionar a esferas superiores, o equivocarse, tan solo debe limitarse a asegurar a su actor de que disponga de esta oportunidad. En este momento puedo plantear otra cuestión yendo más allá. ¿Por qué el redactor del destino tiene que preocuparse también del entorno y no dejar libertad a la persona de hacerlo a su gusto? En este caso, vemos que la realidad es que nos dan esa libertad para irnos al campo o a la ciudad, al mar o a la montaña y hacérnoslo a nuestro gusto, personalmente si que agradecería una ayudita en este sentido, pues tanta "tendencia hacia…" (Necesidad) de miles de millones de personas a la vez, entran irremediablemente en conflicto "si o si". Dicho de otra manera con el mismo ejemplo. La persona sentada leyendo este libro puede estar en un butacón, un sofá, una silla, una playa o en el mismísimo césped. Si el material del asiento es defectuoso, los alambres se le clavan, las patas se rompen, los cojines se endurecen o en el césped crecen hormigas y avispas. Si el programador le dejó en silla de ruedas, esta persona va a sufrir mucho más que si le hubiesen dejado las piernas ¿no? Es decir, que el que nos escribe el destino debería abstenerse de entrometerse entre necesidades (tendencias hacia...) y conflictos, dejando libertad de decisión a la persona.

¿Qué otro factor sigue a la hora de programar un destino? Con miles de millones de personas circulando a la vez, es inevitable que las personas se relacionen entre ellas. Si nos encargan diseñar un centro comercial, lo haremos para que la gente pase por la mayoría de las tiendas ¿no? Entonces, el que tiene que programar un destino debería tener en cuenta suministrar un número determinado de relaciones que prevengan conflictos irremediables y que alteren otros destinos ¿no? Quizás sea esa la explicación de por qué con tantos miles de millones de personas solamente nos relacionamos con un puñado de ellas. Ahora le preguntaría al que me encargó la programación de un destino: ¡Oye¡ ¿podrías encargar a alguien que se inventara una relación que prevenga el conflicto? Y supongo que alguien se inventaría las rotondas del destino que eviten los cruces del destino, para que exista fluidez en todas y cada una de las "tendencias hacia..." De este ejemplo se ve claramente que hay ciertas disposiciones que causan el conflicto y ciertas contrarias que previenen el conflicto. Volvería a preguntarle ¡Oye¡ ¿no hay más solución que recurrir siempre a la geometría para resolver los conflictos? ¡Y ya de paso, que además sea todo real y bonito¡ (Aún espero la respuesta). Supongo que por eso y otras preguntas similares, nos dieron el libre albedrío y allá nos las apañemos, porque conseguir dar coherencia y orden al destino fijado y estricto de todas y cada una de las personas, implica una realidad y programarla a la vez, para ver cómo los errores de programación provocan guerras, autodestrucciones, frustración y destrucción del planeta sin que los hombres tengan culpa alguna. Si me hubieran encargado la programación de los destinos de todos los hombres, lo primero que hubiera tenido que garantizar es que todo fuese real y coherente. Y si el resultado hubiera sido el que vivimos, seguro que ya estaría despedido. A los defensores del destino escrito e invariable les pregunto ¿Cómo pueden ser coordinados los miles de millones de necesidades (tendencias hacia…) más los conflictos y las relaciones de un sistema, para conseguir un todo coherente y que al mismo tiempo permita a cada persona ser libre e individual? Obviamente me dirían que Dios, o el Ser Superior lo domina todo y con un acto de sumisión lo entendería. Yo insistiría añadiendo que debería tener en cuenta además, la psicología de cada individuo del sistema, sus sentimientos, sus ilusiones y proyectos, los problemas y capacidades para resolverlos, etc. Supongo que si mi destino es inevitable y está escrito, personalmente le agradezco (a quien sea) que lo haya hecho para echarle la culpa de todas mis desgracias, malas decisiones y fracasos vitales. Porque llegados a este punto y si la otra opción de predestinación tan solo para salvarnos en Dios es la correcta como creo que es y he demostrado, todo este mejunje de programar el destino nos corresponde a todos y cada uno de nosotros. De modo, que si lo hemos visto difícil y casi inalcanzable de hacer, estaremos en disposición de entender los por qués de nuestra vida, de nuestros fracasos y de nuestras decisiones. Porque no es nadita fácil autoescribirse un destino teniendo acceso a un conjunto de experiencias que también nosotros decidimos, con sus respectivas frustraciones y fracasos ¿verdad? Preferiríamos encargárselo a un programador y cada vez que falle el sistema llamarle para que lo arregle mientras le abroncamos. Me da la impresión que Dios es más magnánimo y listo que todo eso y en lugar de ser el responsable único de todo, decidió crearnos a su imagen, en un entorno útil para sobrevivir y que nosostro fuésemos construyendo nuestro destino en función de nuestras decisiones (libre albedrio), con el único fin de que decidamos si queremos salvarnos o condenarnos. Cariño: cómo ves al final todo depende...de ti. Me relajo de nuevo con lo que decía Gaspar Melchor de Jovellanos "El delincuente Honrado": *"Torcuato.- No, Anselmo; conviene que te quedes. Yo necesito aquí de un fiel amigo, que me envíe noticias de mi esposa, y se las dé de mi destino. No porque piense en ocultar a Laura mi resolución, no; este nuevo engaño me haría indigno de su memoria y de la luz del día. Aunque haya de serle amarga la noticia de mi separación, quiero que la deba a mi franqueza y fidelidad, y remediar de algún modo mis antiguas reservas"..." Laura.- (Con resolución.) Ahora bien, Torcuato; el cielo por rumbos muy extraños me ha conducido hasta tu lecho. Mil veces me has oído que vivo contenta en este destino, y que en él he encontrado mi felicidad. Desde que un santo ñudo unió nuestros corazones, nuestros gustos y nuestras penas deben ser comunes, y si yo fuese capaz de ocultarte alguno de mis cuidados, creería faltar a la fidelidad que te debo. Háblame claro, descúbreme tu alma, y líbrame de las angustias en que me tiene tu silencio"..." Justo.- Hijos míos, empecemos a corresponder a los beneficios del Rey obedeciéndole. Vamos a tratar de vuestro destino, y demos gracias a la inefable Providencia, que nunca abandona a los virtuosos ni se olvida de los inocentes oprimidos".*

Cariño:

¿Qué es lo que crees que están tratando de hacer las personas con el destino? La mayoría lamentarse y resignarse a la frustración. En cambio, hay quienes entienden que deben forjarse sus propios objetivos en la vida para conseguir el destino de la salvación. Los primeros han tergiversado los papeles y han sustituido la vida por un juguete y el destino ha perdido su función, eliminando la motivación de las personas en ser mejores cada día para acercarse a Dios. Para ellos el destino es un manipulador que juega con ellos como marionetas y su objetivo es el de ganar mucho dinero. Hay un vacío sorprendente entre el propósito declarado y el intento real de ser mejores. Poincaré dijo *"Los sociólogos estudian métodos sociológicos, los físicos estudian física."* ¿Entonces los "destinólogos" estudian el destino, o debemos ser todos y cada uno de nosotros los que lo estudiemos? Personalmente creo que forjarse un destino en Dios sin estudiar las partes, conflictos, relaciones, medios materiales y objetivo final, es una autentica insensatez (pero es lo habitual). En música, literatura, pintura, teatro y espectáculos se acepta la figura del crítico sin rechistar y además se le idolatra. En cambio ¿Quién enseña a forjar un destino en Dios con medios materiales? ¿Quién critica esto sin que le excomulguen unos y lapiden otros? Me resulta curioso observar que todos los críticos del primer caso ninguno sea artista, ni literato pero "saben más que nadie" ¡curioso¡. Lo mismo que los que deberían enseñarnos a forjar un destino en Dios, carezcan de las más elementales experiencias del resto de casuísticas vitales, pero nos critican siempre sin aportar más luz que la obvia. Cuando el que programa un destino debería terminar preguntándose si ¿Estás en paz contigo mismo? ¿Estás pensando en el olor y en el tacto, en las tristezas y dolores, en el sufrimiento y las lágrimas y en lo que sucede cuando la persona está cumpliendo lo escrito? Pero, fundamentalmente, ¿has logrado una paz interior? Porque personalmente creo que alguien que es capaza de escribir y hacer vivir en la realidad a miles de millones de personas de manera irremediable lo escrito debe ser mala persona. Si es así, que se pare el mundo que me bajo. Me niego a ser un títere en manos de un maquiavélico sin un objetivo claro, para eso ya tenemos a los políticos. Cualquier ser superior que escriba y haga cumplir de este modo, no es digno de mi respeto, pues lo que escribe no nos permite conseguir un estado espiritual apropiado para cumplir un destino. Simplemente se nos da cuerda y ya está. De modo que a los defensores de que el destino está escrito de manera invariable les digo que se lo guarden para ellos. Tengo algo más que decir sobre el tema del miedo. A muchos, el destino les parece intolerable, inaguantable y personalmente demasiado largo. En la predestinación y libre albedrio en la que al final creo más de cuando comencé estas experiencias, estaremos solos en el camino, la responsabilidad nos pesa, los conflictos y las relaciones que los humanos nos creamos nos dominan y autodestruyen y ¡ok¡ son duras. Pero Cariño: a fin de cuentas todo depende de ti y de mi. Y el objetivo es bonito, merece la pena dedicar ochenta años malos contra una eternidad buena, y si conseguimos decidir bien, tampoco tienen que ser tan malos estos ochenta años de vida. Para hacerme comprender mejor te contaré una historia que resume todo este epítome al que he dedicado varios meses de experimentos y entrevistas. Un profesor universitario retó a sus alumnos con esta pregunta. "Dios creó todo lo que existe?" Un estudiante contestó valientemente: -Sí, lo hizo. ¿Dios creó todo? -Sí señor, respondió el joven. El profesor contestó: -"Si Dios creó todo, entonces Dios hizo el mal, pues el mal existe y bajo el precepto de que nuestras obras son un reflejo de nosotros mismos, entonces Dios es malo". El estudiante se quedó callado ante tal respuesta y el profesor, feliz, se jactaba de haber probado una vez más que la fé era un mito. Otro estudiante levantó su mano y dijo: -¿Puedo hacer una pregunta, profesor?. -Por supuesto, respondió el profesor. El joven se puso de pie y preguntó: -¿Profesor, existe el frío?, -¿Qué pregunta es esa? Por supuesto que existe, ¿acaso usted no ha tenido frío?. El muchacho respondió: -De hecho, señor, el frío no existe. Según las leyes de la Física, lo que consideramos frío, en realidad es ausencia de calor. Todo cuerpo u objeto es susceptible de estudio cuando tiene o transmite energía, el calor es lo que hace que dicho cuerpo tenga o transmita energía. El cero absoluto es la ausencia total y absoluta de calor, todos los cuerpos se vuelven inertes, incapaces de reaccionar, pero el frío no existe. Hemos creado ese término para describir cómo nos sentimos si no tenemos calor. Y, ¿existe la oscuridad? Continuó el estudiante. El profesor respondió: -Por supuesto. El estudiante contestó: -Nuevamente se equivoca, señor, la oscuridad tampoco existe. La oscuridad es en realidad ausencia de luz. La luz se puede estudiar, la oscuridad no, incluso existe el prisma de Nichols para descomponer la luz blanca en los varios colores en que está compuesta, con sus diferentes longitudes de onda. La oscuridad no. Un simple rayo de luz rasga las tinieblas e ilumina la superficie donde termina el haz de luz. ¿Cómo puede saber cuán oscuro está un espacio determinado? Con base en la cantidad de luz presente en ese espacio, ¿no es así? Oscuridad es un término que el hombre ha desarrollado para describir lo que sucede cuando no hay luz presente. Finalmente, el joven preguntó al profesor: -señor, ¿existe el mal?. El profesor respondió: -Por supuesto que existe, como lo mencioné al principio, vemos violaciones, crímenes y violencia en todo el mundo, esas cosas son del mal. A lo que el estudiante respondió: -El mal no existe, señor, o al menos no existe por sí mismo. El mal es simplemente la ausencia de Dios, es, al igual que los casos anteriores, un término que el hombre ha creado para describir esa ausencia de Dios. Dios no creó el mal. No es como la fé o el amor, que existen como existen el calor y la luz. El mal es el resultado de que la humanidad no tenga a Dios presente en sus corazones. Es como resulta el frío cuando no hay calor, o la oscuridad cuando no hay luz. Entonces el profesor, después de asentar con la cabeza, se quedó callado. ¿Sabes quién era el estudiante que suspendió las matemáticas con ese mismo profesor? El nombre del joven era Albert Einstein. ¡Ufff¡ me relajo con las vistas, con los paseos entre mis plantas, con el café y con lo que decía Johann Wolfgang Goethe en "El Cuento de la Serpiente Verde": *"¡Qué feliz animal! — exclamó—. Pronto serás tocado por sus manos, serás revivido por ella mientras que los vivos huyen de ella para no sufrir un triste destino. ¡Pero ¿por qué digo "triste"¡ ¿No es mucho más triste y angustioso ser paralizado ante su presencia que morir al contacto de su mano? ¡Mírame! —Dijo a la anciana—. ¡Cuán miserable es la condición que a mi edad tengo que soportar! Esta coraza que llevé con honor durante la guerra, este manto purpúreo que intenté merecer a través de un sabio gobierno me los otorgó el destino, aquélla como una carga inútil y el otro como un adorno insignificante. Corona, cetro y espada están perdidos. Por lo demás, estoy tan desnudo y menesteroso como cualquier hijo de la tierra, pues tan infelices se ven sus hermosos ojos azules que a todos los seres vivos les quita sus fuerzas y todos aquellos a quienes su mano no mata se sienten trasladados a un estado de errabundas sombras vivas".*

Cariño:
Si me pides que ponga una guía de cómo hacer y mejorar un destino para que casi todo el mundo lo entienda, solo puedo hacerlo siguiendo los esquemas que hago con las empresas que asesoro y como sabes mejoran de verdad. Por tanto debo usar el mundo materialista como simbologismo de ejemplo de aplicación a la vida con destino la salvación y usando medios materiales, conflictos, necesidades con tendencia hacia… y las relaciones inter e intradepartamentales. ¡Ufff¡ por ser tú y por lo que nos unió aquí te lo adjunto.

MEJORA DE RESULTADOS EN LA PROGRAMACIÓN DE UN DESTINO APLICADO DESDE ELPUNTO DE VISTA DE LA EMPRESA

o OPTIMIZACIÓN LOGÍSTICA

• Optimización de las rutas de transporte por tipología (carga completa, grupaje,..)

• Revisión crítica de los procesos y subprocesos asociados a los diferentes tipos de flujos sobretodo en el entorno de reducción de la frecuencia de pedidos y de los tamaños de pedido.

• Identificar las tareas que no aportan valor añadido para reducir los tiempos no productivos. Implantar la metodología de Lean Manufacturing Services. Analizar y controlar la generación de incidencias.

• Analizar el nivel de productividad actual. Posibles mejoras en cumplimiento de fechas y horarios de entrega, análisis de tiempos unitarios de operación por producto/familia, análisis de paros o inactividad.

• Calcular el nivel de saturación de los recursos.

• Optimización del coste horario de la mano de obra asociada a la operativa en función del volumen.

• Creación de hojas de eficacia que permita la evaluación, control, seguimiento y toma de decisiones sobre los procesos y operativa diaria.

• Evaluar el nivel de servicio. Análisis estadístico de la fiabilidad y calidad de plazos.

• Dimensionar los almacenes acorde a las necesidades de las empresas.

• Definir la política del control de inventarios.

• Establecer el correcto flujo para la preparación y expedición de pedidos.

• Gestionar adecuadamente la documentación (albaranes, ...)

• Capacitación de una eficiente logística inversa a nivel de transporte.

• Revisión de los sistemas de control sobre la trazabilidad.

o CRECIMIENTO DE VENTAS

• Planes de impulso de las ventas

• Análisis de costes y rentabilidad de las ventas a nivel de zonas, clientes, canales y productos

• Análisis de la propuesta de valor al cliente

• Segmentación de mercados y clientes

• Fijación de precios por segmentos y mercados tarifas, y políticas de delegación

• Lanzamiento de producto, ciclos de vida y procedimientos para sustitución y anulación

• Organización comercial interna y dimensionamiento de la fuerza de ventas

• Creación y potenciación de departamentos de marketing

• Planes de impulso de las ventas por zonas, clientes y vendedor. Metodología CRM. Cuadro de mando comercial. Industrializar la aproximación comercial al cliente

• Evaluación y selección de los equipos, fijación de objetivos. Sistemas de retribución y Mejora de la organización y RRHH

• Determinación de la cultura empresarial de la compañía
• Realización de entrevistas guiadas por competencias al equipo directivo, tanto mandos intermedios, como directores de departamento y gerentes, a efectos de analizar su estilo de dirección

• Detectar las deficiencias en la estructuración del organigrama actual

• Diseñar organigrama salarial y analizar equidad entre categorías

• Análisis de la evolución del desempeño y del rendimiento

• Evaluar la existencia de planes de previsión de necesidades de plantilla y definir el sistema de gestión de las previsiones

• Análisis de la polivalencia de la plantilla (matriz de polivalencia)

• Evaluar formas de reparto de las tareas, relaciones interpersonales entre los miembros del departamento, percepción del resto de departamentos y compañeros

• Detección de necesidades formativas y establecimiento de las bases del plan de formación anual definiendo cómo se gestiona

• Análisis y descripción de los puestos de trabajo (DPTs)

• Analizar el estado de los flujos de comunicación interna, tanto formal como informal

• Establecer las normativas y reglamentaciones de uso interno

• Establecer la relación con el comité de trabajadores o Reducción de costes

• Mejora operativa y reingeniería de procesos para la mejora de productividad y reducción despilfarros (p.e.: técnicas de mejora de la productividad y de saturación de recursos, QEE, prácticas de SMED, TPM, 6SIGMA y LEAN)

• Redimensionamiento de plantillas. Ajuste de la mano de obra directa e indirecta.

• Cierre y/o desinversión de unidades de negocio no rentables

• Optimización de los procesos de compras y subcontratación. Renegociación con proveedores

• Identificación y estudio de la externalización de actividades de soporte no estratégicas para el negocio. Control de mermas y despilfarros

• Reducción de gastos generales

• Plan para la recuperación o abandono de clientes y productos no rentables

a VIABILIDAD ESTRATÉGICA DE CADA UNIDAD DE NEGOCIO:

• Análisis de márgenes de contribución por unidad de negocio

• Análisis de productos, clientes

• Análisis de las necesidades financieras

• Plan para desinvertir en unidades de negocio y actividades no rentables o Plan de transformación

• Redefinición estratégica del negocio

• Impulso de las ventas

• Redefinición del portafolio de producto y política de precios

• Optimización de compras

• Mejoras operativas en procesos productivos

• Mejoras operativas en logística y almacenes

• Análisis de costes

• Análisis y gestión de la rentabilidad (por productos, clientes, líneas de negocio.

• Revisión de la organización y del organigrama

• Revisión de la situación financiera y económica

• Plan de internacionalización y de optimización de la cadena de suministro a nivel global

• Estrategia de innovación en productos/servicios y procesos /organización

MEJORA DE OPERACIONES

• Evaluación de la eficiencia global de producción (reducción de tiempos no productivos, implantación de metodología de lean manufacturing, implantar prácticas SMED, evaluación del QEE

• Optimización del dimensionamiento en planta cuantificando la MOD y la MOI necesarias, desarrollando sistemas de retribución en base a productividades,

• Métodos y tiempos

• Gestión de la planificación de pedidos de producción

• Distribución en planta

• Revisión de los costes de mantenimiento (implantar metodología TPM para optimizar tanto el mantenimiento preventivo como el correctivo)

• Revisión de la cartera de proveedores y plantear estrategias de renegociación y parámetros y herramientas de seguimiento y control de la eficiencia de los proveedores

• Adecuación de la política de aprovisionamientos (umbrales de pedido mínimo, roturas de stock, adecuación niveles inversión compras,...)

• Determinación de la función de compras, sus procesos claves y estructura organizativa necesaria

• Optimización del servicio logístico (niveles de servicio, dimensionar almacenes, control de inventarios, flujo de expediciones,

• Outsourcing de procesos de negocio

• Análisis estratégico de oportunidades de deslocalización

• Metodología de mejoras de calidad Auditoría anual de negocio

• Emitir una opinión respecto a las prácticas de gestión de la empresa (comparar con las best practices)

• Validar que se maneja toda la información adecuada para la toma de decisiones y validar la toma de decisiones

• Revisar todas las áreas funcionales de la empresa y los departamentos y emitir un informe sobre la organización de los procesos

• Evaluar el enfoque estratégico del negocio y la viabilidad de futuro

• Contrastar la información más crítica del negocio con la realización de pruebas sustantivas concretas

• Explicar el cumplimiento o no de objetivos (presupuestos, cuadro de mandos) para el ejercicio auditado

• Proponer recomendaciones de mejora para aspectos materiales de gestión del negocio

• Revisión financiera de la Compañía, evolución de los últimos 3 años y tendencias percibidas

• Comparativa de la Compañía con sus competidores para medir el performance relativo

REESTRUCTURACIONES Y PLAN DE VIABILIDAD O REFLOTAMIENTO

- Gestión de la tesorería a corto y medio plazo

- Desinversión de Unidades de Negocio y actividades no rentables

- Creación del equipo de crisis

- Reestructuración operativa

- Red dimensionamiento de plantillas

- Reestructuración de deuda

- Plan para el abandono de clientes y productos no rentables

- Reducción de costes

- Control de gestión

- Optimización de compras y renegociación de condiciones con los proveedores

- Redefinición e implantación del organigrama

- Impulso de las ventas

- Redefinición del portafolio de producto y política de precios

- Apoyo a la ejecución y toma de decisiones

- Apoyo a la gestión del cambio y a superar la crisis

• Estrategia de comunicación interna y externa

• Aspectos financieros (cálculo de la rentabilidad del proyecto de internacionalización, presupuesto de inversiones, plan de financiación, repatriación de capitales, impuestos locales e internacionales, tratamiento del riesgo de moneda, etc...)
Recursos humanos (responsables de proyecto, equipos de trabajo interno y externo, evaluaciones, etc...)

• Definir los mecanismos y criterios de valoración, supervisión, evaluación y control o Optimización del aprovisionamiento internacional

• Estudio de la situación actual: Análisis de las familias de producto y de la situación actual de cada una de ellas (rentabilidad por familia, volumen de mercado, evolución y crecimiento, disponibilidad de proveedores, calidad de producto, riesgo, posibilidad de encontrar un back up e impacto en la cuenta de resultados).

• Presentación comercial de la compañía.

• Especificaciones de producto: preparación de la información y preparación previa si fuera necesario.

• Preparación de la documentación para *el pricing* (clasificación de cada referencia por tipo de producto, descripción de las colecciones, histórico de precios, precio/referencialfecha/país/MOQ/necesidades, Incidencias/Referencia, Recopilación de imágenes y planos...).

• Definición del nivel de integración (fabricación propia, mayorista, distribuidor, agente, etcétera...).

• Estudio logístico (evolución de tarifas, estudio de precios actuales, plazos de entrega, etcétera...).

• Estudio de países a los que comprar y selección del país objetivo.

• Indicadores macroeconómicos

• Especialización por producto y país

• Análisis sectoriales

• Políticas de almacén y definición del flujo de materiales: externalización, in-house (in Spain, otros).

o SERVICIO DE REFINANCIACIÓN

Elaboración del Plan Estratégico Financiero:

• Estimación de flujos de caja. Modelización financiera

• Evaluación de la capacidad de repago

• Análisis de sensibilidad

• Restructuración de balances

• Gestión presupuestaria. Control de gestión

• Optimización del circulante/tesorería

• Plan de mejora de stocks

• Procedimientos de recobro. Gestión de impagados

• Renegociación de deuda con proveedores Refinanciación de la deuda con entidades financieras:

• Análisis de la deuda financiera

• Determinación del p. bancario

• Análisis de garantías y avales

• Diseño de las estrategias de refinanciación posibles

• Reuniones bilaterales con entidades financieras

• Reuniones colectivas con entidades financieras

• Análisis del contrato de refinanciación y estructuración junto con los asesores legales

• Firma de la refinanciación

INTERNACIONALIZACIÓN
o Plan de internacionalización

• Cómo organizar un proceso de internacionalización del negocio (a nivel país, zona, región, cliente o función)

• Dónde establecerse (análisis de las variables claves por mercado, búsqueda de los mercados con mayor proximidad cultural o económica, o aquellos en los que ser capaces de reducir las diferencias)

• Implantación del proyecto (localización socios, clientes o proveedores, traslado o localización de personal clave y cualificado, puesta en marcha de las operaciones,...)

Estudio detallado de proveedores: evaluación de los principales factores clave (capacidad de producción, cumplimiento de los estándares de calidad, flexibilidad en la producción, ubicación geográfica, tiempo de entrega, identificar los puntos conflictivos durante el proceso de producción, n°/tipos de proveedores con los que están trabajando, cuota de producción que representan en términos de volumen y facturación y %, tipos de clientes, situación financiera, reputación ene 1 mercado y modelo de exportación). Negociación de precios

• Toma de contacto con los proveedores, intermediarios y agentes

• Preparación de la documentación para la negociación y las visitas para coordinar el proceso en todas las etapas (cotización, condiciones de pago, comparativa de precios, incentivos, compensaciones, etcétera).
• Negociación de condiciones de trabajo con transitarios.

• Muestras y prototipos

• Ordenes de prueba y actuales

- Establecer indicadores de seguimiento y evaluación de proveedores y agentes

- Agentes (incentivos, comisiones, acuerdos con proveedores, back up, calidad, MOQ, nivel de servicio, plazos cargas completas, etcétera)

- Proveedores de origen (calidad, MOQ, plazo de entrega, incidencias, diseños, precios, etcétera)

- Establecer indicadores de seguimiento y actualización de la información

- Transitarios (revisión de precios, condiciones, retenciones, flexibilidad, etcétera)

- Red de distribución secundaria. Mejora y control de filiales

- Análisis del negocio de la matriz, sus procesos y best practices como paso previo a escalar los mismos en la filial

- Revisión del grado de avance del plan de integración de la empresa filial en el grupo

- Definición de los procesos más críticos de la matriz por áreas a incorporar en la filial

- Estudio de las sinergias a aprovechar entre la filial y el Grupo

- Planes de acción para alcanzar las sinergias y seguimiento de los objetivos fijados

• Definición del sistema de reporting a la matriz

• Definición del sistema de planificación y producción entre la matriz y la filial

• Plan de integración de los sistemas

• Plan de transformación o mejora de resultados de la filial

• Best practices obtenidas de la filial a aprovechar en la matriz

Despedida

¡Fácil de aplicar¡ o ¿no? Pues eso mismo para el destino con mas variables aún…

Querido Maese: ¡Hola vida mía¡ de nuevo me tienes aquí una vez más. No puedo evitar escribirte una y otra vez, quizás te agobie con mis cartas pero necesito contarte la realidad de lo que me pasa. Que desde que te conocí no es otra cosa que la que ya supones. Te quiero y no te puedo olvidar, te lo repito constantemente, pero es que cuando te lo digo, hago la renovación de mi entrega, de mi cariño a ti. Nadie te ha querido como yo y nadie ha buscado tu amor como lo hago yo, ¡marinero¡ ¿Cuántos mares y océanos, surcas? ¿Cuántos destinos debo más poner en mis cartas?. En tu última respuesta me planteabas la situación como debe de ser, con la sinceridad de un corazón templado por las olas, pero no hace falta que me aclares que eres marinero. Eso ya lo he pensado muchas veces aunque haya sido como en un sueño. Me planteaste las cosas como tenías que hacerlo. Perdona que la carta esté arrugada, perdona porque dudé esta vez en echarla al correo, en su lugar tiré los billetes del avión, esta vez quería ser yo la que volase hacia ti. Veo que Dios me pone a prueba, me ofrece unos días maravillosos a tu lado, me enseña el camino del amor con el hombre perfecto y de repente me quita lo mejor que me ha pasado en la vida. Para mi eres "todo", quiero acompañarte, compartir tu vida, estar juntos y unidos, sin ti, no tengo porque vivir, ni por quién luchar. Recuerda un poquito cada día las tardes maravillosas que pasamos juntos, recuerda el amor que te tengo. Tienes todos mis sentidos presos en la bodega de tu barco y todos mis sueños en tu mascaron de proa, desde que te conocí. Cada minuto que pasa, cada instante que no estás crece mi ilusión por verte, solo vivo y espero ver un día en el horizonte el "león rampante" de tus velas. Todos los días a las siete de la tarde paseo por el acantilado, envidiando a las gaviotas porque ellas pueden volar, ¡quizás tú no comprendas¡ que desde que te conocí, si vivo, es porque vivo por ti. Me siento sola, me falta tu amor. ¡Marinero¡ te quiero como eres. Un hombre capaz de enfrentarse al destino, capaz de compartir las alegrías y de llorar juntos ¡qué difícil es todo cuando no estás¡ En el acantilado te siento, te oigo, noto tus brazos y por un momento el tiempo se detiene. Sin prisas. Son esas cosas que siento cuando conmigo estás, cuando me miras sin hablar, cuando sonríes, cuando perdonas mis reproches, cuando olvidas para comenzar en silencio de nuevo a caminar. Ya sabes dónde me tienes, ya sabes cómo soy. Todas las noches pongo en mi ventana una vela como la leyenda que me contaste, para que encuentres el camino a casa aunque la niebla te oculte la costa. Besos.

Me quedo reflexionando con lo que decía Séneca en "De la felicidad": *"¿Pero –se dirá- qué impide fundir en uno solo la virtud y el placer, y establecer el bien supremo de modo que la misma cosa sea a la vez honesta y agradable?". Es que no* puede haber una parte de lo virtuoso que no sea algo virtuoso, y el sumo bien no tendrá su pureza si encierra algo distinto de lo mejor. Ni siquiera el gozo que nace de la virtud, aunque sea un bien, es una parte del bien absoluto: no más que la alegría y la tranquilidad, aunque nazcan de las causas más excelentes; pues estas cosas son bienes, pero son consecuencia y no complemento del sumo bien. El que establece una alianza entre el placer y la virtud, aún sin ponerlos en un pie de igualdad, por la fragilidad de uno de los bienes debilita cuanto hay de vigor en el otro, y pone bajo un yugo esa libertad que sólo es invencible si no conoce nada más precioso que ella misma. Pues –lo que es la máxima servidumbre- empieza a necesitar la fortuna; síguese de esto una vida ansiosa, suspicaz, inquieta, temerosa de las vicisitudes, pendiente de los momentos de los tiempos. No das a la virtud un fundamento grave, inmutable, sino que le ordenas mantenerse en un lugar movedizo. Pues ¿qué hay tan mudable como la espera de las cosas fortuitas y la variación del cuerpo y de las cosas que lo afectan?. ¿Cómo puede obedecer a Dios y aceptar con buen ánimo todo lo que suceda, no quejarse del destino y acoger de buen grado sus vicisitudes el que se agita a las menores punzadas de los placeres y de los dolores?. Ni siquiera es un buen defensor o salvador de la patria, ni protector de sus amigos, si se inclina a los placeres. Que el sumo bien se eleve a un lugar de donde ninguna fuerza pueda arrastrarlo, adonde no tenga acceso el dolor ni la esperanza, ni el temor, ni ninguna otra cosa que amengüe los derechos del bien supremo. Pero sólo la virtud puede elevarse hasta allí; su paso es quien ha de dominar esa pendiente; ella permanecerá firme y soportará todos los acontecimientos, no solo paciente, sino voluntariamente, y sabrá que toda la dificultad de los tiempos es una ley de la naturaleza; y como un buen soldado, soportará sus heridas, contará las cicatrices y al morir traspasado por los dardos amará al jefe por quien cae; tendrá siempre en su mente el *viejo precepto: Sigue a Dios. En cambio, el que se queja, llora y gime, es obligado a la fuerza a hacer lo que está mandado, y no por ello es menos llevado sin querer adonde se le ordena. ¡Qué locura es preferir ser arrastrado a seguir!. Tanto, a fé mía, como, por necedad e ignorancia de la propia condición, dolerte de que te falte algo o te ocurra algo penoso, o igualmente extrañarte o indignarte de las cosas que tanto suceden a los buenos como a los malos: quiero decir las enfermedades, las muertes, los impedimentos y las demás miserias que acontecen inesperadamente a la vida humana. Aceptemos con buen ánimo todo lo que se ha de padecer por la constitución del universo; estamos sujetos a la obligación de soportar las condiciones de la vida mortal y no perturbarnos por lo que no está en nuestro poder evitar. Hemos nacido en un reino: obedecer a Dios es libertad".*

FRASES Y TEXTOS

"No olvides tu historia ni tu destino." (Bob Marley)

(Nota: las fuentes son varias, para agilizar el texto remito a la Bibliografía consultada)

"Cualquier hecatombe general siempre se reduce a un drama íntimo, de la misma forma que uno puede resbalar en una piel de plátano y morir del batacazo mientras está cayendo la bomba de hidrógeno sobre su cabeza." Manuel Vicent

"El destino es el que baraja las cartas, pero nosotros somos los que jugamos." William Shakespeare o Arthur Schopenhauer.

"El destino es una palabra que usa la gente para justificar su falta de iniciativa para alcanzar lo que desean ya sea emocional o profesionalmente." RadickTV

"El destino de quienes han delinquido es inexorable. Ya no podrán nunca ocultar su pasado: Toda la tierra les es de vidrio." Ralph Waldo Emerson

"En este preciso momento te hallas en este mundo en forma de persona y tal como viene en el programa tu obligación al día de hoy consiste en no poner cara de mosquito para no dar pistas al enemigo." Manuel Vicent

"La unidad de destino en lo universal [...] tratándose de un español consiste en ser toro o torero, según te vaya en la vida." Manuel Vicent

"Siembra un acto y cosecharás un hábito. Siembra un hábito y cosecharás un carácter. Siembra un carácter y cosecharás un destino." Reade Charles.

"Siempre se ha creído que existe algo que se llama destino, pero siempre se ha creído también que hay otra cosa que se llama albedrío. Lo que califica al hombre es el equilibrio de esa contradicción."Gilbert Keith Chesterton

"Un solo hombre atormentado se eleva por un momento tan alto sobre su propio destino, que su dicha luce como una estrella, y a todos aquellos que la ven, les parece algo eterno y como su propio sueño de felicidad." Hermann Hesse *El lobo estepario*,1927.

"Vivir sus deseos, agotarlos en la vida, es el destino de toda existencia." Henry Miller

«Se dice que muchas vidas están ligadas a través del tiempo, conectadas por un llamado ancestral que hace eco a través de los años... y algunos la llaman destino». Del videojuego *Prince of Persia*.

"Dejadme, con mis pasiones y mis vicios, en libertad soberbia para cumplir con mi destino." Luis Alberto Costales
Me apoderaré del destino agarrándolo por el cuello. No me dominará. Ludwig van Beethoven *(1770-1827) Compositor y músico alemán.*

A veces nuestro destino semeja un árbol frutal en invierno. ¿Quién pensaría que esas ramas reverdecerán y florecerán? Mas esperamos que así sea, y sabemos que así será. Goethe *(1749-1832) Poeta y dramaturgo alemán* Lo que se considera ceguera del destino es en realidad miopía propia. William Faulkner *(1897-1962) Escritor estadounidense.*

Yo creía que la ruta pasaba por el hombre, y que de allí tenía que salir el destino. Pablo Neruda *(1904-1973) Poeta chileno.*

Tendremos el destino que no hayamos merecido. Albert Einstein *(1879-1955) Científico alemán nacionalizado estadounidense.*

A cada cerdo le llega su San Martín. Refrán

Caminante no hay camino, se hace camino al andar. Antonio Machado *(1875-1939) Poeta y prosista español.*

Hasta en la muerte de un pajarillo interviene una providencia irresistible. William Shakespeare *(1564-1616) Escritor británico.*

Cada hombre tiene que inventar su camino. Jean Paul Sartre *(1905-1980) Filósofo y escritor francés.*

Los mismos cueros tenemos todos los mortales al nacer y sin embargo, cuando vamos creciendo, el destino se complace en variarnos como si fuésemos de cera. Camilo José Cela *(1916-2002) Escritor español.*

El hombre sensato cree en el destino; el voluble en el azar. Benjamin Disraeli *(1766-1848) Estadista ingles.*

El destino, el azar, los dioses, no suelen mandar grandes emisarios en caballo blanco, ni en el correo del Zar. El destino, en todas sus versiones, utiliza siempre heraldos humildes. Francisco Umbral *(1935-2007) Escritor español.*

Dueños de sus destinos son los hombres. La culpa, querido Bruto, no está en las estrellas, sino en nuestros vicios. William Shakespeare *(1564-1616) Escritor británico.*

El destino no reina sin la complicidad secreta del instinto y de la voluntad. Giovanni Papini *(1881-1956) Escritor italiano.*

Créeme, en tu corazón brilla la estrella de tu destino. Friedrich Schiller *(1759-1805) Poeta y dramaturgo alemán*

¡Actúa en vez de suplicar. Sacrifícate sin esperanza de gloria ni recompensa! Si quieres conocer los milagros, hazlos tú antes. Sólo así podrá cumplirse tu peculiar destino. Ludwig van Beethoven *(1770-1827) Compositor y músico alemán.*

Debemos obrar, no para ir contra el destino, sino para ir delante de él. Friedrich Hebbel *(1813-1863) Poeta y dramaturgo alemán.*

Que nadie le diga lo que tiene que hacer a alguien que ya ha decidido cuál debe ser su destino. Proverbio árabe

Si llego a mi destino ahora mismo, lo aceptaré con alegría, y si no llego hasta que transcurran diez millones de años, esperaré alegremente también. Walt Whitman *(1819-1892)* *Poeta estadounidense.*

Luchar contra nuestro destino sería un combate como el del manojo de espigas que quisiera resistirse a la hoz. Lord Byron *(1788-1824) Poeta británico.*

Ni aún permaneciendo sentado junto al fuego de su hogar puede el hombre escapar a la sentencia de su destino. Esquilo de Eleusis *(525 AC-456 AC) Poeta trágico.*

Lo que ha de suceder, sucederá. Virgilio *(70 a.C.-19 a.C.) Poeta romano.*

Llamamos destino a todo cuanto limita nuestro poder. Ralph Waldo Emerson *(1803-1882) Poeta y pensador estadounidense.*

Lo que el cielo tiene ordenado que suceda, no hay diligencia ni sabiduría humana que lo pueda prevenir. Miguel de Cervantes *(1547-1616) Escritor español.*

Levantado el muro contra la voluntad de los inmortales dioses, no debía subsistir largo tiempo. Homero *(VIII AC-VIII AC) Poeta y rapsoda griego.*

Los espíritus vulgares no tienen destino. Platón *(427 AC-347 AC) Filósofo griego.*

La manera en que una persona toma las riendas de su destino es más determinante que el mismo destino. Karl Wilhelm Von Humboldt *(1767-1835) Político prusiano.*

No creo en la casualidad ni en la necesidad; mi voluntad es el destino. John Milton *(1608-1674) Poeta inglés.*

No creo que haya que lamentarse sobre el propio destino, pero a veces es muy duro. Svetlana Stalin *(1926-?) Escritora soviética*

Resulta una gran verdad que el destino es una ley cuyo significado se nos escapa, porque nos faltan una inmensidad de datos. Ferdinand Galiani *(1728-1787) Diplomático y economista italiano.*

Míseros mortales que, semejantes a las hojas, ya se hallan florecientes y vigorosos comiendo los frutos de la tierra, ya se quedan exánimes y mueren. Homero *(VIII AC-VIII AC) Poeta y rapsoda griego.*

Que cada cual siga su inclinación, pues las inclinaciones suelen ser rayas o vías trazadas por un dedo muy alto, y nadie, por mucho que sepa sabe más que el destino. Benito Pérez Galdos *(1843-1920) Escritor español.*

Los grandes hombres y mujeres tienen confianza en el destino, conocen parte de su porvenir, porque son parte de su porvenir ellos mismos. Maurice Maeterlinck *(1862-1949) Escritor belga.*

¡Cómo te pareces al agua, alma del hombre! ¡Cómo te pareces al viento, destino del hombre! (La mayor riqueza del hombre consiste en tener un ánimo suficientemente grande para no desear la riqueza. (Johann W. Goethe)

A menudo encontramos nuestro destino por los caminos que tomamos para evitarlo. (Jean De La Fontaine)

Abandónate al destino y adáptate a las circunstancias, pues lo que está escrito no se borra porque tú quieras. (Omar Khayyam)

Cada cual se fabrica su destino. (Miguel De Cervantes)

Cuanto antes nos percatemos de que nuestro destino está en nosotros mismos, y no en las estrellas, tanto mejor para nosotros. (Axel Munthe)

Del cielo es la inclinación; el sí o el no todo es mío; que el hado en el albedrío, no tiene jurisdicción. (Juan Ruiz De Alarcón)

El destino a veces suele cumplirse en pocos segundos, y aquello que durante años se ha buscado no lo concede un dichoso azar. (Franz Schubert)

El hombre sensato cree en el destino; el voluble, en el azar. (Benjamin Disraeli)

El odio como el amor se apagan en la tumba. Sólo una cosa permanece invariable en la vida, como después de la muerte: nuestro destino. (Henrik Ibsen)

El que nace para ser ahorcado nunca morirá ahogado. (Thomas Fuller)

El que puede cambiar sus pensamientos pude cambiar su destino. (Stephen Crane)

En los muros del tiempo trabajamos todos como arquitectos de nuestro propio destino. (Orison S. Marden)

He comprendido que somos sordos y ciegos, que venimos de la noche para volver a la noche sin saber nada de nuestro destino. (Julien Green)

La anatomía es el destino. (Sigmund Freud)

La experiencia demuestra que los hombres y las palabras son incapaces de gobernar los acontecimientos. (Nicolás Ii De Rusia)

La inteligencia anula al destino. Mientras un hombre piensa, es libre. (Ralph W. Emerson)

La manera en que una persona toma las riendas de su destino es más determinante que el mismo destino. (Karl W. Von Humboldt)

Llamamos destino a todo cuanto limita nuestro poder. (Ralph W. Emerson)

Lo que deba ser, será. (Esquilo)

Lo que un hombre piensa de sí mismo, esto es lo que determina, o más bien indica su destino. (Henry D. Thoreau)

No creo en la casualidad ni en la necesidad: mi voluntad es el destino. (John Milton)

No es lo que vivimos lo que forja nuestro destino, sino lo que sentimos por lo que vivimos. (Marie Von Ebner-Eschenbach)

No labra uno su destino, lo aguanta. (Gustave Flaubert)

Que cada ocasión sea una gran ocasión, porque no sabéis cuándo el destino os favorecerá. (Orison S. Marden)

Si llego a mi destino ahora mismo, lo aceptaré con alegría, y si no llego hasta que transcurran diez millones de años, esperaré alegremente también. (Walt Whitman)

Si sabes que nada puedes hacer contra tu destino, ¿por qué te produce ansiedad la incertidumbre del mañana? Si no eres tonto, goza del momento presente. (Omar Khayyam)

Sólo aquellos que nada esperan del azar son dueños del destino. (Matthew Arnold)

EL ORÁCULO

O SEA EL

LIBRO DE LOS DESTINOS,

EL CUAL FUÉ PROPIEDAD ESCLUSIVA

DEL

EMPERADOR NAPOLEON,

Traducido por primera vez al castellano de la vijésima segunda edicion inglesa, habiéndolo sido ántes al aleman, de un antiguo manuscrito ejipcio, en— contrado en el año de 1801 por M. Sonnini, en una de las reales tumbas del alto Ejipto, cerca del monte Líbico.

REIMPRESO EN BOGOTA.

IMPRENTA DE NICOLAS GOMEZ.

1855.

271

PASTORAL DE BALASPIS,

POR MANDADO DE

HERMES TRIMEJISTO,

A LOS SACERDOTES DEL GRAN TEMPLO.

¡Sacerdotes de Tebanos! ¡Siervos del Gran Templo de HE-
CATÓMPILOS! ¡Vosotros que en la ciudad sagrada de Dióspolis ha-
beis consagrado la vida al servicio del Rei de los Dióses i de los
hombres! HÉRMES. (1) fiel intérprete de la voluntad de OSIRIS, salud i paz os envía!
Es la voluntad de los dioses, reunidos en grande asamblea, que
vuestra vida se conserve pura i sin mancha.
Es tambien su soberana voluntad que continueis instruyendo
a las naciones hásta donde les es permitido saber.
Es igualmente del gusto del Grande Osíris, que está sentado
sobre su trono de nubes i rodeado de las deidades inferiores, que
reveleis a sus súbditos, a todos sus hijos de la tierra cuanto consierna
a su futuro destino, i las materias que encontreis escritas en el libro
de los libros:—EL ROLLO ESCRITO DEL HADO DEL HOMBRE,
encomendado ahora a vuestra salvaguardia; i que ejecuteis esto
estricta i fielmente sin temor de peligro ni esperanza de galardon,
segun todas las preguntas que os hicieren, ya sea por particulares,
por tribus, por señores de estados o conquistadores de naciones.
Osíris ordena a los siervos de su predilecto santuario, que no
muestren parcialidad por ninguno, por distinguido que sea, en las
respuestas que deberán dar sacadas de este libro. Háganse sacrificios ó invocaciones; pregúntese con grande fé i humildad, i cuando

---

(1) *Los ejipcios atribuían las principales invenciones para el uso
de la vida humana a HERMES TRIMEJISTO, sabio altamente venerado
entre ellos, como Zoroastro lo era entre los persas; i como todos los
pueblos que no pueden fijar la antigüedad de su orijen, pretendian que
sus obras habian resistido a todos los embates i trastornos de la naturaleza incluso el diluvio universal. Por otro nombre le llamaban
Thoth, i sus sacerdotes mantenian constantemente que todo el saber
i filosofía del mundo; así como todas las revelaciones de los Oráculos se habian derivado de los jeroglíficos estampados en los pilares
que él habia construido i de los sagrados libros, que habia dejado
escritos.*

doce signos del Zodiaco cinco hileras de rayas derechas o inclinadas al modo de estas | | | | | | | | | | | | | | , teniendo cuidado de que en cada hilera se vean claramente mas de doce rayas, porque deben ser siempre mas que los signos del Zodiaco; pero es menester que no ponga ningun estudio en el número de ellas ni cuente las que ha marcado, sino ántes bien debe rayarlas a bulto i llevando la caña a toda prisa, atendiendo solamente a que salgan mas de doce de modo que las que resulten demas sean debidas a la pura casualidad.

El ADIVINO contará luego de izquierda a derecha las rayas de cada hilera, separando las doce primeras con una coma de este modo u otro semejante ; | | | | | | | | | | | | , | | | i contando las restantes para saber si son *pares ó nones.*

Si las rayas de la hilera, o lo que es lo mismo, las que pasan de doce son nones, el ADIVINO pondrá a la derecha una estrellita o asterisco, i si son pares pondrá dos, cuya operacion repetirá en todas las hileras. Para mayor claridad se pone un ejemplo en el órden siguiente :

Esta columna de estrellas sirve al *adivino* de señal para descubrir el hado del consultante, quien ahora debe mirar cuál de las preguntas que se hallan en el RÓLLO ESCRITO (1) es la que le conviene hacer, i la pronunciará inmediatamente con claridad i distincion del modo que está escrita, sin quitar ni poner nada de ella, i mientras que la esta leyendo apuntará el número de la pregunta con el índice de la mano izquierda.

El *adivino,* revestido de sus ornamentos, despues de haber invocado a osiris, pondrá el índice de su mano derecha donde el consultante tenia el mismo dedo de su izquierda: luego buscará entre los signos o columnas de estrellas puestas sobre los jeroglíficos, aquel signo o columna que sea igual a la que resultó de las rayas tiradas por el que hizo la pregunta. Encontrada en dicho paraje la misma columna de estrellitas por el *adivino,* este debe poner en ella el índice de su mano izquierda; hecho esto moverá

las consultas que se hagan al ORÁCULO o LIBRO DE LOS DESTINOS, pueden omitirse el círculo i signos del Zodiaco, i en lugar de una caña mojada en sangre, él i sus amigos han usado constantemente i siempre con buen éxito una pluma con tinta comun, i otras veces con un lápiz o un carbon. Los dones, sacrificios é invocaciones tambien son cosas superfluas en tierra de cristianos, pero en su lugar es de absoluta necesidad que el consultante crea en Dios a puño cerrado, i venere sus inescrutables vias.

(1) *Véase la tabla al principio del libro, la cual contiene las preguntas, signos i jeroglíficos.*

273

el adivino haya consultado los rodeos i laberintos del problema
segun las instrucciones que van a continuacion, escríbase el resultado i pásese a manos del principal Profeta o Profetisa que esté
en el asiento de tres pies, quien leerá e interpretará la respuesta
de HERMES al demandante en presencia de toda la jente que se
haya reunido.

I el Profeta o Profetisa no leerá ningun escrito sino el verdadero que le haya sido entregado por el sacerdote que esté oficiando
en el sacrificio; i el sacerdote no añadirá ni quitará nada de lo que
encuentre ser la verdadera respuesta a la pregunta propuesta, como
se contiene en el LIBRO DE LOS DESTINOS; ni sostituirá una
respuesta por otra, ántes bien seguirá en todo las instrucciones
aquí dadas.

El mas alto entre los dióses ordena igualmente, que no se
ofrezca ni reciba ningun cohecho o soborno ni don privado por el
individuo que vaya a consultar, ni por el sacerdote que responda
a la consulta: que toda ofrenda sea libre i espontánea i que se
ponga sobre el altar, despues de consumado el sacrificio, en presencia de todo el mundo. Los sacerdotes que contravinieren a
esto, serán en el mismo instante derribados i clavados contra la
tierra con los penetrantes i abrasadores rayos que el Grande Osíris,
hablando desde las nubes, arroja cuando está airado contra los
mortales que le ofenden.—Guardaos, pues, de ofenderle en este
punto.

Ordénase ademas que custodieis este libro con el mayor cuidado; que ninguno sea osado a poner las manos en él sino los
sacerdotes, i que sea guardado en una arca de alabastro, que se
depositará debajo del altar en medio del templo. Se manda igualmente que se saquen cópias del libro, conforme la ocasion lo re-
quiera, i se remitan a los sacerdotes de los demas templos de la
tierra; i que tambien se depositen en los sepulcros de los Reyes
i de los sumos sacerdotes del modo siguiente:

Cuando el cuerpo haya sido embalsamado, i bien envuelto en
tela fina, póngase el rollo escrito bajo la tetilla izquierda, i luego
cíñase el vestido sobre él, de modo que quede bien asegurado,
cubierto i oculto de la vista. Entónces será el cuerpo acompañado
por los príncipes, sacerdotes i pueblo al lugar de su sepultura,
donde se le debe enterrar con honor, erijiendo encima un fuerte i
durable monumento.

MODO DE ENCONTRAR LA VERDADERA RESPUESTA
A LA PREGUNTA HECHA AL ORÁCULO.

Cuando cualquier hombre o mujer vaya a haceros, o Sacerdotes, alguna pregunta, haced que se presenten las ofrendas i se
efectúen los sacrificios, al mismo tiempo que los siervos del templo
eleven a lo alto las invocaciones en cánticos harmoniosos.

Restablecido el silencio, el adivino encargará al estranjero que
vino a consultar al Oráculo, que con una caña mojada en la sangre del sacrificio (1) marque dentro de un círculo formado con los

(1) *El traductor cree de su deber advertir aquí, que él sabe por
esperiencia que pueden dispensarse las mas de estas ceremonias. En*

274

dichos dos dedos indices de derecha a izquierda formando un ángulo recto hasta que se encuentre uno con otro, que ha de ser precisamente sobre uno de los jeroglíficos, lo cual debe tenerse presente, i el *adivino* debe buscar en otra parte del ROLLO ESCRITO otro jeroglífico igual a la cabeza de las respuestas, que tambien se hallan escritas. Despues de haberle hallado se rejistrarán las columnas de estrellitas que están puestas a la izquierda de dichas respuestas, hasta escontrar con la misma que salió trazada por casualidad o por la FUERZA DEL DESTINO en la enumeracion de las rayas marcadas por el interesado; i es bien seguro que las palabras escritas a la derecha de tal grupo de estrellas forman la verdadera respuesta del Oráculo.

No resta, pues, mas ceremonia que hacer sino que el sacerdote que ha oficiado en la adivinacion escriba la respuesta verdadera i fielmente, i puesto el dedo en los lábios la entregue al PROFETA O PROFETISA, quien proclamará el tenor de ella en alta voz a la persona que hizo la pregunta. (1)

---

(1) *Bien se echa de ver que las reglas dadas aquí para encontrar las respuestas adecuadas a las preguntas, participan de aquella misteriosa oscuridad propia de los tiempos en que tuvieron su orijen, de los pueblos para quienes fueron dispuestas, i aun del objeto que envolvian. Otra causa milita tambien para que nosotros no veamos en ellas toda la claridad deseada, i es que su esplicacion se contrae al modo de buscarlas en un rollo de papiro o pergamino, que eran los libros de los antiguos, porque entónces no se conocian los que se usan en el dia; ahora, pues, que los tiempos han cambiado, i que la misma materia (esto es las mismas preguntas, respuestas, signos i jeroglíficos) sale ordenada por pájinas encuadernadas i numeradas i con una tabla litográfica al principio, sin duda que es menester variar el modo i por consiguiente la direccion. Para hacer, pues, entender al lector la manera mas sencilla de consultar al ORÁCULO i de hallar las respuestas, basta decir que no hai mas que marcar las cinco hileras de rayas en la misma forma que se ha dicho arriba, sea con tinta o con cualquiera otro liquido, con caña, con pluma, con un palo o con el dedo, con un carbon en la pared, o con un baston en la arena, o como mejor pudiere o le viniere al majin, sin invocaciones ni embelecos, aunque bien puede hacerse con un corazon humillado, i lleno de confianza en la verdadera fuente de la eterna sabiduría del TODOPODEROSO, quien, si quiere, bien puede por este medio darnos a conocer la verdad de lo que deseamos saber. Hecho esto, contadas las rayas i marcadas las estrellas, se verá que estas forman cierto grupo, figura o signo, cuyo igual se buscará a la cabeza de la tabla, i encontrado que sea, se bajará a buscar en direccion perpendicular el jeroglífico que esté en frente de la pregunta que se ha hecho, esto es aquel que forme ángulo con dicha pregunta i el grupo de estrellas referido. De modo que si resulta, por ejemplo, que el grupo de estrellas es el marcado con el número 1, el jeroglífico que se busca es el primero que se encuentra al lado de la pregunta propuesta; si el grupo es número 2, el jeroglífico es el segundo o el que está en la segunda casilla o cuadro contando de izquierda a derecha en línea recta desde donde*

En conclusion estoi encargado de escribiros que es un deber de los sacerdotes el instruir a todos los que ván a consultar el Oráculo; que a ellos corresponde el contentarse con cualquier respuesta que les toque en suerte recibir, i el seguir ciegamente sin reserva los dictados del Oráculo. ¿Si no se han de obedecer las órdenes de Hérmes, para qué es el preguntar? Si el consultante se mostrare desobediente a la voluntad de Osiris, caiga todo el mal sobre su cabeza.

Guardaos tambien, o SACERDOTES, de pronunciar vaticinios, admitir dádivas, hacer sacrificios ni despachar consultas, a no ser por la noche, i eso solamente cuando Isis alumbra en el lleno de su esplendor. (1) Tampoco deis respuestas en aquellos dias o noches en que Osiris que rije los cielos de dia, o la Reina de su amor que gobierna de noche, ocultan con un velo la belleza i majestad de sus rostros de los ojos de los mortales, ni miéntras que

se halle escrita la pregunta en la tabla guardando con todos la misma proporcion. Cierta ya la persona que consulta al Oráculo, de que ha encontrado el jeroglífico que le corresponde, ya no tiene mas que buscar el mismo entre los que ván al frente de las pájinas del LIBRO DE LOS DESTINOS, *donde verá que cada dos de estas tienen un solo jeroglífico, i treinta i dos respuestas diferentes con uno de los grupos de estrellas a su lado izquierdo cada una. Cuando ya haya encontrado dicho jeroglífico, reconocerá los grupos de estrellas que hai en aquellas dos pájinas, i la respuesta que esté al lado del grupo que busca, el cual deberá ser el mismo que le resultó de las rayas que hizo, es la misma que dá el Oráculo a su pregunta. Tal vez un ejemplo podrá dar a esto mas claridad.—Supongamos que uno hace la pregunta 20 de la tabla que dice "Me veré yo libre algun dia de tantas desgracias?" I supongamos tambien que le resultó de la operacion de rayas el grupo de estrellas marcado al frente de la tabla con el número 26, pues bien, bajando un dedo desde las estrellas en línea perpendicular hasta la casilla 20, i corriendo otro de la otra mano desde dicha pregunta 20 hasta la casilla 26, se encontrarán los dos dedos en el mismo punto, es decir, sobre el jeroglífico que se busca, que es el arco i flecha: buscando luego este mismo jeroglífico en el* LIBRO DE LOS DESTINOS, *se encontrará en la pájina 13, i en ella el grupo de las estrellas con la respuesta siguiente al lado* "Tus desgracias son no mas que pasajeras," *la cual es perfectamente adecuada a la pregunta, lo mismo que lo serán todas, siguiendo el mismo método en la operacion.*

Es de advertir que para saber mas pronto la pájina en donde está el jeroglífico encontrado ya en la tabla, se puede ver el mismo en la primera hilera de jeroglíficos de la tabla justamente debajo de los grupos de estrellas, i el número que se halla a la cabeza de cada uno, es el mismo que corresponde a la pájina del libro, donde se encontrará.

(1) *Lo que* BALASPIS *quiere dar aquí a entender es que no se debe consultar al Oráculo, sino en tiempo de* LUNA LLENA. *Entre los antiguos ejipcios Isis simbolizaba a la* LUNA, *al paso que daban al* SOL *el nombre de* OSIRIS.

se retiran de las labores de su celestial carrera a descansar a las alcobas de su Santuario. (2)

Estas son las palabras que YO, BALASPIS, he sido encargado por mi GRAN MAESTRO HERMES TRIMEJISTO, de escribiros, O SACERDOTES DE LOS TEBANOS.

---

(2) *Es claro que esto se dice por los eclipses del* SOL *i de la* LUNA; *pero la verdad sea dicha, segun la esperiencia que tiene el traductor i lo poco que se le alcanza de los planetas, puede asegurar que todos los dias del año son santos i buenos para consultar el* LIBRO DE LOS DESTINOS, *sin reparar en que sea de noche o de dia, que haga claro u oscuro, que llueva o que nieve, que truene o que ventisque, que haya neblina o que esté el cielo raso o estrellado. Solo se encarga una cosa, i en que nadie debe hacer mas de una pregunta en el mismo dia, ni debe repetirse la misma pregunta por la misma persona a lo ménos en un mes.*

BIBLIOGRAFIA CONSULTADA

Enciclopedia Espasa Calpe.

Enciclopedia Historia Universal Salvat.

Enciclopedia Historia de Grecia de Malet.

Enciclopedia Historia Universal Everest.

Enciclopedia interactiva Encarta.

Enciclopedia interactiva Universales.

Enciclopedia interactiva Protagonistas de la Historia.

Enciclopedia interactiva Británica.

Biblia Colunga.

Corán.

Diccionario de la Real Academia Española

K. Marx & F. Engels Manifiesto del Partido Comunista.

Rafael Fontán Barreiro (1998). *Diccionario de la mitología mundial* (6° edición). España: EDAF. ISBN 9788441403970.

S.G.F. Brandon (1975). *Diccionario de religiones comparadas, Volumen 1.* Ediciones Cristiandad. ISBN 9788470571893.

Giuseppina Sechi Mestica (1998). *Diccionario de mitología universal.* Ediciones AKAL. p. 23,189. ISBN 9788446002185.

Helánico de Lesbos (1991). *Fragmentos.* Consejo Superior de Investigaciones Científicas. p. 215. ISBN 9788400071608.

Xinzhong Yao (2003). *El confucianismo.* Madrid: Akal Cambridge. ISBN 978-84-8323-133-3.

Confucionismo», *Diccionario de la lengua española* (22ª edición), Real Academia Española, 2001

Francisco Díez de Velasco: *Introducción a la historia de las religiones* (págs. 187-188). Madrid: Trotta, 2002, ISBN 978-84-8164-564-4.

AGUD, Ana, y Francisco RUBIO (traducción del sánscrito, introducción y notas): *La ciencia del Brahman: once Upanisad antiguas.* Madrid: Editorial Trotta, 2000. ISBN 978-84-8164-367-1.

COOMARASWAMY, Ananda Kentish: *Los Vedas: ensayos de traducción y exégesis.* Madrid: Sanz y Torres, 2007. ISBN 978-84-96808-74-4

DE PALMA, Daniel (edición y traducción): *Upanisads* (con prólogo de Raimon Panikkar). Madrid: Siruela, 2001. ISBN 84-7844-292-8.

DÍEZ DE VELASCO, Francisco: *Introducción a la historia de las religiones.* Madrid: Trotta, 1995/2002 (tercera edición revisada y aumentada). ISBN 978-84-8164-564-4

ENTERRIA, Álvaro: *La India por dentro: una guía cultural para el viajero.* Mallorca: José J. Olañeta Editor, 2006/2007 (tercera edición). ISBN 978-84-9716-490-0

FLOOD, Gavin: *El hinduismo.* Madrid: Akal Cambridge, 1998/2003. ISBN 978-84-8323-032-9.

ILÁRRAZ, Félix G., y Óscar PUJOL (edición y traducción del sánscrito): *La sabiduría del bosque. Antología de las principales Upanisads.* Madrid: Trotta, 2003. ISBN 978-84-8164-594-1.

KRAMRISCH, Stella: *La presencia de Siva.* Madrid: Siruela, 2003. ISBN 978-84-7844-679-7

MARTÍN DIZA, Consuelo: *Upanishad con los comentarios advaita de Śankara.* Madrid: Trotta, 2001 [2.ª edición: 2009]. ISBN 978-84-8164-453-1.

Bhagavad Gita con los comentarios advaita de Śankara. Madrid: Trotta, 1997 [6.ª edición: 2009]. ISBN 978-84-8164-545-3.

Brahma-sutras. Con los comentarios advaita de Śankara. Madrid: Trotta, 2000. ISBN 978-84-8164-385-5.

Conciencia y realidad. La Mandukya Upanisad con las karika de Gaudapada y los comentarios de Śankara. Madrid: Trotta, 1998. ISBN 978-84-8164-269-8.

Discernimiento. Estudio y comentario del tratado Drig-Driśya-Viveka de Śankara. Madrid: Trotta, 2006. ISBN 978-84-8164-843-0.

Gran Upanisad del Bosque con los comentarios advaita de Śankara. Madrid: Trotta, 2002. ISBN 978-84-8164-548-4.

STÖRIG, Hans Joachim: *Historia universal de la filosofía.* Primera parte: La sabiduría de Oriente. Capítulo primero: La filosofía de la India antigua. Madrid: Tecnos, 1995. ISBN 978-84-309-2636-7.

VYASA, Bhagavān: *Los Vedas.* Madrid: Ediciones Ibéricas, 1982 (1.ª ed., 5.ª imp.). ISBN 978-84-7083-093-8

Jaume VALLVERDÚ: *El hinduismo* (pág. 9). Barcelona: UOC (Universidad Abierta de Cataluña), 2007. ISBN 978-84-9788-686-4.

«India at a glance: religion compositions», artículo en inglés del año 2007 en el sitio web Census India.gov.in;

Margaret STUTLEY: *Hinduismo: la ley eterna* (pág. 10), Londres: Aquarian Press, 1985.

Varios textos sobre aiurveda (como el *Charaka-samjitá*).

Prasenjit DUARA: «The new politics of hinduism», artículo en *Wilton Quarterly*, 15 (3): p. 42, 1991.

W. HARMAN: «Speaking about hinduism and speaking against it», artículo en el *Journal of the American Academy of Religion*, 68 (4): p. 733, 2000.

Datos del censo de India en 2011.

Parvesh Singla. *The manual of life – karma.* Parvesh singla. pp. 5

Powis Hoult: *A dictionary of some theosophical terms* 1910.

Sanskrit-EnglishDictionary (1899), indólogo británico M. Monier Williams.

www.Mb-Soft.com.

WebSpace.ship.edu, la enciclopedia MSN Encarta Christopher Chapple (1990): pág. 255.

Estadísticas de crédulos en EE. UU, en el sitio web RickRoss.com.

Chapple, Christopher (1990). S. Nicholson. Ed. *Karma: rhythmic return to harmony.* Illinois: Quest Books. ISBN 0835606635.

Jung, Carlos Gustavo — Formaciones de lo Inconsciente — Paidós, Buenos Aires.

Jung, Carlos Gustavo — Psicología de la Transferencia— Paidós, Buenos Aires.

Jung, Carlos Gustavo — Teoría del Psicoanálisis, Plaza Janés, Barcelona.

Blisniewski, T.(1992). *Kinder der dunkelen Nacht: die Ikonographie der Parzen vom späten Mittelalter bis zum späten XVIII. Jahrhundert.* Colonia: Kleikamp Druck. OCLC 464002957. Iconografía de las Parcas desde la alta Edad Media hasta finales del siglo XVIII.

Graves, R. (1955). *The Greek myths.* Baltimore: Penguin Books. OCLC 656544.

Harrison, J. E. (1903). «VI. The Maiden-Trinities». *Prolegomena to the study of Greek religion.* Cambridge: Cambridge University Press.

Kerényi, K. (1951). *The gods of the Greeks.* Londres, Nueva York: Thames and Hudson. OCLC 387233.

Peck, H. T. (1898). *Harper's dictionary of classical literature and antiquities.* Nueva York: Harper. OCLC 1451683.

Rose, H. J. (1928). *A handbook of Greek mythology.* Londres: Methuen & Co.. OCLC 4142933.

Ruck, C. A. P., Staples, D. (1994). *The world of classical myth: gods and goddesses, heroines and heroes.* Durham: Carolina Academic Press. ISBN 9780890895757.

Smith, W., ed. (1867), «Moira», *A Dictionary of Greek and Roman biography and mythology*, Boston: Little, Brown & Co., II.1109–1111, OCLC 68763679.

Schwanitz, Dietrich (2002). *La Cultura. Todo lo que hay que saber.* Taurus

Rivas, Luis H. (2010). *Diccionario para el Estudio de la Biblia.* Amico. pp. 200. ISBN 9789872519513.

Sadhu, Mouni — El Tarot — Kier Buenos Aires.

Steiner, Rudolf — ¿Cómo adquirir el conocimiento de los Mundos Superiores? Dédalo, Buenos Aires.

Waite, A.E. — Clave Ilustrada del Tarot — Schapire, Buenos Aires.

Ricciotti, Giuseppe (2000). *Vida de Jesucristo.* Iberia. pp. 595. ISBN 8470820554.

www.frases de .org

Bing, Rudolf, *5000 Nights at the Opera.* Nueva York: Doubleday, 1972

Budden, Julian, *The Operas of Verdi*, volumen 2: De "Il Trovatore" a "La Forza del destino". Londres: Cassell, 1984. ISBN 978-0-19-520068-3 (tapa dura) ISBN 978-0-19-520450-6 (rústica).

Gossett, Philip, *Divas and Scholars: Performing Italian opera*, Chicago y Londres: University of Chicago Press, 2006 ISBN 0226304845

Holden, Amanda (Ed.), *The New Penguin Opera Guide*, Nueva York: Penguin Putnam, 2001. ISBN 0-14-029312-4

Melitz, Leo, *The Opera Goer's Complete Guide*, versión de 1921.

Osborne, Charles, *The Complete Operas of Verdi*, Nueva York: Da Capo Press, 1969. ISBN 0-306-80072-1

Don Álvaro o la fuerza del sino (1835) del escritor español Ángel de Saavedra, (Duque de Rivas)

Berti, Giordano (2003-2004). «Historia de la Adivinación». 72 fascículos semanales. Barcelona: Orbis.

Rodríguez, Francisco. *El arte de interpretar la mano.* Obelisco.

Rodríguez, Francisco. *Quiromagia.* Kairós.

Rodríguez, Francisco. *La magia de la mano.* Styria.

"Your life in your hands" de Beryl Hutchinson 1967 I.S.B.N.: 84-7166-612-X

"Fortune Telling" de David Barnett Ed. Anness Publishing Limited ISBN: 84-74.44-693-7

"Astrology for All" de Alan Leo, Edita: Visión Libros, S.L. y ed. Teorema, S.A. ISBN: 84-85456-08-04

Agrippa, Cornelio E. — Filosofía Oculta — Kier, Buenos Aires.

Beca, Lu — La Creación Perenne. — Kier, Buenos Aires.

Bergua, Juan B. — Mitología Universal — Ediciones Ibéricas Madrid.

Brunton, Paul — La Sabiduría del Yo Superior — Kier, Buenos Aires.

Bucheli, . — El Poder Oculto de los Números — Kier, Buenos Aires.

Couste, A. El Tarot o La Máquina de Imaginar.

Eskenazi, Enrique — TAROT — Dopesa, Barcelona.

Fortune, Dion — La Cábala Mística — Kier, Buenos Aires.

Freud, Sigmund — Inhibición, síntoma y angustia.— Grijalbo, Barcelona.

284

Freud, Sigmund — Totem y Tabú — Alianza Editorial — Mad ri d.

Hasbrouck, Muriel Bruce — Descubra su Destino — Martínez Roca, S.A. Barcelona.

Huson, Paul — El Tarot Explicado — Dédalo Buenos Aires.

I—Ching, versión de Mirko Lauer — Barral Ed. — Barcelona.

Iglesias Janeiro, J. — La Arcana de los Num Eros — Kier Buenos Aires.

Jonet, Albert — La Clave del Zohar — Kier Buenos Aires.

Jung, Carlos Gustavo — Secreto de la Flor de Oro — Paidós, Buenos Aires.

Kybalion, El — Kier, Buenos Aires.

Levi, Eliphas,— (Abate Alphpnse Louis Constant)— Libro de los Esplendores Editores Distribuciones Mejicanas, Mejico D.F.

Dogma y Ritual de Alta Magia, Kier, Buenos Aires.

Libro de Henoch — Edit. 7 y 1/2 Barcelona.

Papus, (Dr. Gerard Encausse)— El Tarot de los Bohemios. Kier Buenos Aires.

Pitágoras.— Versos Áureos, Traducción de J. Maynadé— Diana, Méjico.

Reich, Wilhelm — Análisis del Carácter — Paidos, Buenos Aires.

Wilson, R.H.— El Tarot Práctico y Esotérico— Doble—R, Madrid.

Wolpf, Werner—Introducción a la Psicopatología —Fondo de Cultura Económica, Méjico.

H. Lucena "Tarot y Cartomancia" Nuevos Sistemas de Realización 3a Edición. Ediciones y Distribuciones Doble-R, S.L.

www.guiadelavida.com

Conferencia impartida por el Maestro Sheng Yen el 10 de mayo de 1987, cumpleaños de Buda.

Aristóteles *"Física,* Libro Segundo, VIII (Planeta de Agostini, Editorial Gredos, S.A. (1995), Biblioteca Clásica Gredos. Traducción: Guillermo R. de Echandía)"
www.feyrazon.org/responde.htm
http://www.e-torredebabel.com/Historia-de-la-filosofia
http://alumnos-fyluas.blogspot.com.es

ÍNDICE

Quod felix, faustum, fortunatumque sit

Numquam saudeas mihi vana